Reputation Right

舆论监督与
名誉权法律平衡研究

以媒体变革为视角　　　　李延枫　著

中国社会科学出版社

图书在版编目(CIP)数据

舆论监督与名誉权法律平衡研究：以媒体变革为视角 / 李延枫著.
—北京：中国社会科学出版社，2022.4
ISBN 978 – 7 – 5227 – 0070 – 0

Ⅰ.①舆… Ⅱ.①李… Ⅲ.①名誉权—侵权行为—研究—中国
Ⅳ.①D923.494

中国版本图书馆 CIP 数据核字（2022）第 062124 号

出 版 人	赵剑英
责任编辑	许 琳
责任校对	郝阳洋
责任印制	郝美娜

出　　版	中国社会科学出版社
社　　址	北京鼓楼西大街甲 158 号
邮　　编	100720
网　　址	http://www.csspw.cn
发 行 部	010 – 84083685
门 市 部	010 – 84029450
经　　销	新华书店及其他书店

印　　刷	北京君升印刷有限公司
装　　订	廊坊市广阳区广增装订厂
版　　次	2022 年 4 月第 1 版
印　　次	2022 年 4 月第 1 次印刷

开　　本	710×1000　1/16
印　　张	16.5
字　　数	262 千字
定　　价	98.00 元

凡购买中国社会科学出版社图书，如有质量问题请与本社营销中心联系调换
电话：010 – 84083683
版权所有　侵权必究

目 录

绪 论 …………………………………………………………………（1）

第一章 舆论监督的概念、渊源与权利属性 ……………………（9）
第一节 舆论监督的历史渊源及其概念界定 ………………（10）
一 舆论监督概念的演变 …………………………………（10）
二 舆论监督概念的梳理 …………………………………（11）
第二节 舆论监督的权利属性 ………………………………（16）
一 从权利要素构成看舆论监督的权利属性 ……………（16）
二 舆论监督的宪法权利属性 ……………………………（21）
三 舆论监督权的宪法渊源 ………………………………（23）
四 我国舆论监督宪法保障的独特性 ……………………（27）

第二章 舆论监督的理论基础：从新闻自由到网络公共领域 ………（28）
第一节 传统舆论监督理论基础：新闻自由 ………………（29）
一 新闻自由的概念 ………………………………………（29）
二 舆论监督视角下新闻自由的功能 ……………………（33）
三 新闻自由具有法律限度 ………………………………（35）
四 解决新闻自由与名誉权冲突的一般理论 ……………（37）
第二节 网络舆论监督理论借鉴：网络公共领域 …………（43）
一 传统公共领域理论的主要内容 ………………………（44）
二 有关网络公共领域的学界观点 ………………………（48）
三 网络公共领域理论对我国具有一定借鉴意义 ………（51）

第三章　舆论监督视角下的名誉权 ……………………………… (55)

第一节　国家机关及其公职人员的范围 …………………… (55)
一　国家机关的范围 ……………………………………… (56)
二　国家公职人员的范围 ………………………………… (57)

第二节　国家机关不应享有民法上的名誉权 ……………… (59)
一　我国对国家机关名誉法律保护的现状及其特点 …… (60)
二　一些国家对国家机关名誉法律保护的特点及其界限 … (66)
三　运用综合法律手段维护国家机关的"名誉"与权威 … (70)

第三节　公职人员名誉权的特殊性 ………………………… (74)
一　公职人员名誉权的双重内涵 ………………………… (74)
二　公职人员名誉权保护的观念演变 …………………… (74)

第四章　网络媒体条件下公众人物理论的转型：从身份到公共利益 ………………………………………………………… (78)

第一节　传统公众人物理论的司法适用及困境 …………… (78)
一　公众人物理论的起源及其主要内容 ………………… (79)
二　公众人物理论在不同国家的发展 …………………… (84)
三　围绕公众人物理论和真实恶意原则的学术争论 …… (87)

第二节　网络条件下公共言论特殊保护路径的融合 ……… (91)
一　传统公众人物理论在网络媒体条件下的省思 ……… (91)
二　美国对公众人物理论的反思 ………………………… (95)
三　英国2013年诽谤法改革确立公共言论的公共利益抗辩 … (98)
四　大陆法系国家对涉公共利益言论的法律调整 ……… (100)

第五章　舆论监督与名誉权法律冲突的民法调整 …………… (104)

第一节　传统媒体时代名誉权法律冲突的民法调整 ……… (104)
一　民事诽谤的一般法律规则 …………………………… (105)
二　新闻自由与名誉权法律冲突的特殊性 ……………… (112)
三　"第三人效力"理论与新闻自由和名誉权法律冲突 … (114)
四　"国家行为"理论与新闻自由和名誉权法律冲突 …… (117)

第二节　媒体变革带来的新问题新挑战 …………………… (119)
一　网络舆论监督与传统舆论监督的区别和联系 ………… (119)
二　网络舆论监督视角下名誉权法律冲突的特点 ………… (122)

第三节　网络时代民法调整的变革之需 …………………… (125)
一　名誉权民事立法在网络条件下适应性不足 …………… (125)
二　网络时代公众人物理论解决舆论监督与名誉权法律
　　冲突的错位 ………………………………………………… (130)
三　公众人物理论在我国适用出现异化的原因 …………… (132)

第四节　新时代我国民法调整的发展趋向 ………………… (135)
一　确立公共利益规则取代公众人物理论的理由 ………… (136)
二　名誉权法制上公共利益的具体内涵和适用标准 ……… (138)
三　名誉权法制上公共利益原则的具体适用规则 ………… (140)
四　名誉权诉讼中公共利益原则确立方式：案例指导制度 …… (145)

第六章　舆论监督与名誉权法律冲突的行政法调整 ………… (148)
第一节　传统媒体时代名誉权法律冲突的行政法调整 …… (149)
一　名誉权保护的行政立法 ………………………………… (149)
二　规制舆论监督的行政立法 ……………………………… (149)
三　行政法调整冲突存在的不足 …………………………… (151)

第二节　网络媒体时代互联网内容治理的行政立法 ……… (152)
一　我国互联网信息内容监管法律框架体系 ……………… (153)
二　我国网络信息内容监管相关立法存在的不足 ………… (155)

第三节　互联网平台内容治理的行政法规制 ……………… (164)
一　网络平台权力的内涵 …………………………………… (165)
二　网络平台权力的主要形态 ……………………………… (167)
三　网络言论自由视角下网络平台权力形态 ……………… (170)
四　内嵌于"服务协议"中的网络平台权力难以规制 …… (174)
五　网络平台权力公法规制的理论进路 …………………… (183)
六　网络信息服务协议的实体性和程序性要求 …………… (187)

第七章　舆论监督与名誉权法律冲突的刑法调整 (195)

第一节　传统媒体时代冲突的刑法调整 (195)
一　我国关于诽谤公职人员的刑事立法 (196)
二　其他国家关于诽谤公职人员的刑事立法 (197)
三　刑法规定在平衡舆论监督与名誉权保护冲突方面存在的问题 (199)
四　诽谤公职人员除罪化的理由 (201)
五　取消诽谤公职人员刑事公诉的正当性 (202)

第二节　媒体变革带来的主要问题 (203)
一　传统媒体条件下诽谤罪具有除罪化的正当理由 (203)
二　网络诽谤的新特点阻却诽谤的彻底除罪化 (206)

第三节　公权力介入涉公职人员诽谤案偏好分析 (207)
一　公权力介入涉公职人员网络诽谤案的实证分析 (207)
二　网络条件下刑事诽官案的主要特点 (216)
三　诽谤公职人员刑事公诉的个案分析 (217)
四　公权力介入公职人员网络诽谤案的原因分析 (221)

第四节　新时代涉公益网络诽谤的刑法调整方向 (224)
一　取消"严重危害社会秩序和国家利益"的公诉理由 (224)
二　将是否启动诽谤罪公诉程序的主动权交由被害人自主选择 (226)

尾论　化解舆论监督与名誉权法律冲突的新条件 (228)
一　完善党和国家监督体系有助于舆论监督的制度化 (228)
二　新闻出版广电机构改革助力网络舆论监督 (234)
三　在法治轨道上实现舆论监督与名誉权保护的对立统一 (238)

参考文献 (241)

后记 (259)

绪　　论

　　党的十八大以来，以习近平同志为核心的党中央将全面从严治党纳入"四个全面"战略布局，以"零容忍"的高压态势坚决惩治贪污腐败。坚持"老虎""苍蝇"一起打，坚决查办了周永康、薄熙来、徐才厚等一批高级领导干部违纪违法案件，做到党纪国法面前人人平等，极大地振奋了人心、凝聚了民意。据中国经济网党政领导人物库统计，党的十八大以来，至少有231名省部级及以上官员被调查。与此同时，下大力气整治群众身边的不正之风和基层腐败，与群众切身利益息息相关的"苍蝇式腐败"被依法惩处，基层群众切实感受中央反腐的决心和力度。党中央态度坚决的反腐决心和雷厉风行的反腐措施，给民间监督力量注入了强心剂，激发了人民群众参与反腐的主动性和积极性，为网络舆论监督营造了良好政治氛围和制度环境。

　　网络舆论监督提供的反腐问题和线索，弥补了巡视反腐、追逃追赃等制度反腐措施可能存在的遗漏和不足，极大地配合了制度反腐的主战场，给腐败分子织就了疏而不漏的反腐天网。在反腐过程中，对于网络舆论监督言论中涉及腐败的网络信息，有关部门及时予以回应、澄清或启动调查程序，基本做到件件有着落、事事有回应，维护和激发了人民群众通过网络舆论监督参与反腐的热情。同时，纪检监察机构主动发挥网络舆论监督的作用，通过在纪检监察网络开设举报平台、在新闻门户网站开设网络举报监督专区等措施，将制度反腐与网络舆论监督相互耦合，形成反腐合力。

　　舆论监督对于公权力健康运行十分重要，但舆论监督权并非绝对的权利，它同样必须保持在正当、合理的限度之内。舆论监督的法律保障和控制具有鲜明的时代特征，舆论监督与公权力的法律平衡关系会随着时代变迁，出现"失衡"与"再平衡"的运动或变化过程，这一过程表现在法律制度上，即集中体现为法制改革。人类从封建集权社会发展到民主社会，再由传统媒体时代发展到网络时代，由计算机互联网发展到移动互联网与自媒体时代，都体现了舆论监督与公权力的"平衡→失衡→再平衡"的过程。

在封建集权社会，统治阶级出于专制统治需要，实行愚民政策，对言论、出版进行钳制与镇压，舆论监督仅仅是依附于皇权的一种统治工具，没有法定的生存空间，因言获罪者屡见不鲜。在民主社会，以新闻媒体为主要代表的第四权力的勃兴，使得新闻舆论监督成为权力制约与监督的重要力量，媒体作为国家与社会的沟通桥梁和解说者，在新闻媒体这个公共领域形成公共舆论，整合和表达民意。在传统媒体时代，由于舆论监督的主体主要是新闻媒体，舆论监督法律制度既充分发挥新闻媒体对公权力情况反映、批评建议、过失披露的舆论监督功能，又通过对记者采访权的保护和新闻媒体设立行政许可制、新闻从业人员管理规范，基本实现了对新闻舆论监督失范的法律规制。

互联网是20世纪人类最伟大的发明之一。自万维网于1990年被发明之后，在短短不到三十年时间里，互联网得到全面快速普及，深刻地影响、颠覆了人类的生产生活方式、社会交往模式，甚至思维方式。中国互联网络信息中心（CNNIC）发布的第49次《中国互联网络发展状况统计报告》显示，截至2021年12月，我国网民规模达10.32亿，较2020年12月增长4296万，普及率达到73.0%。同时，截至2021年12月，我国网民使用手机上网的比例达99.7%。[1] 互联网的普及，使人们仅借助一台接入互联网的电脑或手机，就能通过网站跟帖、论坛、博客、微博、微信等多种新媒体，即时迅速地实现裂变式大范围的信息传播与交流。

网络言论的低门槛性和意见聚合功能，激发了公众民主参与和公共讨论的热情和积极性。"互联网允许更多的参与者加入公众讨论和辩论的同

---

[1] 中国互联网络信息中心：第49次《中国互联网络发展状况统计报告》，http://www.cnnic.net.cn/hlwfzyj/hlwxzbg/hlwtjbg，2022年2月25日。

时，还大大增加了整个社会经济生活和政治生活的透明度。"① 而互联网技术与日益提升的公民意识和民主意识的有机结合，催生出一种新的权力监督方式——网络舆论监督，并因其巨大的"舆论场"作用，正在发挥着对行政权力特有的监督功能。在网络舆论监督中，作为国家权力的所有者，人民获得了媒体的使用权，突破了媒体资源的有限性和媒体把关人的审查制度，直接参政、议政，通过聚合起来的民意，对行政权力主体和行政权力运行形成强大的舆论压力，督促行政权力得到合法、合理的运用。"网络舆论监督的优越性打破了传统媒体话语权被垄断的局面，从技术上强化了公民在舆论监督中的主体地位，促进了公民参与监督的广度、深度和强度。"②

当然，网络舆论监督是把双刃剑，其负面效应也日渐显现。网络言论由于具有匿名性、开放性和群体极化倾向，其中不乏含有虚假、情绪化、宣泄性和诽谤侮辱性的信息，会严重侵害相关公民的名誉权和隐私权，造成网络暴力。有的不良言论甚至延伸至线下，发展为现实暴力，危及受害人的人身权和财产权。接受网络舆论监督的主体具有双重身份，既是公权力行使者，也是具有平等民事地位的私主体。公职人员的行为分为公益行为和私益行为。在政府公职人员以民事主体身份从事私益活动时，也享有一般民事主体的民事权利，包括其名誉和隐私不受侵犯的权利。网络舆论监督的对象既包括公职人员的公权力行为，也包括其私德。公职人员的私生活表面上看与其公职无关，但其生活作风是否严谨、是否诚实守信，却事关其对于公职的胜任性，其个人生活因而具有一定的公共性。因此，网络舆论监督必然要与公职人员的名誉权和隐私权产生一定冲突。过度规制监督权，可能会钳制公民言论自由，导致公民无法充分有效地行使舆论监督权；对舆论监督权规制不充分，可能会导致权利被滥用，进而侵害公职人员名誉权等其他合法权益，有悖民主法治精神。

对于舆论监督与名誉权的冲突，在《民法典》正式颁布之前，主要适用 2017 年《民法总则》第一百一十条、第一百二十条规定和 1993 年《最

---

① 王四新：《网络空间的表达自由》，社会科学文献出版社 2007 年版，第 266 页。
② 郭莉：《权力制约视野下的网络舆论监督法理分析》，《江西社会科学》2011 年第 10 期。

高人民法院关于审理名誉权案件若干问题的解答》、1998年《最高人民法院关于审理名誉权案件若干问题的解释》。这些法律规定主要调整平等民事主体之间的名誉权纠纷，平衡两种不同权利之间的关系。舆论监督与名誉权之间的冲突，因一方当事人是行政权力行使者而具有权力与权利冲突的性质，有别于双方当事人都是普通公民的名誉权纠纷。遗憾的是，我国之前的名誉权法制体系均较为原则，不够具体明晰，并未从名誉权侵权的构成要件、证据规则、举证责任、责任认定、赔偿标准等方面，对监督主体与被监督公职人员之间的名誉权纠纷做出特殊规定。2021年1月1日正式生效的《民法典》对舆论监督与名誉权之间的冲突进行了重新的界定。首先，《民法典》在第九百九十九条明确规定，为公共利益实施新闻报道、舆论监督行为的可以合理使用民事主体的姓名、名称、肖像、个人信息等；使用不合理侵害民事主体人格权的，应当依法承担民事责任。该条正面肯定了新闻报道和舆论监督行为的合法空间，在人格权领域对新闻报道和舆论监督行为进行了赋权。同时，《民法典》在第一千〇二十五条中，通过列举除外规定，确立了为公共利益实施新闻报道、舆论监督行为以不承担名誉权侵权责任为原则，以承担民事责任为例外的新的处理舆论监督行为与名誉权之间权利冲突的法律原则。在第一千〇二十六条，《民法典》还对判定舆论监督行为人是否尽到合理核实义务应考虑的因素进行了列举，为舆论监督与名誉权冲突相关案例提供了明确的裁判依据。以"公共利益"为核心的舆论监督行为的免责事由，也为解决舆论监督与名誉权之间的冲突提供了法律框架。

在《民法典》颁布之前，法学界早已关注这一特殊的权利冲突，并有不少学者提出引入美国法上的公众人物理论和真实恶意规则，对公职人员的名誉权进行克减，在公民舆论监督权与公职人员名誉权之间进行利益衡量时，倾向于保护公民的言论自由权和舆论监督权。司法实践中，这一理论被广泛地运用，至今已产生几十个涉及公众人物理论的有效案例。但该理论移植到我国司法实践出现了错位，相关案例中鲜有当事人是公职人员，法院对该理论的适用仅限于要求公众人物适度容忍批评性言论，并未在过错规则、举证责任分配上适用真实恶意原则。与此同时，各国司法判例已经有了新发展。由于网络言论表达蓬勃发展，公众人物理论存在的正当性基础被侵蚀，各国纷纷摒弃基于言论双方身份对公共言论加以保护的传统做法，改由根据言论所涉事项是否与公共利益相关，确立特殊的诉讼规则。

从现有行政法体系看，在公职人员因履行公职行为而遭到诽谤时，国家层面的行政立法并未就如何处理舆论监督与其个人名誉权的冲突进行专门立法或做出专门规定，而各地方政府、党委在规范舆论监督工作方面进行了更为大胆的探索和创新。但总的来说，即使从关于舆论监督的专门性地方规范性文件（党内法规）看，主要调整对象也是传统媒体条件下的新闻媒体机构，对当前数字化、移动化的新媒体条件下公民通过自媒体、社交化媒体开展的日益活跃的网络舆论监督缺乏有效回应，立法明显滞后于实践。

在网络空间日益成为信息沟通交流最重要的渠道和媒介后，还需加强互联网内容的行政法治理，保障正当的监督性言论得以最大限度地表达和传播，同时防止诽谤性言论借助网络空间传播速度快、舆论效应放大的特点侵犯公职人员名誉权。在行政立法方面，要加强网络信息内容监管立法，尽快构建由法律、行政法规、部门规章和规范性文件组成的相对齐全和完善的互联网信息内容监管法律框架体系。在行政执法上，鉴于网络信息内容服务平台已成为网络信息内容监管义务主要承担者，其拥有的网络言论把关权自由裁量空间巨大，且缺乏有力外部监督和司法救济，一旦被滥用，将对用户的言论自由、知情权和舆论监督权构成极大限制和干预。因此，对网络平台的内容治理权进行行政法规制是解决网络舆论监督与名誉权冲突的关键所在。

网络反腐是近年来网络舆论监督最重要的表现形式之一。作为制度反腐的有力补充，网络舆论监督以自下而上的监督方式，在近年反腐倡廉斗争中发挥了重要作用。但是，国家机关及其公职人员对于来自网络舆论的监督，大多存有抵触心理，甚至运用国家权力行使者的强势地位，对舆论监督权人进行打压。"公权力在这种强大的舆论监督压力面前，则往往会采取迂回'死扛'、暗渡陈仓的回应方式和策略，其中演绎着公权力的'抵抗'与'就范'逻辑。"[①] 近年来连续发生的"彭水诗案""稷山匿名

---

① 马长山：《公共议题下的权力"抵抗"逻辑——"彭水诗案"中舆论监督与公权力之间的博弈分析》，《法律科学》2014年第1期。

信案""志丹短信案""拘传记者案"等跨省追捕案,其共同特点就是因当事人在网络上发表批评地方公职人员的言论,而遭到当地司法机关以诽谤罪提起公诉。这些案件中,司法机关提起诽谤罪公诉的法律依据都是《刑法》第二百四十六条中,"严重危害社会秩序和国家利益"的诽谤案件可以提起公诉的规定。由于《刑法》及相关司法解释并没有对"严重危害社会秩序和国家利益"的具体情形作出明确规定,一些地方公职人员将其人格尊严和名誉权受到侵害,等同于社会秩序和国家利益受到严重损害,运用刑法中的但书条款,动用公权力对网络舆论监督主体进行打压和报复。

这些案例凸显网络舆论监督的刑法规制存在"用力过猛"的弊端,对日益勃兴的网络舆论监督产生寒蝉效应,不利于发挥其对公权行为的制约和监督作用。2013年9月10日,最高人民法院和最高人民检察院(以下简称"两高")发布《关于办理利用信息网络实施诽谤等刑事案件适用法律若干问题的解释》(以下简称《"两高"解释》),进一步放宽网络言论构成诽谤罪的构成要件。一方面,将散布损害他人名誉的事实和基于网络上已有信息进行篡改后散布损害他人名誉的事实,都归于"捏造事实诽谤他人";另一方面,增加了"同一诽谤信息实际被点击、浏览次数达到五千次以上,或者被转发次数达到五百次以上"的"情节严重"情形。

同时,《"两高"解释》还对《刑法》第二百四十六条的但书条款进行了解释,将七种利用信息网络实施诽谤的行为纳入"严重危害社会秩序和国家利益"的情形。这七种情形中,除了国内通说的四种情形外,还新增了"引发公共秩序混乱""引发民族、宗教冲突的"和"诽谤多人,造成恶劣社会影响的"三种情形。虽然《"两高"解释》规制的是多种类型的网络诽谤言论,但从我国实际情况看,诽谤公职人员的言论是最为重要的一种类型。放宽网络诽谤构成要件、扩大诽谤公诉条件,将会使诽谤罪囊括更多的网络言论,也为一些地方公职人员以诽谤罪打压网络舆论监督提供更多法律依据。

从我国情况看,由于在《民法典》颁布之前,民法并未就网络舆论监督与名誉权之间的法律冲突提供满意的解决方案,加上我国长期存在的厌诉传统,与互联网上层出不穷的网络名誉纠纷相比,以公职人员为诉讼当事人的名誉侵权纠纷少之又少。还有学者认为，舆论监督权本质上是言论自由权，属于宪法明确规定保护的公民基本权利，可借鉴美国将诽谤诉讼宪制化的做法，通过违宪审查或宪法诉讼的方式解决涉及公职人员的名誉权纠纷。但我国尚未建立违宪审查制度和宪法诉讼制度，诽谤诉讼宪制化短期内在我国还无法实现。由于民法在平衡网络言论自由和公职人员名誉权之间的冲突方面存在制度供给不足，加上宪制化解决方案尚不具备条件，接受网络舆论监督的公职人员倾向于运用《刑法》第二百四十六条的但书条款对监督主体提起诽谤公诉，因而近年来不断出现"因言获罪"案和"跨省追捕"案。因其一方当事人是公权力行使者，另一方是享有批评建议权的公民，网络舆论监督引发的刑事诽谤案件，与双方都是普通公民实施的诽谤犯罪有本质区别。处理网络舆论监督引发的刑事诽谤案件，主要目的不在于确定罪与非罪的界限，而在于实现权利对权力的外部有效制约，在此基础上，增进权利与权力之间的良性沟通互动，最终达到二者之间形成互信的终极目标。

本书着重从媒体发展变革的视角，研究舆论监督与名誉权保护之间的对立统一关系，并在此基础上探讨我国舆论监督的理论发展与创新问题。首先，积极推进理论构建的突破。一是考察了舆论监督的历史演变、权利属性和宪法渊源，并结合传播模式变革，重新认识舆论监督的概念。网络舆论监督的创新性实践，凸显我国舆论监督理论研究的欠缺和滞后。我国亟须基于新媒体条件，重新审视以新闻媒体作为舆论监督主体的理论体系，在舆论监督的概念、理论基础、权利冲突等方面整体进行重构。二是基于公共领域理论，深入探讨我国舆论监督的理论基础，指出我国公民在网络时代获得公共议题设置权，公共意见表达更自由充分，与公权力的沟通更直接主动，网络公共领域得以形成，并作为传统公共领域的延伸，强化公共领域的舆论监督功能。三是对传统媒体下为保护公共言论形成的公众人物理论进行反思，提出随着网络时代极大地改变了传播媒介、传播模式和舆论生态，公众人物理论赖以建立的正当性基础与理论前提也发生了质的改变。在网络媒体时代，针对公共言论的两种保护进路开始融合，逐渐转变为依据言论内容是否涉及公共利益，来提供名誉权上的特殊抗辩事由。

其次，充分回应我国实践需求。通过系统梳理我国近年来相关案例，指出我国在传统舆论监督发展不足的前提下，直接进入网络舆论监督时代，舆论监督视角下名誉权法律保护问题更为复杂。在民法领域，舆论监督与名誉权间具有公法性质的权利冲突，被作为普通民事权利冲突加以调整，造成司法实践中的不公平。我国不少司法判例直接引用公众人物理论，但具体适用时发生很大偏移。在行政法领域，为网络信息传播提供网络架构和技术保障的网络平台，基于其技术和资源优势，在网络言论自由领域具有赋权和控制两种权力形态。对网络平台的内容治理权进行行政法规制是解决网络舆论监督与名誉权冲突的关键所在。在刑法领域，刑事诽谤罪原则上属于自诉案件，但规定了可提起刑事公诉的例外情形。这一但书条款缺乏明确认定标准，为刑事诽谤罪公诉预留法律空间。随着公民成为网络舆论监督主体，所谓"诽谤领导案"呈高发态势。

再次，寻求在新的时空背景下建立中国特色的法律机制，实现网络条件下舆论监督与名誉权冲突的新平衡。一是在民法上，通过案例指导制度建立名誉权诉讼的公共利益规则。明确公共利益的内涵，将客观因素和主观因素相结合，确定公共利益的具体事项。明确具体适用规则，确立真实抗辩事由，采用故意或重大过失的归责原则，减轻公民和媒体的举证责任。二是在行政法上，网络服务协议或用户协议决定了网络平台和用户间的权利义务关系，是网络平台实施互联网内容规制的权力来源和主要依据。网络平台具有的公共属性和对网络公共领域所具有的强大治理"权力"，决定了网络服务协议不能被视为普通的民事合同，而应嵌入公法的实体性和程序性价值。三是在刑法上，提高涉公职人员诽谤罪的入罪门槛。取消诽谤罪"严重危害社会秩序和国家利益"的公诉程序，坚持"告诉才理"原则，为司法公权介入刑事诽谤案件设置实体和程序条件。

最后，对新时代下舆论监督与名誉权冲突的发展趋势及其法治治理进行展望。

第一章　舆论监督的概念、渊源与权利属性

考察概念的起源和界定，是学术研究的逻辑起点。舆论监督作为我国独有的概念，虽然在政治学、法学、新闻学各学科领域均有应用，但其界定始终未达成一致。尤其是在媒体手段和传播模式发生根本性变革的网络媒体时代，舆论监督概念亟须根据新的媒体条件进行适用性调整。信息技术的更迭和创新，在实质上改变了舆论监督的二元主体结构。公众从抽象意义上的舆论监督主体，转变为直接运用媒体手段制作、发表、评论有关国家和社会公共事务信息的具有实质意义的舆论监督主体，这使得舆论监督真正回归权利监督、制约权力的本质属性。就舆论监督的对象而言，舆论监督是保障公民依法参与国家和公共事务管理的一项民主权利，其核心功能是对国家机关及其公职人员的职务行为和可能影响其履行职务的私德言行进行批评、建议、督促和制约。从舆论监督的内容上看，基于舆论监督是以权利监督、制约权力的重要民主形式和途径，舆论监督的主要内容只能是批评、建议、揭露，而绝非是表扬或赞扬。从舆论监督手段看，在新媒体时代，舆论监督手段得到极大丰富和扩展，包括网站论坛、博客、微博、播客、微信等多种新媒体形式。因此，现代意义上的舆论监督，指公众和媒体借助大众传媒，对国家机关及其公职人员履行公共职责过程中出现的违法违纪等权力滥用行为和失德言行进行披露、批评和建议，并形成舆论，督促相关机关及人员及时予以回应和纠正，从而实现对公共权力的监督与制约。舆论监督的主体包括公民和媒体，舆论监督的构成包括新闻舆论监督和当前主要体现为网络舆论监督的公民舆论监督。

在法学领域，舆论监督要成为一项正式的法律权利，需要考察其是否

具备权利的基本要素并在现有法律体系中找到其法律渊源。从利益、自由意志、正当性的权利三个要素看，舆论监督已经具备权利要素从而构成一项法律权利。而运用德国基本法上的基本权利双重属性理论进行分析发现，舆论监督权同时兼具主观权利属性和客观价值秩序，从而构成宪法上的基本权利。在舆论监督的宪法渊源上，批评权、建议权、申诉权、控告权、检举权构成公民监督权的权利体系，舆论监督是公民监督权在大众传媒领域的具体表现形式，《宪法》第四十一条是舆论监督的直接宪法渊源。

第一节　舆论监督的历史渊源及其概念界定

舆论监督的概念内生于我国悠久的传统文化，具有鲜明的中国特色。作为具有多学科研究角度的研究范畴，舆论监督概念在传统媒体时代就难以形成学理上的共识。进入网络媒体时代，更需要基于新的技术条件和新的媒体环境，对以往研究关于舆论监督的定义进行梳理，同时结合网络条件下舆论监督主体、对象、内容的变化，对舆论监督概念进行新的辨析。

一　舆论监督概念的演变

舆论监督作为一个具有中国特色的概念，具有源远的发展历程和深刻的现实背景。不少学者对舆论监督的概念进行了词源的考证，认为在古汉语中就有舆论一词，且经历了从"舆"，到"舆人""舆人之论"，最后产生"舆论"的演变过程。① 在我国古代，"舆"泛指下层人民，"舆论"即"舆人之论"，指来自底层民众的观点、讨论和意见。"监"本意为照视，做动词用时，又有临下之意，后在《说文解字》中引申为监视、查看。"督"有督促、督导、督察之意，还可被引申为约束、限制、牵制、制约等义。在汉代，"监督"二词开始连用。

对于"监"与"督"的关系，有学者认为，"'督'以'监'为基础和前提，'监'以'督'为结果和目的……前者可引申为了解权、观察

---

① 周甲禄：《舆论监督权论》，山东人民出版社2006年版，第21—22页；赵双阁：《政治文明视阈下舆论监督法治建设研究》，中国社会科学出版社2012年版，第24—25页；章瑞：《舆论监督问题与对策研究》，博士学位论文，中共中央党校研究生院，2010年，第10页。

权,后者发展为督促权、纠正权,从而构成了由观察纠正权为主要内容和特征的法律监督权力结构。"[①] 但是,在古代,监督的含义与当今不同,指的是统治者为了维护统治秩序,对被管理者采取的一种自上而下的监视、督察行为,是统治阶级的社会控制机制,与现代意义上具有制约权力功能的监督有本质区别。由于舆论与监督在行使主体上具有不可调和的冲突,在我国古代,"舆论"与"监督"并未连用。

据考证,在理论研究上,第一个使用舆论监督概念的学者是孙旭培。人民日报出版社1984年1月出版的《新闻理论探讨》论文集中,曾收录其硕士论文《社会主义新闻自由刍议》,其中首次将舆论监督与法律监督、代表大会监督并列为监督方式,并把舆论监督实质上定性为传媒监督。在政策文件上,1987年10月党的十三大报告首次出现"舆论监督",这是党的正式文件第一次系统阐述舆论监督的广泛意义,提出"要通过各种现代化的新闻和宣传工具,增强对政务和党务活动的报道,发挥舆论监督的作用,支持群众批评工作中的缺点错误,反对官僚主义,同各种不正之风作斗争"。

二 舆论监督概念的梳理

多年来,尽管关于舆论监督的研究不断深入,成果颇丰,但关于舆论监督的定义仍然五花八门,见仁见智,难有定论。其主要原因是界定舆论监督定义的要素,包括主体、内容、媒介等在不断拓展。按照传统舆论监督理论,舆论监督主体分为新闻媒体和公民。但实际上,公民由于缺乏可直接掌握的传播手段和传播资源,只能依赖新闻媒体,由新闻媒体代替公民收集、撰写有关公权运行、官员履职的新闻报道,通过媒体平台向全社会传播,让全体人民周知,对公权力部门及其公职人员形成舆论上的监督。媒体资源的有限性和媒体把关人制度的存在,使得作为舆论监督本源和最终主体的公民很难实现其舆论监督的目的,新闻媒体报道所呈现的政府与其说是"人民眼中的政府",不如说是"新闻媒体笔下的政府",二者难以完全等同。在"人人是媒体、人人有麦克风"的自媒体时代,媒体资源不再由新闻媒体垄断,博客、播客、论坛、微博、微信这些人人均可

[①] 汤唯、孙季萍:《法律监督论纲》,北京大学出版社2001年版,第3页。

接近运用的媒体平台，使普通公民个人也能成为新闻的生产者和传播者。借助于网络强大的信息交互功能，公民个人普遍性的诉愿表达也有了更多的机会和势能，从而形成有别于新闻舆论的网络舆论，对公权力进行直接监督。新媒体时代，影响舆论监督定义的要素发生了根本性的变革，亟须对其进行重新界定。

1. 从舆论监督的主体看，大多学者将舆论监督的直接主体定位为新闻媒体或公民，在将公民确定为舆论监督主体时，往往以新闻媒体作为公民进行舆论监督的"代言人"和主要媒介手段。[①] 也有学者超越媒介手段，认为舆论监督是公众通过舆论这种意识形态自由表达看法产生的一种客观效果。将舆论监督的直接主体或间接主体限定为新闻媒体，在以报纸、杂志、广播、电视为主要媒体工具的传统媒体时代，基本符合舆论监督的内在属性。但是，随着媒体技术的迅猛发展，网站论坛、博客、播客、微信等新媒体形式，已经成为聚合民众意见、折射公众情绪和各种思想观点激烈碰撞的主平台、主渠道。因此，仅以新闻媒体作为舆论监督的直接或间接主体，显然已经不合时宜。

2. 从舆论监督的对象看，有的定义将舆论监督的对象限定于国家机关及其工作人员履行公共职权的行为和公众人物攸关公共利益的言行。[②] 有的定义将舆论监督对象扩大为"社会现实"，囊括社会政治、经济、文化

[①] 例如，顾理平认为，舆论监督是指新闻媒体运用舆论的独特力量，帮助公众了解政府事务、社会事务，并促使其沿着法制和社会生活共同准则的方向运作的一种社会行为。参见顾理平《新闻法学》，中国广播电视出版社1999年版，第239页。王强华、魏永征认为，新闻舆论监督是公民通过新闻媒体对国家机关、国家机关工作人员和公众人物的与公共利益攸关的事务的批评、建议，是公民言论自由权利的体现，是人民参政议政的一种形式。参见王强华、魏永征《舆论监督与新闻纠纷》，复旦大学出版社2000年版，第27页。郭镇之、展江认为，中国的舆论监督是公众通过大众传播媒介及其报道对社会的政治、经济、文化生活进行的评论监督。参见郭镇之、展江《守望社会——电视暗访的边界线》，中国广播电视出版社2006年版，第47页。

[②] 孙旭培认为，舆论监督是指公众通过新闻媒介对党务、政务的公开，对国家机关各级公务人员施政活动，以及社会公众人物（包括政治家、演员、知名企业）的监督，这种舆论监督既包括揭露和批评，又包括评价和建议。但对坏人、坏事，特别是腐败行为的揭露和批评是舆论监督的主要形式。参见孙旭培《中国传媒的活动空间》，人民出版社2004年版，第156页。陈力丹指出，舆论监督意指公众通过舆论这种意识形态，对各种权力组织和其工作人员，以及社会公众人物（包括著名记者）自由表达看法所产生的客观效果。公众表达的意见可以是赞扬、批评，形式和渠道也是多样化的，因此舆论监督往往体现为正反两种监督效果。参见陈力丹《论我国舆论监督的性质和存在的问题》，《郑州大学学报》（哲学社会科学版）2003年第4期。

生活的各个方面，甚至包括行业不正之风、违背社会公共道德的言行和假冒伪劣商品等等。① 在现代西方国家，舆论监督最普遍的法理基础是第四权力说，核心思想是使新闻媒体成为除了立法权、司法权、行政权之外的第四种权力，强调新闻媒体通过批评和揭露政府滥用公共权力行为，发挥监督政府、制约权力的作用。在我国，舆论监督的法理基础缘于人民主权理论。在我国，人民是国家的主人，国家的一切权力属于人民。人民选出自己的代表，赋予其公共权力，代表人民管理国家和社会公共事务。人民通过大众传媒行使言论自由权和批评建议权，督促国家机关及其工作人员正确行使公共权力。因此，与其将舆论监督的对象泛化为"社会现实"，不如集中于国家机关及其工作人员的履职行为和对其公正行使职权可能产生不利影响的社会行为，这更能体现舆论监督作为公民依法参与管理国家事务和参政议政手段的本质属性。

3. 从舆论监督的内容看，有的学者认为舆论监督既包括揭露和批评，也包括评价和建议，甚至包括表扬和赞扬。② 有的学者认为，对腐败行为的揭露和批评是舆论监督的主要形式。③ 将舆论监督权的范畴，从仅仅限定于对公共权力的监督，转换为对于社会各方事务的监督，是在我国民主法治理念和制度建设尚不健全、公民权利意识尚未充分觉醒的历史条件下，从事舆论监督理论研究的权宜之法。将舆论监督的内容扩大为既可以是批评，也可以是表扬，在学理逻辑上没有违背"舆论监督"的内涵，在媒体实践上，也不必冒"凌驾"于政治权力之上的风险，从而大大缓解了与政治权力的紧张度，获得政治上的安全而在理论和实践上得以蓬勃发展。但是，舆论监督是人民保留的一项权利，是以公民权利制约权力的社会控制方式，把舆论监督的内容从原来的揭露、批评、评价、建议扩展到赞扬，认为舆论监督的内容既包括批评，也包括赞扬，将破坏媒介权利与公共权力的制衡格局，极大地削弱舆论监督的权力制约功能，挫伤公民参与民主政治建设的主动性和积极性，使舆论监督工作淹没在浩瀚的市井事

---

① 王强华、魏永征：《舆论监督与新闻纠纷》，复旦大学出版社2000年版，第27页。
② 陈力丹：《论我国舆论监督的性质和存在的问题》，《郑州大学学报》（哲学社会科学版）2003年第4期。
③ 孙旭培：《中国传媒的活动空间》，人民出版社2004年版，第156页。

务中。

为便于与西方理论和话语体系相比较,有的学者避免使用"舆论监督"这个具有中国特色的概念,而用公共批评的概念加以替代。如姚泽金在其博士学位论文中认为,公共批评"是指公民和媒体对国家机关及其工作人员、公共人物和其他公共组织在关涉公共事务、公共利益以及公共领域的不法、错误言行和表现,通过言论或媒介做出的揭露性展现和负面性评价,即事实的披露和意见的表达"[1]。张金玺在专著《美国公共诽谤法研究:言论自由与名誉权保障的冲突与平衡》中,将因针砭时政、品评官员、批评公共事务而导致的诽谤诉讼称为公共诽谤。[2] 但本书认为,公共批评或公共诽谤仅包含对权力机关及其公职人员行使批评建议权的事实,无法全面涵盖批评建议过程中公民—大众传媒—政府机构及其工作人员三者之间既相互制约,又相互沟通互动的动态制衡关系。

从以上梳理分析可以看出,舆论监督概念在主体、对象和内容等方面,都需要根据新的媒体技术和理念价值进行变革和更新。从舆论监督主体看,以往的研究形成了舆论监督双重主体论,认为舆论监督本源意义上的主体是公众,但是公众是分散的个体,既缺乏必要的调查手段获取信息,也不掌握传播媒介,信息传播的方式和手段都受限制。因此,个人只能向新闻媒介反映有关国家机关及其工作人员履职过程中的违法违规行为,或直接撰写批判性文章向新闻媒体投稿,由新闻媒体刊发出来,对滥用公权力行为实施舆论监督。有人甚至认为,媒介与公众的关系是一种"代表"关系,是授权与被授权关系。"人民群众授权给新闻媒介,新闻媒介从人民利益出发,掌握报道对象的采访权、报道内容的选择权、报道力度的控制权。"[3] 然而,互联网时代的到来,极大地降低了媒体使用的门槛,无须编辑,无须审稿,更无须等待出版周期,公众最初自发的、分散的、无序的意见观点,借助网站论坛、博客、微博、微信等新媒体,得以快速、广泛的传播,并经过新媒体强大的交互、聚合功能,形成遥相呼应

---

[1] 姚泽金:《公共批评与名誉保护》,博士学位论文,中国政法大学,2014年,第1页。

[2] 张金玺:《美国公共诽谤法研究:言论自由与名誉权保障的冲突与平衡》,中国人民大学出版社2016年版,第13页。

[3] 田大宪:《新闻舆论监督研究》,中国社会科学出版社2002年版,第91页。

的舆论影响力。

信息技术的更迭和创新，在实质上改变了舆论监督的二元主体结构。公众从抽象意义上的舆论监督主体，转变为直接运用媒体手段制作、发表、评论有关国家和社会公共事务信息的具有实质意义的舆论监督主体，使得舆论监督真正回归权利监督、制约权力的本质属性。在新媒体时代，舆论监督双重主体的大体结构并未改变，但是二元主体的地位和作用都发生了根本变化。在传统媒体时代，公众虽然是舆论监督的法理主体，在权利行使过程中却高度依赖新闻媒体，舆论监督的概念基本等同于新闻舆论监督。而在新媒体时代，公众从舆论受众转变为舆论生产者和传播者，且已全面突破广播、电视、报纸、杂志等传统媒体，媒体已不再是公众的代言人。在舆论监督双重主体结构中，公众从传统媒体时代的依附和从属地位，跃升至与新闻媒体同等重要的位置，借助互联网门槛低、交互强、传播快的特点，其民意聚合效应、舆论传播力和影响力甚至已经超越新闻媒体。这直接导致舆论监督不再等同于新闻舆论监督，公民舆论监督也成为其重要组成部分。由于新媒体时代的公民舆论监督以互联网、社交媒体、移动互联网为主要监督手段，也常常被称为网络舆论监督。

就舆论监督的对象而言，舆论监督是保障公民依法参与国家和公共事务管理的一项民主权利，其核心功能是对国家机关及其公职人员的职务行为和可能影响其履行职务的私德言行进行批评、建议、督促和制约。舆论监督法律关系规范的是国家机关及其公职人员与大众传媒、大众传媒与公众，国家机关及其公职人员与公众三者之间的互动制约关系。因此，舆论监督的对象必然是国家机关及其工作人员的职务行为和可能对其正确行使职权产生影响的言行。对于企事业单位、公众人物和普通公民的违法违纪失德行为，由于不具有民主、正义、秩序等价值维度，在制度上可归入新闻自由的大范畴之中。从舆论监督的内容看，基于舆论监督是以权利监督、制约权力的重要民主形式和途径，舆论监督的主要内容只能是批评、建议、揭露，而绝非表扬或赞扬。

从舆论监督手段看，传统媒体时代以新闻舆论监督为主，舆论监督手段主要局限于报纸、期刊、广播、电视等传统媒体。在新媒体时代，舆论监督手段得到极大丰富和扩展，包括网站论坛、博客、微博、播客、微信等多种新媒体形式。当前，媒介融合已成为大势所趋，"传媒"一词能超越传统大众传播领域的相互区隔，更好回应新技术条件下各种传播渠道融合发展催生出的网络舆论表达。可见，舆论监督手段用"大众传媒"来表达，更具理论包容性和稳定性，更能适应信息技术发展带来的传播手段的更迭和创新。

基于以上分析，本书认为，舆论监督指公众和媒体借助大众传媒，对国家机关及其公职人员于履行公共职责过程中出现的违法违纪等权力滥用行为和失德言行进行披露、批评和建议，并形成舆论，督促相关机关及人员及时予以回应和纠正，从而实现对公共权力的监督与制约。舆论监督的主体包括公民和媒体，舆论监督的构成包括新闻舆论监督和当前主要体现为网络舆论监督的公民舆论监督。[①]

第二节 舆论监督的权利属性

现代意义上的舆论监督概念，被认为起源于政策性文件，政治性强、学理性弱。尤其是在法学研究领域，舆论监督并不是一个正统的法学概念，舆论监督权构成一项法律权利尚未在学界达成一致认识。而法律权利地位的确立，事关舆论监督权行使的实体正当、程序保障和有效救济，事关舆论监督能否发挥对公共权力进行监督和制约的法律功能。权利要素构成理论是分析某一种自由、主张或行为是否属于法律上的权利的重要法理框架，运用这一理论分析舆论监督的权利属性，可为舆论监督法律权利地位的确立，提供一定的学理支撑。

一 从权利要素构成看舆论监督的权利属性

权利是法学学科的基本范畴，但却无统一明确的概念。康德曾言，问一个法学家"什么是权利"，就好像问一个逻辑学家"什么是真理"一样让人为难。因此，大多数法学著作都采取"要素界定法"对权利进行定义，即都认为权利内在地包含着数种要素，如正当、主张、资格、利益、

[①] 李延枫:《舆论监督：概念辨析与重新认识》，《新闻与传播研究》2017年第4期。

意志以及自由等，只有将这些要素的内涵结合起来，才能全面理解权利的本质。夏勇教授指出，"解释权利不能简单化，如果我们将各种关于权利属性的描述结合起来并顺着这条线索，联系权利的实态，就会得出关于权利本质的比较全面的认识"①。虽然有学者对"要素说"能否给权利下一个定义表示质疑，认为其"实质上是对西方现有各种权利理论的综合。如何将包含内在冲突的诸多'要素'结合起来形成一个前后一贯的、有逻辑自洽性的理论将面临巨大的挑战"②。但是，对于某一种自由、主张或行为是否属于法律上的权利，还是可以通过考察其是否具备构成权利的基本要素，来得出符合法理和逻辑的结论。

对于权利究竟由哪几种要素构成，学界一直众说纷纭。有的认为"利益、自由和要求"是权利构成所不可或缺的；③ 有的主张"自由意志、利益、行为自由"构成了权利的三大要素；④ 有的提出权利四要素论，认为"权利包括四个必不可少的根本要素，主体的行为意志自由要素、主体的肯定性利益能力要素、社会评价的正当性要素、社会规范的认同和保障要素"⑤；夏勇教授提出五要素说，即利益、主张、资格、权能和自由。综合多位学者的观点，本书拟从利益、自由意志、正当性三要素入手，分析研究舆论监督是否具备权利要素而构成一项法律权利。

（一）舆论监督权的利益要素

利益反映的是客体能够满足主体自身需要的一种相互关系。权利是受法律保护的利益，利益构成权利的基础和本质内容。利益可以是财产利益，也可以是人格、精神利益。德国法学家耶林说："赋予权利规则之本质特征的，就是这些规则将保护或增进个人利益或财产作为其具体目的。"⑥ 抽去利益这一核心要素，权利就像家徒四壁的宅院，空有其表。

舆论监督作为公民和媒体运用大众传媒对国家机关及其工作人员的公

---

① 夏勇：《人权概念起源：权利的历史哲学》，中国社会科学出版社2007年版，第38页。
② 魏婷：《权利"要素说"及其困境》，《湘潭大学学报》（哲学社会科学版）2014年第4期。
③ 余勇：《道德权利研究》，中央编译出版社2001年版，第20页。
④ 王人博、程燎原：《权利及其救济通论》，山东人民出版社2004年版，第23页。
⑤ 菅从进：《权利四要素论》，《甘肃政法学院学报》2009年第3期。
⑥ 张文显：《法哲学范畴研究》，中国政法大学出版社2001年版，第303页。

务行为进行监督的活动,其宪制基础来源于人民主权原则和公民言论自由权。舆论监督权具有双重性质,即公民权利和人民主权权利。舆论监督能够依据法律保护的利益也具有双重性:一是舆论监督能满足公众知晓有关公共权力运行和公共事务管理的事实、信息,自由表达、传播、评论公共信息的意愿;二是舆论监督能保障公民以批评建议的方式,参与国家决策形成,并督促政府信息公开,对公民的批评建议做出积极回应并在行动上予以纠正。

在舆论监督通过法律保护的双重利益中,前者属于消极利益,即对于公众通过知晓、传播、评论公共事务信息而获得的追求真理、完善自我的精神利益,国家公共权力机关非依法定事由,经法定程序不得干预、妨碍。后者属于积极利益,即公众基于自主意愿,为满足自身参政议政的需要,积极主动地通过公民批评和建议,对国家决策和公共事务管理施加影响,行使作为国家权力主体和来源所保留的民主权利。

(二) 舆论监督权的自由意志要素

作为权利核心要义和存在载体的自由意志,是指权利主体可以不受外来干涉强迫,按照个人意志作为或不作为。如果权利主体非自愿地主张或放弃某种利益或要求,这种利益或要求就不是权利,而是义务。在抽象法律关系中,权利和义务具有相互依存、密不可分的辩证统一关系。某一主体享有的某项权利,意味着其他主体负有不得侵犯的消极义务(如人身自由权),或另一主体承担保障主体权利得以实现的积极义务(如经济社会文化权)。但对于同一主体来说,某项主张、要求不是权利就是义务。当然,某些情况下(如劳动权、受教育权),法律关系主体享有的权利,也是其应尽的义务,但权利和义务完全同一的情况并不多见。

舆论监督本质上是针对国家机关及其工作人员工作中的错误和缺点提出批评,针对工作中的不足提出改进建议,针对工作中的违法失职行为进行检举、控告和申诉。其中,批评建议显然具有权利性,公众可以自由选择行使,也可以放弃而选择沉默。控告和申诉针对的是职务行为对公民个人合法权益造成的不法侵害,作为权利主体的受害公民也可以自主决定是否启动控告和申诉行为。而检举是公民出于正义和公共利益目的,对于国家机关及其公职人员的违法失职行为进行揭发、举报,并请求有关机关依法处理。

我国《宪法》第四十一条将批评权、建议权、控告权、申诉权、检举权都确认为公民的基本权利,但是《刑事诉讼法》第八十四条第一款规定:"任何单位和个人发现有犯罪事实和犯罪嫌疑人,有权利也有义务向公安机关、人民检察院或者人民法院报案或者举报。"虽然检举和举报用词不同,但不可否认二者的内涵和外延具有较大的重合度,因此可以说,作为法律位阶比宪法低的普通法律,《刑事诉讼法》将检举权这一基本权利设定为义务,要求公民必须履行而没有自主选择权。而根据基本法理,有关公民基本权利和义务的事项,只能由宪法来规定,若无宪法授权,普通法律无权变更宪法权利的基本属性。因而《刑事诉讼法》将检举和举报设定为公民义务的规定,不影响检举权作为宪法权利的本质属性。基于以上分析,舆论监督权作为由批评权、建议权、控告权、检举权、申诉权构成的权利群,具备了可以不受干预,自主选择是否行使权利的自由意志要素。

(三)舆论监督权的正当性要素

权利必须要得到社会整体意志的许可、允许和肯定性评价。权利不仅包括权利主体依靠个人力量或意志寻求某种利益要求的自由意志,也包括社会公共意志的认可,是与社会规范性要求实现统一的正当性要求。权利的正当性要素还意味着权利具有不可侵犯性。在权利主体的权利遭受不当干预和侵犯时,能够因这种干预和侵犯违反社会公共意志,而诉诸公共权力来维护个体权利。

自中华人民共和国成立以来,中国共产党一贯高度重视发挥舆论监督的作用。1987年,党的十三大报告首次将"舆论监督"纳入党的正式文件,历届党的代表大会报告均包含舆论监督的内容。例如,1992年,党的十四大报告指出:"强化法律监督机关和行政监察机关的职能,重视传播媒介的舆论监督,逐步完善监督机制,使各级国家机关及其工作人员置于有效的监督之下。"1997年,党的十五大报告指出:"要深化改革,完善监督法制,建立健全依法行使权力的制约机制。……把党内监督、法律监督、群众监督结合起来,发挥舆论监督的作用。"2002年,党的十六大报告进一步强调指出:"加强组织监督和民主监督,发挥舆论监督的作用。"

2007年，党的十七大报告指出要"加强民主监督，发挥好舆论监督作用，增强监督合力和实效"。

2012年，党的十八大报告要求健全权力运行机制和监督体系，指出坚持用制度管权管事管人，保障人民知情权、参与权、表达权、监督权，是权力正确运行的重要保证。……加强党内监督、民主监督、法律监督、舆论监督，让人民监督权力，让权力在阳光下运行。

2017年，党的十九大报告指出，构建党统一指挥、全面覆盖、权威高效的监督体系，把党内监督同国家机关监督、民主监督、司法监督、群众监督、舆论监督贯通起来，增强监督合力。我国是中国共产党领导的社会主义国家，党的代表大会报告在我国经济社会发展中具有极其重要的地位和作用，是执政党制定党和国家重大发展战略的纲领性指导文件，是全党、全国各族人民广泛共识的集中体现。历届党的代表大会报告都专门强调发挥舆论监督对权力的制约作用，表明舆论监督获得了社会公共意志的认可，具有不容侵犯的社会正当性。

2019年，党的十九届四中全会指出，要健全党和国家监督制度，健全人大监督、民主监督、行政监督、司法监督、群众监督、舆论监督制度，发挥审计监督、统计监督职能作用。以党内监督为主导，推动各类监督有机贯通、相互协调。这表明，舆论监督已经正式纳入党和国家监督制度体系。

另外，虽然我国尚未制定专门的《舆论监督法》，但是多部法律法规和党规都规定发挥舆论监督的作用。例如，2016年修订的《野生动物保护法》第八条、2015年修订的《食品安全法》第十条、2021年修订的《安全生产法》第七十七条、2014年修订的《环境保护法》第九条等，都规定新闻媒体享有对相关违法行为进行舆论监督的权利。在党内法规体系中具有基础性地位的《党内监督条例》，在2016年党的十八届六中全会通过的修订版本中，要求坚持党性和人民性相统一，坚持正确导向，加强舆论监督，对典型案件进行剖析，发挥警示作用。法律"是为国家和社会普遍适用和遵守的共同规范"[①]。法律是不同阶级、阶层、利益群体的共同意志

---

① 郭道晖：《论法的本质内容与本质形式》，《法律科学》（西北政法学院学报）2007年第3期。

和利益。虽然涉及舆论监督的多部法律法规并未就舆论监督权利主体和义务主体、权利的具体范围和行使方式、法律责任等做出详细规定，但已经从抽象意义上确认了舆论监督的法律权利地位。

二 舆论监督的宪法权利属性

宪法权利通常称为基本权利，是"由国家根本法规定的，是公民必不可少的也是基本的权利和义务。它是公民根本的活动准则，也是国家制定有关法律、法规的依据"[①]。根据上述分析，舆论监督因具备权利的基本要素而构成法律权利。继续研究舆论监督是否是一项宪法权利，是因为基本权利和法律权利之间存在区别。

现代民主社会中，基本权利在公民权利体系中居基础性地位，根本原因是基本权利具有民主属性，为国家机关的一切行为划定了不可逾越的红线，成为约束国家权力的重要力量。"基本权利的保障越充分，民主的质量就越好。基本权利的保障越完善，民主的效能就越高。"[②] 因基本权利属于宪法范畴，具有宪法规范的特征；普通权利属于一般法律范畴，只具有一般法律规范的特征。

"宪法权利与普通法上的权利可能是对同一价值诉求的表达，但在规范上，两者的含义并不相同。"[③] 基本权利对应的义务主体是行使宪法赋予的国家权力的国家机关，普通权利对应的义务主体是平等的个人，普通法律中国家机关行使的权力是宪法中规定的国家权力的具体化形态。基本权利和普通权利在权利效力上也有所不同。普通权利一般都有相对方的义务与之相对应，具有个人可直接主张的效力，且在权利受不法侵害时，可以寻求权利救济。基本权利反映的是个人与国家之间的关系，强调国家应主动承担维护、促进基本权利的义务。

德国宪法认为，基本权利规范具有主观权利和客观价值秩序的双重属性。基本权利双重属性理论有力地诠释了基本权利在现代基本权利体系中

---

① 许崇德：《中国宪法学》，中国人民大学出版社 1996 年版，第 400 页。
② 蒋德海：《基本权利与法律权利关系之探讨——以基本权利的性质为切入点》，《政法论坛》2009 年第 2 期。
③ 夏正林：《从基本权利到宪法权利》，《法学研究》2007 年第 6 期。

的规范价值和功能。这一理论在我国宪法学界获较大认可,被认为是分析基本权利本质属性的理论依据之一。"所谓基本权利的'主观权利'属性是指,基本权利是基本权利主体通过主张可以实现的权利。基本权利的这种主观属性包含两层含义:第一,个人得依据基本权利规范要求公权力主体为或不为一定行为;第二,公权力主体没有履行基本权利规范要求的义务,个人得请求司法救济,以实现自己的要求。"[1] 基本权利的主观权利属性体现在,权利主体可依据个人自由意志自己为或不为一定行为,以及要求公权力主体为或不为一定行为,强调的是基本权利作为权利的属性。基本权利的客观价值秩序,是指基本权利"构成立法机关建构国家各种制度的原则,也构成行政权和司法权在执行和解释法律的上位法原则"。[2]

基本权利的客观价值秩序与个人的主观请求权相对应,规制和约束的是国家机关的行为,是一切国家机关的行为准则,体现了整个社会共同的价值基础。基本权利的客观价值秩序功能主要表现在对基本权利的制度性保障、组织和程序保障、免于第三方侵害的保护方面。其重要价值在于,对于无法通过直接主张而得以实现的基本权利,借由基本权利的客观价值秩序功能仍能得以实现。对于具备主观权利性质的基本权利而言,因为可直接主张而适用,是为规则;对不具有主观权利属性而只具有客观价值秩序的基本权利而言,是为原则。

运用德国基本法上的基本权利双重属性理论,可尝试分析舆论监督权是否属于宪法上的基本权利。舆论监督权的主观权利属性具有双层含义。一是公民有权通过大众传媒以批评建议的方式参与国家意见形成和社会事务管理,也有权对此保持沉默。任何机关、组织或个人不得强迫公民就公共事务做出违背其本意的评论。二是舆论监督权要求政府机关及其公职人员不得限制公民富于活力、广泛公开的公共讨论,不得以有损政府机构及官员的名誉为由压制批评建议言论,更不能利用国家公器对批评建议人进行打击报复。否则,相关公民可提起行政复议或行政诉讼,要求司法机关撤销或变更违法行政行为。限制、打击、报复舆论监督权主体造成损害

---

[1] 秦奥蕾:《基本权利体系研究》,山东人民出版社2009年版,第59—60页。
[2] 张翔:《基本权利的双重性质》,《法学研究》2005年第3期。

的，相关公民可提起国家赔偿之诉。

基本权利的客观价值秩序理论认为，立法机关、行政机关和司法机关都要受客观价值秩序的约束，时刻以基本权利作为其行为标准，不仅不得干预基本权利的实现，而且要提供各种物质和制度条件，积极帮助和促进基本权利的实现。公民知情权是开展舆论监督的重要保障。舆论监督权的客观价值秩序属性不仅要求政府及其公职人员不能压制公民的批评建议言论，还要求其增加政府工作透明度，全面、真实、即时地公开政府信息，保障公民自由地获取、选择、传播政府信息，参与公共事务，评价政府及其工作人员行为，对权力运行形成舆论监督。同时，舆论监督权的客观价值秩序属性还体现在舆论监督权不仅具有消极的防御权功能，还具有直接请求政府积极作为，从而实现舆论监督权的受益权功能。也就是说，政府及其工作人员不仅不能限制公民对政府工作提出批评建议，而且需要对批评言论中反映的社会公众关切进行积极回应、解释、说明，并就相关问题的解决过程和结果通过政府新闻发布制度以及政务微博、微信公众号等官方媒体平台及时有效地予以公开，接受社会舆论的再监督。

三　舆论监督权的宪法渊源

我国现行宪法没有直接规定舆论监督权，造成学者对舆论监督权宪法渊源的理解各有不同。有学者认为，《宪法》第四十一条规定的批评和建议权是舆论监督权的直接宪法渊源。[①] 有学者认为，《宪法》第三十五条规定的言论自由权和第四十一条规定的批评和建议权，共同构成舆论监督权的宪法渊源。[②] 还有学者认为，基于《宪法》第二十七条规定的国家机关和国家工作人员必须接受人民监督的监督权和第四十一条规定的批评和建议权，可在宪法规范层面提炼出公民和媒体对公权力机关及其国家工作人员享有舆论监督权这一基本权利。[③]

[①] 周甲禄：《舆论监督权论》，山东人民出版社2006年版，第113页。
[②] 杜强强：《基本权利的规范领域和保护程度——对我国宪法第35条和第41条的规范比较》，《法学研究》2011年第1期。
[③] 石毕凡：《诽谤、舆论监督权与宪法第41条的规范意旨》，《浙江社会科学》2013年第4期。

本书认为，《宪法》第三十五条规定的言论自由权，主要指以任何形式或方式表达意见和观点的自由。舆论监督权涉及的只是言论自由当中，通过大众传媒揭露、批评与公共权力运行相关的事件或人物的信息，在外延上明显小于言论自由。《宪法》第二十七条规定的国家机关和国家工作人员必须倾听人民的意见和建议、接受人民监督的监督权，也是一个关于人民监督权的总括性条款。这一条款中的"人民"是集合性的政治概念，而"公民"是指公民个体的法律概念。"'人民监督权'其实是对人民主权原则的一种政治表达，他们表达的是'人民的权力'而非'公民的权利'。"[①] 因此，人民监督权是作为国家权力来源的人民整体，对由其产生、对其负责、受其监督的国家权力机关和国家工作人员是否正确行使人民赋予的权力所享有的监督权。

从人民监督权的具体权利形态看，《宪法》并未包含所有人民监督权的权利形态。例如，罢免权、撤换权、弹劾权等在我国《宪法》就并未体现，这是由我国人民代表大会制度的政治体制决定的。从人民监督权的具体实现形式看，我国目前已经建立的权力监督体系包括中国共产党党内监督、人大监督、行政监督、政协民主监督、司法监督和舆论监督。这些监督体制虽然监督主体不同，但除了舆论监督，都不属于以公民个人为主体的监督体制，而是由人民授权机关或代表机关，代表人民对公权力进行监督（如人大监督、协商民主监督和司法监督），或由政党、政府机构建立的内部监督机制（如中国共产党党内监督、行政监督）。因此，《宪法》第二十七条可以作为舆论监督权总括性的间接宪法渊源，而《宪法》第四十一条应是舆论监督权最直接的宪法渊源。

但是，如何认识《宪法》第四十一条，学界一直存有分歧，舆论监督权与《宪法》第四十一条的对应关系更难有定论。对于《宪法》第四十一条的权利种类，大致有如下几种说法：六权说（批评权、建议权、申诉权、控告权、检举权和取得赔偿权）；[②] 五权说（批评权、建议权、

---

① 何生根：《论我国现行宪法第41条的两个基本问题》，《西部法学评论》2013年第3期。
② 何生根：《论我国现行宪法第41条的两个基本问题》，《西部法学评论》2013年第3期。

控告权、检举权、申诉权）；① 四权说（批评权、建议权、控告权、检举权）；② 三权说（批评权、建议权、检举权）；③ 二权说（批评权、建议权）。④

目前，六权说被广泛接受。从权利类型化的角度看，有必要对这六项权利进行概括分类。对此学术界有三种观点。第一种观点认为，批评权、建议权、申诉权、控告权、检举权构成舆论监督权这个综合和丰富的权利群，这几项权利的特性虽各有不同，但都是为了维护自身利益或公共利益，要求国家机关及其工作人员对其违法失职行为进行改错和纠正，都具有鲜明的政治参与特征，这一同质性决定了这几项权利可类型化为同一类基本权利。⑤

第二种观点将这六项权利概括为"请愿权"。请愿权是传统宪法下的民主权利概念，是公民表达意见和愿望的权利，一般以集会、游行、示威、罢工为主要权利形态，归属于表达自由权，与言论自由权、出版自由权和集会权等权利并列。但实际上，从这六项权利各自的具体内容看，批评权、建议权、申诉权、控告权、检举权从某种程度上，正是与请愿权相排斥的。这几项权利正是为小范围内的官民矛盾提供了纾解、沟通和解决的正式渠道和方式，从而防止出现集会、游行、示威、罢工等大规模的群众政治请愿活动。因此，不能用请愿权来对这六项权利进行类型化。

第三种观点认为这六项权利中，批评权、建议权、检举权、控告权属于实体性的监督权，而申诉权和请求国家赔偿权则属于程序性的请求权。⑥该观点认为，公民行使属于监督权的批评权、建议权、检举权和控告权，是出于维护公共利益的目的督促国家机关及其工作人员公正合理履职，其

---

① 胡锦光、韩大元：《中国宪法》，法律出版社 2004 年版，第 295 页。
② 董和平主编：《宪法》，中国人民大学出版社 2004 年版，第 347 页。
③ 肖蔚云、魏定仁、宝音胡日雅克琪：《宪法学概论》，北京大学出版社 1982 年版，第 279 页。
④ 许崇德、胡锦光、李元起、任进、韩大元编：《宪法》，中国人民大学出版社 2007 年版，第 214 页。
⑤ 石毕凡：《诽谤、舆论监督权与宪法第 41 条的规范意旨》，《浙江社会科学》2013 年第 4 期。
⑥ 陈党：《监督权、请求权及其相互关系——〈中华人民共和国宪法〉第四十一条解读》，《理论与改革》2009 年第 2 期。

本身与监督事项并无利害关系。而申诉权和请求国家赔偿权是公民在其合法权益遭受公权力不法侵害时,向有关机关请求予以处理并获得赔偿的权利。虽然申诉权和请求国家赔偿权也具有一定的监督成分,但更偏重于救济,宜归入请求权。但公民监督权针对的公务行为中的违法违纪现象,监督事项可涉及自身利益,也可不涉及,监督主体可以是违法违纪行为的直接受害者,也可以基于公民主体地位,出于维护公共利益的"公心"对违法失职行为进行监督。《宪法》第四十一条以独立一款对取得赔偿权予以规定,貌似更有异质性。但是,取得赔偿权作为权利实现手段,是一种程序性的权利,如果与监督行为相脱节,就失去了重要的权利依托。根据相关制宪史料,取得赔偿权是从控告权延伸出来的,整体上仍具有控告性,可视为控告权的一部分,因而也可归属于监督权。

综上,本书认为,《宪法》第四十一条规定的六项权利,各有其独特的权利内容,但权利主体皆为公民个人,权利客体都是国家机关及其工作人员的违法违纪行为,所不同的主要是对违法违纪行为内容和权利行使的方式做了区分。例如,批评权和建议权针对的是公权行为中的缺点错误,权利行使方式可以是当面或通过大众媒体提出。检举权和控告权针对的是国家机关及其工作人员的违法失职行为,权利行使方式都是向负有监督职责的上级机关、党政监察机构、检察院或信访部门反映。二者的区别是检举事项与检举人没有直接利害关系,而控告人则是控告事项的直接受害人。申诉权针对的不仅是国家机关的违法失职行为,还包括行政机关或司法机关做出的错误、违法决定、裁决或判决,权利行使方式是向负有法律监督职责的法院审判监督部门、检察院或信访部门进行申诉。

同时,随着网络表达、网络民主参与的蓬勃发展,原本仅限于小范围公民和受理机关知晓的监督事项,借助互联网的快速和广泛传播而产生强大的舆论放大效应,虽然对受理机关而言,正式受理和处理都需经法定程序,但对于监督权主体而言,通过运用互联网媒体,这几项权利的界限正在模糊化。从制宪机关的立宪意图看,将这六项权利规定在一条法律规定中,也表明其立法原意是基于权利行使主体的角度对这几项权利进行类型化。因此,本书认为,批评权、建议权、申诉权、控告权、检举权构成公民监督权的权利体系,舆论监督是公民监督权在大众传媒领域的具体表现形式,《宪法》第四十一条是舆论监督权的直接宪法渊源。

四 我国舆论监督宪法保障的独特性

舆论监督是我国特有的概念,在其他国家并没有准确的对应概念。我国舆论监督的主体既包括新闻媒体,也包括公民个人,而西方舆论监督对应的是新闻自由理念下的新闻舆论监督,不包括以公民为主体的舆论监督。可以说,我国舆论监督概念的内涵和外延要广于西方国家的相应概念。从宪法保障的角度看,我国宪法在规定公民的言论自由权之外,以专门条款将公民对国家机关和国家工作人员的批评建议权、申诉权、控告权、检举权直接列举为公民的基本权利,为舆论监督权提供了直接的宪法渊源和根本法保障,这是我国具有中国特色的舆论监督宪法保障机制。而大多数国家的宪法仅对公民的言论自由权进行宪法上正面权利确认,而对于纳入新闻自由或公共诽谤的舆论监督言论,则主要通过禁止性规定和反面权利救济提供立法和司法保障。

第二章 舆论监督的理论基础：从新闻自由到网络公共领域

在传统媒体时代，由于个体公民不掌握媒体资源和手段，无法独立行使舆论监督权，必须依赖有组织机构、媒介渠道和专业媒体人员的新闻媒体对公权力开展舆论监督。因而传统媒体时代舆论监督权与名誉权冲突的实践体现是媒体诽谤公职人员，在权利理论范畴主要表现为新闻自由与名誉权之间的冲突。这种冲突产生的原因有以下三点：新闻自由与名誉权具有不同价值取向而不可避免地发生冲突；权利的相互性导致新闻自由与名誉权产生冲突；法律保护失衡导致新闻自由和名誉权产生权利冲突。目前，针对解决新闻自由与名誉权之间的权利冲突，学术界提出了基本权利的价值位阶秩序、个案利益权衡、具体规定优于概括性规定、比例原则等理论。

进入网络媒体时代，公众从舆论受众转化为舆论生产者和传播者，借助于互联网门槛低、交互强、传播快的特点，运用社交媒体、网站论坛、视频直播等新媒体手段，越过传统媒体直接对国家和社会公共事务发表意见建议。为此，以公民舆论监督为主体的网络舆论监督需要从新的理论基础中汲取理论养分。近年来，国外学界以德国哲学家哈贝马斯创立的公共领域理论为基础，探讨互联网是否推动传统公共领域转型为网络公共领域。从我国的角度看，虽然传统公共领域理论并不适用我国，但转型后的网络公共领域强化了公共舆论对公权力的舆论监督功能，对我国发展人民民主具有一定借鉴意义。

第一节　传统舆论监督理论基础：新闻自由

在传统媒体时代，舆论监督的理论渊源是新闻自由。虽然新闻自由的主体是公民和媒体，但收集、采访、创作、传递、发表、评论、印刷、发行新闻及与此相关的其他作品，都依赖于掌握着信息传播媒介和出版发行渠道的新闻媒体机构。因此，新闻自由的行使者是媒体。社会公众获得信息、表达看法、交流想法通常以媒体作为主要载体，媒体只有拥有一定的新闻自由才能满足社会公众的需求。

一　新闻自由的概念
（一）新闻自由的起源及内涵

新闻自由是资产阶级推翻封建专制、建立和维护资本主义政治统治的一个重要口号。[1] 英国著名政治思想家约翰·弥尔顿被尊为新闻自由奠基人，在1644年出版的《论出版自由》中提出，言论出版自由"是一切自由中最重要的自由"；"这自由则是一切伟大智慧的乳母"[2]。新闻自由在西方国家的不同历史阶段具有不同的内涵：在欧洲文艺复兴时期主要指"言论自由"；印刷术传入西方并得到广泛应用以后主要指"出版自由"；报刊在政治和社会生活中发挥重要作用后又主要是指"报刊自由"[3]。

关于新闻自由的概念，总体上可做广义和狭义之分。广义新闻自由和狭义新闻自由的界分主要体现在两个要素。一是新闻自由的主体。广义新闻自由概念认为公民和新闻媒体都是新闻自由的主体，公民是实际主体，新闻媒体是直接主体。如有学者认为，新闻自由是新闻媒介和公民报道或获取消息、发表意见的自由权。[4] 也有学者将新闻自由权利具体化为公民的知晓权、言论权、交流权、使用媒体权、创办新闻媒体权和对新闻侵权

---

[1] 丰纯高：《社会主义新闻自由》，中国传媒大学出版社2014年版，第26—30页。
[2] ［英］弥尔顿：《论出版自由》，商务印书馆1958年版，第44—45页。
[3] 李晨：《新闻自由与司法独立关系研究》，博士学位论文，吉林大学，2011年，第8页。
[4] 刘建明：《新闻自由的七种权利》，《新闻爱好者》2001年第3期。

的诉讼权,以及媒体的采访权、报道权、编辑权、更正权、保护新闻来源权。① 狭义新闻自由概念认为公民和媒体虽然都是新闻自由的主体,但新闻自由通过新闻媒体来实现。有学者认为,新闻自由是媒体向公众客观公正地报道事实真相的自由,行使新闻自由的只能是作为法人的媒体,而不可能是个人。个人不享有采访权、新闻报道权,要成为"新闻自由"的主体,需要具备一定的形式要件,经过一系列申报、审批程序,取得新闻机构法人资格。即便是私人经营的报纸、电视台,也必须以法人而不是个人的身份出现。②

二是新闻自由的内容。广义的新闻自由内容包括公民和新闻媒体的新闻出版活动。如有的学者认为新闻自由包括:不受批准自由出版报刊;不受任何形式的事先审查,可以发布任何新闻和发表任何意见;不受限制地自由接近新闻源。简要地说,新闻自由就是公民拥有出版权、采访权、发布权。③ 而狭义的新闻自由主要从新闻媒体职业活动的角度进行定义。如有学者认为,新闻自由是"搜集、发布、传达和收受新闻的自由,包括报刊的出版自由、电台与电视台的播放自由、新闻采访与报道的自由,以及发表新闻评论的自由等"④。还有学者认为,新闻自由即新闻传播自由,传播的方式包括传出和接受。传出的方式有口头、书面、印刷、出版、音频、视频、报刊、广播电视、新媒体等,其中又有多个环节:信息的采集、内容的加工制作和发送、媒介的创办和运行等。⑤

综上,本书认为,新闻自由作为公民的一项基本人权已在国际公约中得到确立。新闻自由是在法律规定或允许的情况下,公民与新闻传播媒体及时、客观、真实地收集、采访、创作、传递、发表、评论、印刷、发行新闻及与此相关的其他作品的权利。新闻自由的主体是公民和媒体,新闻自由的行使者是媒体。社会公众获得信息、表达看法、交流想法通常以媒

---

① 刘建明:《当代新闻学原理》,清华大学出版社2003年版,第372—380页。
② 马岭:《言论自由、出版自由、新闻自由的主体及其法律保护》,《当代法学》2004年第1期。
③ 李良荣:《新闻学概论》,复旦大学出版社2013年版,第206页。
④ 余家宏等编:《新闻学词典》,浙江人民出版社1988年版,第72页。
⑤ 谢金文:《新闻学导论》,清华大学出版社2014年版,第192—193页。

体作为主要载体，媒体只有拥有一定的新闻自由才能满足社会公众的需求。①

（二）新闻自由与相关概念的辨析

新闻自由、言论自由和出版自由三个概念密切相关又相互区别，正确认识新闻自由需对这三个概念进行厘清和辨析。

1. 新闻自由与言论自由

关于新闻自由与言论自由的关系，学界存在三种截然不同的观点。第一种观点认为新闻自由与言论自由是两个外延完全重合的概念。持这一观点的主要是美国的宪法学家们，他们认为美国的立国先贤们是在内涵一致的基础上交互使用新闻自由和言论自由两个概念。②第二种观点认为言论自由包含新闻自由，言论自由是上位概念，新闻自由是下位概念，二者是种属关系。宪法学者邱小平认为，言论自由隐含着新闻自由。李斯颐认为，新闻自由是言论自由在新闻领域的表现，或者说新闻自由是通过新闻媒体实现的言论自由。③第三种观点认为新闻自由和言论自由是两个内涵和外延没有任何重合的全异关系。如章敬平在其博士学位论文中认为，不同的概念有其特定的内涵和外延，不宜交互使用，引发逻辑混乱。他认为，部分西方国家的宪法文本和我国香港地区基本法文本和澳门地区基本法文本，都将言论自由、新闻自由和出版自由分别列举，可见这三个概念有不同的内涵和外延。④

本书认为，广义的言论自由包括新闻自由，二者是种与属的关系，但狭义的言论自由则与新闻自由既有区别也有联系。一般而言，广义的言论自由不限于口头和书面语言，还包括新闻、出版、广播、电影、电视、艺术创作等言论形式；不仅指自由地发表言论，还包括听取他人陈述建议的自由，显然包含了新闻自由。但狭义的言论自由的主体是自然人，指公民按照自己的意愿，以口头或书面形式表达思想、主张、意见的自由。狭义

---

① 李晨：《新闻自由与司法独立关系研究》，博士学位论文，吉林大学，2011年，第8页。
② 参见邱小平《表达自由——美国宪法第一修正案研究》，北京大学出版社2005年版，第423页。
③ 李斯颐：《言论和出版的自由与界限》，《新闻与传播研究》2002年第1期。
④ 章敬平：《论新闻自由》，博士学位论文，苏州大学，2007年，第46—48页。

上的言论自由与新闻自由既有区别也有联系。言论自由的主体是自然人，新闻自由的主体则是作为法人的新闻机构。① 每一个人都可以享有言论自由，但享有新闻自由的主体只能是新闻媒体。与此同时，新闻自由是言论自由在新闻媒体领域的延伸。在传统媒体时代，言论自由有赖于新闻自由来传播、交流思想和观点，以此增进认识、发现真理；新闻自由往往需要借助公民的言论自由，掌握更多的信息来源，更深入地挖掘事实真相。

2. 新闻自由与出版自由

关于新闻自由与出版自由的关系，学界有三种观点，第一种观点认为新闻自由与出版自由是同一概念。在许多学者的专著中，这两个概念是通用的。第二种观点以我国台湾地区学者为代表，认为出版自由是上位概念，新闻自由是下位概念，出版自由包含新闻自由。第三种观点认为新闻自由和出版自由在主体、范围和法律规范上都有本质区别。新闻自由的主体只能是作为法人的媒体，出版自由的主体既可以是法人，也可以是自然人。在法律保护上，法律对出版自由的规范实行"法无禁止即可为"，通过规定禁止性出版内容，防止出版自由用于出版宣扬色情、暴力、种族歧视等不良倾向的作品。而对新闻自由的法律规范，则在新闻自由与不同利益发生冲突时，根据被侵权对象的不同，如公民个人利益、国家权力，适用不同的法律调整方式。

本书认为，从历史起源看，出版自由的产生早于新闻自由，新闻自由以出版自由为前提，以新闻为主要内容的各类载体，如报纸、期刊，如果不能借由出版自由予以编印，则无法实现其客观公正地向社会公众报道事实真相的新闻自由。因此，新闻自由与出版自由有交叉和重合的部分，尤其是在传统媒体时代，出版物需以物化介质为载体。出版物类型有限，大多局限于报刊、书籍、唱片、CD 等，其中刊登新闻内容的报纸杂志是出版物的重要组成部分，新闻自由与出版自由有很大重合，这也是早期学者会将这两个概念互相通用的重要原因。随着现代信息技术的飞速发展，新闻载体形式极大丰富化，传统的新闻媒介报刊逐渐式微，新闻网站、新闻

---

① 马岭：《言论自由、出版自由、新闻自由的主体及其法律保护》，《当代法学》2004 年第 1 期。

视频、新闻"两微一端"逐渐成为主要的新闻内容载体,以电子化为主要特征的新闻载体,使得新闻信息的发表与传播已经不再依赖传统上的出版自由,新闻自由与出版自由原有的重合交叉部分已经越来越少,其作为独立概念的意义和价值日益凸显。在新兴媒体时代,"人人都是记者",也"人人都是出版人",不具新闻内容的报刊、书籍,可以不通过出版商就在网络媒体刊登、传播,传统的以书面文字为实现形式的出版自由的概念是否需要重新界定,目前学界尚未达成一致认识。本书认为,以书面文字为表现形式的出版物具有经世致用、传承文明的不可替代的价值,且其相对完备的知识产权保护制度体系也是电子出版物所难以比拟的,因此应秉承出版自由的传统含义和价值。

二 舆论监督视角下新闻自由的功能

作为制度性权利和宪制性权利的新闻自由具有多重功能,但在舆论监督的制度范畴内,新闻自由的主要功能是制约权力、促进民主、完善法治。

(一) 制约权力

古今中外历史经验证明,一切权力必须受到制约和监督,否则就会被滥用,产生腐败。从孟德斯鸠提出分权理论开始,法学思想家们致力于构建一整套完备的权力制约和制衡理论体系。概括起来,行政权力的制约方式可分为两种,一种是以权力制约权力,大体可分为代议机构的权力监督、法院的司法监督和行政机关的内部监督;另一种是以权利制约权力,即公民直接运用其在社会契约中未让渡的选举权、参政议政权、批评建议权等权利,对行政主体及行政权力运行施加影响。以权力制约权力的宪制虽然在一定程度上可实现控权的目标,但在体制上存在局限性。分权制的理想状态是国家权力间的相对平衡,但国家机器运行的常态是国家权力配置的不平衡。这种理论和实践的落差常常导致政治上的"分赃制"。而分权导致的政府效力低下,还易引发官僚体制化倾向。同时,国家通过集体行使公民让渡的权利而形成公权力,少数公权力行使者基于多数人的授权,通过国家权力配置,代表多数人行使国家权力。一旦行政权力被异化,"少数人"行使的来源于人民授权的国家权力反而成为压迫"多数人"的力量。

　　基于此，需要一种体制外力量控约行政权力。在传统媒体时代，通过行使以采访自由、报道自由、评论自由、传播自由、写作自由、发表自由为主要内容的新闻自由，新闻舆论监督成为权力制约与监督的重要力量。媒体作为国家与社会的沟通桥梁和解说者，在新闻媒体这个公共领域形成公共舆论，整合和表达民意，通过影响选举任命、进行行政问责、启动权力监督、形成道德约束等途径，发挥监督制约公权力的作用。

　　（二）促进民主

　　新闻自由所具有的促进民主功能源于人民主权理论。根据人民主权理论，国家一切权力属于人民，人民是国家主权所有者，政府的权力来自人民的授权和委托，受人民监督和制约。选举政府官员、参与国家和社会事务决策、对政府履职行为行使批评权，是人民保留的民主权利，这种民主权利可以概括为知情权、表达权、参与权和监督权。新闻媒体通过行使新闻自由，采访、报道、发表有关公共事务的信息，让公众获得更多更有效的公共信息，保证公民知情权的实现。在此基础上，新闻自由保障公民运用新闻媒介手段和平台，自由发表其对公共事务的意见和看法，实现其表达权。同时，以新闻媒体作为桥梁和平台，增进公民与政府之间的民主对话，保证公民参与民主决策，监督制约公共机构的运行与公共权力的行使，最终充分有效实现公民参与权和监督权。

　　（三）完善法治

　　法治为法律之治，其精神内涵包括法律至上、公平正义、制约公权、保障人权、程序正当等。"在立法、执法、司法中，确保法治精神的核心价值在其各环节中得到实现，是其要义。"[1] 新闻自由对于促进法治建设具有强大的推动作用，贯穿于立法、执法、司法、守法的法治全过程。

　　一是新闻自由可有效传达民众立法意愿，监督立法，推动科学立法和民主立法。有法可依是实现法治的必要前提。在立法过程中，新闻媒体不仅是法律草案的发布者和传播者，而且是民众参与立法决策的表达者，更是立法权合法正当的监督者。新闻自由不仅监督立法权的合法有效行使，

---

[1] 江必新：《法治精神的属性、内涵与弘扬》，《法学家》2013年第4期。

还推动法律的修改和废止。例如，2003年的孙志刚事件，直接导致《城市流浪乞讨人员收容遣送办法》的废止和《城市生活无着落流浪乞讨人员救助办法》的出台。

二是新闻自由有助于推动政府严格执法，建设法治政府，依法行政。新闻媒体通过在报纸、广播、电视等媒体上曝光政府机构和政府官员滥用行政权力的不当行为，对行政权力形成巨大的舆论压力，迫使政府部门及其公职人员在法治的轨道上合法合理执行法律。例如，2009年上海浦东城管钓鱼执法事件发生后，多家媒体持续报道并刊发评论员文章，批评钓鱼执法缺乏合法性和正当性，最终敦促上海市浦东城管向当事人道歉并承诺赔偿。上海市政府常务会议做出"坚决禁止交通行政执法过程中的不正当调查取证行为"的决定，并开展交通行政执法大检查，进一步规范交通行政执法行为。

三是新闻自由有助于促进司法公正，遏制司法腐败。司法公开是实现司法公正、提高司法公信力的重要保障，是现代法治社会的一项基本原则。新闻媒体以传播迅速、受众面广、洞察深刻的新闻报道，将司法机关和司法人员的活动和行为，以致整个司法权力运行过程都置于广大民众的监督之下，大大增加了司法活动的公开性和透明度。而司法公开是实现司法公正的"牛鼻子"，更是提升司法公信力的重要抓手。在近年来的聂树斌案、赵作海案、佘祥林案、呼格吉勒图案等案件中，新闻媒体对这些案件中刑讯逼供、冤假错案、非法取证、枉法裁判等司法不公和司法腐败现象进行了持续曝光和跟踪报道，对司法机关形成舆论压力，迫使其重新秉公审理案件，纠正错案。

四是新闻自由通过舆论宣传和引导，加强法治宣传教育和法治文化建设，培育全社会的法治理念和公民的守法意识。新闻媒体和记者编辑是法治宣传教育和法治文化建设的重要参与者，是法律规定和法治规则的传播者和解释者。新闻媒体通过新闻采访报道和新闻评论，潜移默化地对法律进行解释和宣传，使规则意识和法治观念融入中国文化和普通民众思想观念及行为规范之中，从而在全社会形成遵法、守法的法治文化。

三　新闻自由具有法律限度

新闻自由的限制是实现新闻自由的必然要求。新闻自由的保障和新闻自由的限制是既矛盾又统一的关系，仅强调新闻自由的保障，而忽视新闻自由的限制，新闻自由就难以真正实现。"新闻自由作为人类自由的另外一种形式，它有必要服从于这样的限制，就像其他权利的保护需要服从于限制滥用自由权利的限制一样。"①

（一）新闻自由具有法律限度的宪法依据

一是宪法规范关于权利与义务之间关系的一般规定决定了新闻自由具有法律限度。没有无权利的义务，也没有无义务的权利，马克思的经典名言精辟地阐释了权利与义务的关系。权利义务的辩证统一关系决定了自由和权利要受到限制，权利的边界就是义务的范围，义务范围之外就是权利的内容。新闻自由具有法律限度的宪法依据主要体现在《宪法》第三十三条，即任何公民享有宪法和法律规定的权利，同时必须履行宪法和法律规定的义务，以及第五十一条的规定，即中华人民共和国公民在行使自由和权利的时候，不得损害国家的、社会的、集体的利益和其他公民的合法的自由和权利。

二是宪法对新闻自由的法律限度进行了具体规定。从宪法条文看，宪法对新闻自由的法律限度进行了一般限制和专门限制。一般限制主要体现在宪法的原则规定和关于公民普遍义务的相关规定。由于新闻自由是言论自由的延伸，在许多情况下与出版自由存在通用的情形，宪法对新闻自由的具体限制主要体现在对言论自由和出版自由的宪法限制。在宪法条文上，这种限制体现在《宪法》第三十八条关于公民的人格尊严不受侵犯，禁止用任何方法对公民进行侮辱、诽谤和诬告陷害的规定上。

（二）限制新闻自由的法律原则

虽然新闻自由限制是实现新闻自由的应有之义和必然要求，但是，限制新闻自由不能任意而为，必须遵循一定的法律原则。这些原则包括：一是公共利益原则。这一原则要求新闻媒体在行使新闻自由时，必须自觉维护社会公共利益，不得与公共利益相悖，不得损害国家安全、公共秩序和善良风俗。二是事后限制原则。即新闻媒体可自由地发表新闻作品，而不

---

① ［美］卡斯珀·约斯特：《新闻学原理》，王海译，中国传媒大学出版社2015年版，第94页。

受任何组织个人的不正当干预,也无须政府部门的事先审查。只有在新闻报道内容违反法律规定,侵害他人的合法权益时,才能依法追究当事人的刑事责任或民事责任。当然,事后限制原则也有例外,当尚未发表的新闻报道会带来明显而即刻的危险时,应予以事前限制。三是法律保留原则。即对新闻自由的限制,必须由法律加以规定,并遵循正当程序原则。四是比例原则。即对新闻自由进行限制时,必须是适当的、必要的,同时选择限制程度最轻、损害最小的限制手段,最大限度地保护新闻自由,减少对其的限制。五是法律平等原则。这一原则主要体现在公民名誉权和隐私权对新闻自由的限制。这一原则要求公民的隐私权和名誉权应受到法律的平等保护。新闻自由不能因报道对象身份的不同而受到不一样的限制。不能赋予公职人员、公众人物更多的名誉权和隐私权,而对其有关报道予以更多的限制;也不能减损普通公民的名誉权和隐私权,不当扩大新闻自由的范围。

四 解决新闻自由与名誉权冲突的一般理论

(一) 名誉权基本理论

1. 名誉的概念

作为社会化群体,人类在社会中生存和开展社会交往有赖于他人对其品德、操行、能力的综合评价,这种评价构成了一个人的名誉。关于名誉的概念,学者王利明梳理了各位学者的观点,认为名誉概念存在三种学说,即社会评价说、个人评价与社会评价综合说、人格尊严说。[①] 从名誉的概念和本质看,本书更认同社会评价说。

个人评价与社会评价综合说将名誉分为内部名誉和外部名誉,认为内部名誉是人格价值的自我评价,外部名誉是社会对自身人格价值的评价。内部名誉常受个人主观好恶所左右,在内部名誉遭受贬损时,仅仅表现为个人的情感波动,很难从外部进行衡量,并不像社会评价那样具有客观性和可衡量性。而且内部名誉受损并不会导致主体的社会评价降低,只能归结为名誉感,不适合作为名誉权这项法律权利的客体。

---

① 王利明:《人格权法研究》,中国人民大学出版社 2005 年版,第 477—478 页。

人格尊严说认为名誉是指公民的人格尊严。但名誉概念范畴内的个人尊严,不是民法上抽象的个人自然权利,而是维持个人在社会中生存以及与社会其他成员正常交往的需要,其体现为个人因服从社会成员共同拟定并遵守的社会交往规则,而获得作为社会成员的资格并得到人们的认可和尊重。

综上分析,本书认同从社会角度和客观标准来界定名誉,认为名誉是社会上大多数人对公民或法人的品德、操行、才能、信誉、形象等各方面形成的综合性社会评价。

2. 名誉权的价值

虽然对于名誉概念的内涵和外延,国内外学界并无统一认识,但名誉对于个人在社会中生存与发展的至关重要性,却已形成广泛共识。西方学者在阐述名誉对人的重要性时,经常引用莎士比亚在《奥赛罗》中关于名誉的经典论断:"男人也罢,女人也罢,名誉是灵魂的最关痛痒的宝贝。谁要是剥夺了我的名誉,却使我失窃,使人家也一无所得,我可真是一无所有了。"1966年,美国最高法院大法官波特·斯图亚特在罗森布拉特诉贝尔案(Rosenblatt v. Baer)中阐述了名誉权对个人尊严的重要意义。他认为:"一个人享有的保护其名誉不受不当侵犯和不法伤害的权利,恰恰反映了我们对每一个人不可或缺的基本尊严和权利所具有的基本信念,这一信念根植于任何完备的自由制度中。"[1]

我国学者大多认同名誉权的重要意义。例如,张新宝教授认为法律保护名誉权的重要意义在于:一是维护个人的人格尊严,使人们免受精神痛苦;二是通过维护个人的精神利益,实现个人之间和个人与社会之间的基本和谐;三是通过对个人名誉之保护,树立良好的社会道德风尚。[2] 侯健教授将名誉权的重要性概括为:保护个人尊严和促进社会和谐。[3]

基于名誉权的重要性,一些国际的和地区性的人权公约,都以适当的方式规定名誉权是人的基本人权。例如,《世界人权宣言》第12条规定:"任何人的私生活、家庭、住宅和通信不得任意干涉,他的荣誉和名誉不

---

[1] *Rosenblatt v. Baer*, 383 U.S. 75 (1966).
[2] 张新宝:《名誉权的法律保护》,中国政法大学出版社1997年版,第12页。
[3] 侯健:《舆论监督与名誉权问题研究》,北京大学出版社2002年版,第24页。

得加以攻击。"《公民权利和政治权利国际公约》第 17 条也做了大致相同的规定。又如,《欧洲人权公约》第 10 条第 1 款规定了每个人都有自由表达权利,在第 2 款则规定行使上述权利应该受到某些条件的限制,其中包括保护他人的名誉;《美洲人权公约》第 11 条也有类似规定。

本书认为,与舆论监督相关的名誉价值可进一步概括为保护个人尊严和维护社会正常交往两个方面。舆论监督涉及对政府机构和公职人员道德、言行的社会评价,决定了其在社会中能否得到认可和尊重,从而影响公职人员的耻辱感和荣誉感。因此,与舆论监督相关的名誉价值的重要体现是个人的人格尊严。与舆论监督相关的名誉权的第二个价值是维护正常社会交往。舆论监督对政府机构及其公职人员的言行是否符合党纪法规和社会交往的一般文明规则进行评价,如果这种评价是负面的,将会导致公职人员在政府机构,甚至在社会中被孤立,难以开展正常的公职工作,甚至无法进行正常的社会交往。

3. 名誉权的特征

一般认为,名誉权具有法定性、人身依附性和非财产性。名誉权的法定性表现为两个方面:一是名誉权受宪法和法律保护,是一种法定权利;二是必须由法律做出限制名誉权内容的规定。名誉权的人身依附性表现为:名誉权专属于特定的公民和法人,不能脱离名誉权主体而独立存在;名誉权不能继承、不得转让,也不得非法剥夺。名誉权的非财产性是指,作为人格权,名誉权保护的是主体的良好社会评价,属于精神利益,不具有财产性内容。虽然法人名誉权与财产权具有紧密联系,但这种联系并未改变名誉权的非财产权利属性。侵害法人名誉权的后果是经济赔偿,但这种经济赔偿仅是法人名誉权受损造成的财产损失,这种救济权属于第二性的权利,名誉权仍属于非财产权。[1]

有学者主张名誉权还具有消极性和可克减性。[2] 消极性是指名誉权属于防御性权利,只有在其受侵害时方可寻求法律救济手段恢复其名誉,而不能通过积极作为,要求他人给予其恰当评价,或主张名誉权的精神利益

---

[1] 王利明:《人格权法研究》,中国人民大学出版社 2012 年版,第 22 页。
[2] 郭卫华:《新闻侵权热点问题研究》,人民法院出版社 2000 年版,第 41 页。

和财产利益。名誉权的可克减性指个人名誉权的行使范围基于法定条件可以进行适当的限缩，这种限缩既可能来自公权力，也可能因与其他权利和自由产生冲突而有所克减。

（二）新闻自由与名誉权冲突的原因

1. 新闻自由与名誉权具有不同价值取向而不可避免发生冲突

新闻自由从宪法规定的言论自由延伸而来，是一种政治性的民主权利，在价值取向上代表了社会公共利益；名誉权是民法所保护的具体人格权的一种，属于个人权利范畴，侧重于维护个人的人格尊严，代表的是个人利益。新闻自由与名誉权具有不同价值取向，而且规制对象存在重叠交叉，因而呈现冲突紧张的关系。新闻自由要求新闻机构及其采编人员客观公正报道和评论与社会公共利益相关的事实与真相，并通过新闻媒介予以广泛传播。这种新闻事实具有传播快、影响力广的特点，接触的受众会据此形成对报道对象的印象和看法。而不实的新闻报道更会让社会公众对被报道公民产生负面的评价，这种负面评价必然对以社会评价为主要内容的公民名誉权造成损害。同时，新闻评论本身就具有对报道对象的德行、形象、才干做出主观性判断的功能，更会对所涉公民的社会评价造成直接影响，从而影响其名誉权。因此，新闻报道和评论必然使新闻自由和名誉权、公共利益和个人权利发生不可避免的交叉和冲突。[1]

2. 权利的相互性导致新闻自由与名誉权产生冲突

权利的相互性理论由美国经济学家科斯提出，我国学者苏力曾用来探讨言论自由与名誉权之间的权利冲突。根据该理论，两种合法的权利之间因不存在互不侵犯的必然界限而具有权利的相互性，保护一种权利，必然侵犯另一种权利；限制一种权利，另一种权利必然得到扩张。[2] 新闻自由与名誉权就因为具有权利的相互性而存在此消彼长的紧张关系。强调维护新闻自由，公民的名誉权必然受到相应限制；强调保护公民的名誉权，新闻媒体的新闻采访和报道自由就会相应地受到约束和限制。

---

[1] 冉崇高：《新闻自由的法律限度——谈新闻自由与名誉权的冲突及其平衡》，《新闻研究导刊》2012年第1期。

[2] 苏力：《秋菊打官司案、邱氏鼠药案和言论自由》，《法学研究》1996年第5期。

3. 法律保护失衡导致新闻自由和名誉权产生权利冲突

一是新闻自由和名誉权的内涵和外延的法律规定模糊，二者的权利边界不清。虽然通过言论自由的延伸，新闻自由具有了宪法依据，但宪法和其他法律法规并没有使用这一概念，更没有对新闻自由进行明确的界定。我国民事法律规范不乏名誉权的相关规定，但名誉权的概念在立法中缺乏清晰界定，在学界中也未达成共识。两种权利本身界定不清，在法律实践中必然产生相互冲突。从立法资源配置看，名誉权的立法要远多于有关新闻自由的立法；二是从司法实践和执法的能力和技术水平看，我国在新闻侵权诉讼中更倾向于保护名誉权，对名誉权保护的执法能力和水平更高。[1] 新闻自由和名誉权在立法、司法、执法上明显的不均衡，使得二者的权利冲突进一步扩大化。

（三）解决新闻自由与名誉权冲突的基本原则

从权利属性看，新闻自由通过言论自由而成为宪法确认和保护的基本权利，属公法范畴；而名誉权是民法和宪法都予以确认保护的基本权利，但一般归属于私法领域。目前，针对新闻自由与名誉权之间的权利冲突，学术界提出了基本权利的价值位阶秩序、具体规定优于概括性规定、比例原则、个案利益衡量原则等理论。

1. 基本权利的价值位阶秩序

这一理论是指按照基本权利在法秩序中的角色和功能，将各基本权利进行价值上的位阶排序，在基本权利主张发生冲突时，具有较高位阶的基本权利将优先获得法律保障。德国基本法根据宪法条文对权利直接限制、宪法授权法律进行限制、宪法条文未做直接或间接限制而进行内部控制这三个标准，认为宪法条文未直接或间接限制的基本权利，比宪法条文直接或间接限制的基本权利，具有更高的价值位阶。[2] 这种理论试图构建一张严密的基本权利价值位阶表，当出现权利冲突时，只需对照这一位阶表，即可判别哪个权利更优先。

本书认为，确立基本权利的不同位阶，是解决权利冲突的重要方式，

---

[1] 刘长安、李建凤：《新闻自由的法律"呼吸空间"——谈新闻自由与名誉权保护的冲突与平衡》，《法制与社会》2013年第7期。

[2] 郑文明：《诽谤的法律规制——兼论媒体诽谤》，法律出版社2011年版，第152页。

对立法和司法都具有重要的指导和规范意义。"权利的冲突是一种基于设计而造成的冲突，是一种应然状态假设的误差导致的冲突。如果制度明晰化，则会减少冲突的可能。"① 但是，鉴于基本权利具有复杂性和抽象性，不同国家在不同历史阶段对基本权利的位阶会有不同的价值取向。例如，1938 年，美国最高法院在美国诉制品有限公司案（United States v. Carolene Products Co.）中认为，宪法第一修正案所保护的表达自由，应比其他宪法权利，得到更多的法律保障。② 而德国基本法则将人格尊严视为最优先保护的权利而置于条文首位。英国诽谤法在 20 世纪前都倾向于给予个人名誉权相对于表达自由更多的法律保护。直到 20 世纪下半叶，随着英国加入欧洲人权公约和世界人权事业的推动，英国诽谤法进行了渐进式的改革，通过判例法确立雷诺兹特权，并在成文法上制定 2013 年诽谤法，才确立了表达自由的优先保护地位。③ 可见，虽然基本权利体系存在一定的位阶秩序，但并不存在一成不变的普适性谱系。

2. 具体规定优于概括性规定

根据该原则，一些基本权利如人身自由权、通信自由权、人格尊严权等，因被立宪者认为更加重要而在宪法条文中明确列举、具体规定，因此，这些宪法条文明确列举的基本权利应优先保护。而如隐私权、生命权、新闻自由等抽象、概括的基本权利，则属于非宪法文本明确列举权利，在权利冲突中要让位于宪法明确列举的权利。这一原则存在的问题是，隐私权、生命权、新闻自由等权利虽然可能因宪法的稳定性和滞后性而未在宪法中被明确列举，但对民主法治和人权保障同样不可或缺，如果难以获得同等的法律保护，难免失之简单和粗糙。

3. 比例原则

比例原则源于德国行政法，学者称之为公法领域的"软化剂"。这一原则要求行政法行为要在行为的目的和手段之间做出恰当平衡，不能为了

---

① 何志鹏：《权利冲突：一个基于"资源—需求"模型的解释》，《环球法律评论》2011 年第 1 期。
② 林来梵：《论权利冲突中的权利位阶——规范法学视角下的透析》，《浙江大学学报》（人文社会科学版）2003 年第 6 期。
③ 蔡浩明：《英国诽谤法改革对我国的启示》，《当代传播》2014 年第 3 期。

追求行政目的而不择手段。比例原则包括三项次原则：一是适当性原则，即行政机关必须在预定的目的下采取以目的为取向的手段；二是必要性原则，即在可达到行政目的的诸多手段中，要选择对当事人权利损害最小的手段；三是狭义比例原则，也称衡量性原则，指任何手段对当事人造成的损害，要少于达成目的所带来的利益。运用比例原则来解决基本权利冲突，主要审查基本权利主体在行使其基本权利时，所采取的手段与其预计达成的目的之间是否成比例，目的是防止权利主体滥用权利，过度限制甚至损害另一方的基本权利。这实际上是"把本来用于规制行政裁量权的比例原则用来衡量基本权利的行使，从而使得两项相互冲突的基本权利得到调和"①。

4. 个案利益衡量原则

前述三个原则总体上都属于解决基本权利冲突的抽象理论，而个案利益衡量原则是在基本权利产生冲突时，由司法者根据立法者的立法目的，在具体个案中结合基本事实，提出适当的冲突解决方案。个案利益衡量原则的优点在于其具有灵活性和实用性，能通过司法权威，快速解决复杂案件。但是，该原则的不足也同样明显。由法官行使自由裁量权，在具体案件中均衡双方利益，更多依赖于法官的职业素养和个人价值取向，缺少法律应具有的稳定性和可预期性。而且，法官在均衡双方利益时，会产生一方利益具有更高价值的判断，而基本权利的价值位阶，理应由宪法加以规定，这种个人衡量实质上变成了法官的造法活动，这与成文法国家法官只能适用法律的司法原则相违背。

第二节　网络舆论监督理论借鉴：网络公共领域

德国哲学家哈贝马斯创立的公共领域理论中，公共领域基于其公共性、共识性和批判性的独特特性，天然地对公共权力具有舆论监督功能。公共领域提供了一个社会公共活动空间，使得公众能够从自身利益出发，在公共空间借由一定媒介就公共事务进行自由交流和充分沟通，对公共事

---

① 张翔：《基本权利冲突的规范结构与解决模式》，《法商研究》2006年第4期。

务形成独立于公共权力的批判性公共舆论,从而影响公共政策,监督公共权力。虽然传统媒体时代的传统公共领域理论在我国并不适用,但传统公共领域的理论架构本身隐含着通过公共舆论对公共权力具有的监督制约功能,而网络公共领域作为传统公共领域的延伸,更强化了公共领域的舆论监督功能,从而为网络舆论监督的蓬勃兴起提供了理论源泉。

一 传统公共领域理论的主要内容

(一) 传统公共领域理论的起源及内涵

公共领域理论最早由德国学者汉娜·阿伦特提出,德国哲学家哈贝马斯对其进一步完善并形成系统的公共领域理论,随后加拿大政治学家查尔斯·泰勒继续对现代公共领域进行深入研究。阿伦特所主张的公共领域以古典城邦式的直接民主为特征,是公民通过言语和行动直接参与政治的行动空间。哈贝马斯在其名篇《公共领域的结构转型》中系统阐释了公共领域理论,描述的是一个以18、19世纪英、法、德社会为背景,在私人领域形成的"以阅读为中介、以交谈为核心"的公共交往网络,也就是所谓的"资产阶级公共领域"。他认为,"资产阶级公共领域首先可以理解为一个由私人集合而成的公众的领域;但私人随即就要求这一受上层控制的公共领域反对公共权力机关自身,以便就基本上已经属于私人,但仍然具有公共性质的商品交换和社会劳动领域中的一般交换规则等问题同公共权力机关展开讨论"[1]。

公共领域当然不是一个物理上的领域,而是一个隐喻术语,用于描述人们可以对话、交流思想和观点的虚拟空间,在这个虚拟空间里,公民通过交流思想和讨论问题,就普遍利益事项达成一致认识。公共领域的转型经历了三个阶段。第一阶段是早期完全独立的公共领域。公共领域的产生源于封建社会的瓦解,国家与社会分离,市民社会形成,公共权力产生,因而产生市民讨论与公共权力相关议题的公共空间。"资产阶级公共领域是在国家和社会间的张力中发展起来的,但它本身一直都是私人领域的一

---

[1] [德]哈贝马斯:《公共领域的结构转型》,曹卫东、王晓珏、刘北城、宋魏杰译,学林出版社1999年版,第32页。

部分。作为公共领域的基础,国家和社会的彻底分离,首先是指社会从生产和政治权力中分离开来"①。这种公共空间主要体现为咖啡馆、沙龙、剧院或聚会等,影响力、参与广度和传播速度都很有限。

第二阶段是制度化的操纵性的公共领域。随着国家和经济的转型,国家和社会之间的相互渗透使独立的私人领域不复存在,公众逐步分裂为少数有批判意识的专家和消费的大众,有组织的集团利益侵入保持中立的私人领域,公共领域很大程度上演变成制度性国家机关(议会)的公共领域,批判的公共性演变为操纵的公共性。

第三阶段是大众传媒的公共领域。随着产业革命的发展,造纸印刷技术不断提高,催生出新闻出版物,公共领域的主要参与者不再局限于政府官员、医生、教授、牧师等精英阶层,舆论受众具有更广泛的范围。哈贝马斯认为:"当这个公众达到较大规模时,这种交往需要一定的传播和影响手段,今天,报纸和期刊、广播和电视就是这种公共领域的媒介。"②"公共领域说到底就是公众舆论领域,它和公共权力机关直接相抗衡。有些情况下,人们把国家机构或用来沟通公众的传媒,如报刊也算作'公共机构'。"③在媒介化的大背景下,泰勒赋予了公共领域更强的现代性,认为"公共领域是一种公共空间,于其中社会成员可以通过各种媒介、印刷品、电子产品相遇,其中自然也有面对面的遭遇,借此讨论有关公共利益的议题并对这些议题形成公共舆论"④。

(二) 公共领域理论与舆论监督

公共领域的政治参与和批评特性,决定了其天然地具有对公共权力的舆论监督功能。"以公开的、理性的交往形式出现的公共领域在国家与社会之间扮演了一种沟通的媒介作用。它既能够向社会表达国家的要求,同时也向国家表达社会的声音,并通过这种交流实现社会对国家权力的一定

---

① [德]哈贝马斯:《公共领域的结构转型》,曹卫东、王晓珏、刘北城、宋魏杰译,学林出版社1999年版,第170页。
② [德]哈贝马斯:《公共领域》,汪晖译,载汪晖、陈燕谷主编《文化与公共性》,生活·读书·新知三联书店2005年版,第125页。
③ [德]哈贝马斯:《公共领域的结构转型》,曹卫东、王晓珏、刘北城、宋魏杰译,学林出版社1999年版,第2页。
④ Charles Taylor, *Modern Social Imaginaries*, Durham: Duke University Press, 2004, p. 83.

意义上的约束。早期的'公共舆论'在某种程度上起着反对君主绝对权力及秘密政治的作用,而在宪法国家时代,公共舆论的政治功能则更加明显地表现出来。为了维护市民阶级的利益,它要求对国家事务进行更为详细的监督和约束。"[1] 哈贝马斯认为,行使政治权力需要公众舆论不断加以控制。"全体公众构成了一个法庭,比其他所有法庭累加起来还要重要。每个人都感觉到,这个法庭虽然会犯错误,却不会受到腐蚀;它一直努力使自己更加开明,它囊括了一个民族的所有智慧和正义,它始终决定着公民的命运,它所做出的处罚无可逃避。"[2]

公共领域对公共权力所具有的舆论监督功能根源于其所具有的独特特性。一是公共性。公共领域提供了一个社会公共活动空间,使得公众能够就具有普遍利益的公共事务,而不是私人事务进行公开、自由的讨论。二是共识性。公共领域扮演了"观点的自由市场"的角色,公民从自身利益出发就公共事务所形成的意见和观点,在公共空间进行公开辩论和自由讨论后达成一致,形成公共舆论。三是批判性。介于国家和社会之间的公共领域,其所具有的批判精神是其理论的核心精髓。具有独立人格和批判精神的公众是公共领域的参与主体,在公共空间借由一定媒介就公共事务进行自由交流和充分沟通,对公共事务形成独立于公共权力的批判性公共舆论,从而影响公共政策,监督公共权力。

(三) 前互联网时代我国"公共领域"较为滞后和薄弱

按照哈贝马斯的观点,"公共领域"的形成必须具备三个构成要素:一是具有批判精神的公众;二是具有批判意识的公众借以双向沟通、自由讨论的大众传媒;三是形成能够影响公共政策的公众舆论。"公共领域"的形成和发展与国家民主法治水平和成熟度之间存在密切的正相关关系。

由此观之,我国在前网络时代,特别是改革开放之前,"公共领域"是非常薄弱的。在我国长达几千年的封建社会,社会舆论话语权被牢牢掌

---

[1] 艾四林、王贵贤、马超:《民主、正义与全球化——哈贝马斯政治哲学研究》,北京大学出版社2010年版,第13页。

[2] [德] 尤尔根·哈贝马斯:《哈贝马斯精粹》,曹卫东选译,南京大学出版社2009年版,第70页。

握在以皇帝为首的皇权系统手中，民众对政府决策以及皇帝和官员个人的任何不满言论都可能招致极其严厉的刑事惩罚。中华人民共和国成立后至改革开放前，我国公共领域的发展依然缓慢，虽然历次政治运动都以发动群众参与为主要手段，但由于受极"左"思潮和"文化大革命"错误的影响，群众中形成了"以阶级斗争为纲"的极"左"政治立场，任何不同意见都可能被"上纲上线"，被恶意曲解为"反党反社会主义"的言论。由于公民基本权利得不到根本保障，公众很难对公共事务和社会政策提出独立、客观的观点和看法。

改革开放后，社会主义市场经济体制逐步取代高度集中的计划经济体制，政治体制改革也不断深入，民主法治进程不断加快，一方面，社会利益趋于多元化和复杂化，不同群体的利益和权利受到尊重和保护，公民参与民主法治进程的积极性不断提高，并通过报纸、杂志、广播、电视等传统媒体，积极发表自己的意见和观点，主张自己的权利；另一方面，依法治国方略的实施加快了依法行政的步伐，而推进科学民主决策既是依法行政的应有之义，也是公共决策得到民众认可和支持进而得以顺利实施的重要保障。因此，政府在制定公共决策和管理公共事务过程中，越来越注意倾听民众的呼声，时刻关注社情民意，这也为公民参与政治和公共事务、表达诉求和心声，提供了制度性的渠道和保障。可以说，在改革开放后的传统媒体时代，我国"公共领域"已开始形成并不断发展，但媒体的自主性以及舆论监督的空间仍具有较大的局限性。

在前网络时代，公共领域的沟通媒介仅限于报纸、刊物、广播、电视等传统媒体，这些媒体的运作需要高昂的成本和专业化的媒体从业人员。公民个人无法运营和运用传统媒体，因而无法掌握信息发布权和传播权。公民如果想将自己的意见建议进行大规模传播，只能反馈给媒体从业人员，由其作为信息把关人对信息进行收集、整理、筛选和过滤。受媒体资源的有限性和媒体自身利益、价值取向所限，最后在媒体发布的往往是一小部分人的观点，大部分人的声音都被弱化甚至屏蔽了。即使是这一小部分观点，民众也很难就此进行即时、双向的沟通交流。为此，有学者也把传统媒体称为"他媒体"。以"他媒体"为媒介建立起来的"公共领域"易被媒体运营人员所操纵，一般表达的是强势集团的声音和带有媒体偏向的"多数意见",弱势群体和少数人的意见很难得到体现。① 另外,由于我国对传统媒体实行严格的准入门槛制和内容审查机制,传统媒体很难作为自由的沟通交流媒介为普通民众所用。而公众交流主张、沟通思想的平台缺失,也阻碍了公民个人不同观点的碰撞交流,难于形成较为一致的具有政策影响力的公共舆论。因此,在传统媒体时代,既依法相对独立于国家与社会、又能成为国家与社会之间沟通桥梁的"公共领域"在我国总体上还比较滞后和薄弱。

二 有关网络公共领域的学界观点

（一）国外学界观点

在互联网开始普及之前,国外学界就开始研究网络是否推动传统公共领域转型为网络公共领域。阿里·德安（Adrian Rauchfleisch）和马科·科维奇（Marko Kovic）将公共领域的广义功能分为四类:身份建立、议程设置、控制和批评以及审议。他们认为互联网极大拓展了公共领域的四大功能。② 有学者认为,网络讨论具有公共领域的一些最核心的品质。例如,坦纳（Tanner）认为线上论坛具有与公共领域理论相关的四个特点,即可接近性、自由交流、协商结构和公众理性,因而构成公共空间。③ 艾尔-萨格夫（Al-Saggaf）对伊拉克战争期间的阿拉比亚电视台（Al Aarbiya）官网的网民发帖和跟帖进行研究发现,网民的评论内容虽然也受到政府监管,但阿拉伯人在网上不仅评论电视台新闻报道中的观点,而且提供新的事实真相,从而形成了网上公共领域。④ 安特杰·吉姆勒（Antje Gimmler）

---

① 虞崇胜、罗亮:《从民主实验室到民主新平台:网络公共领域的民主价值》,《理论探讨》2017年第1期。

② Adrian Rauchfleisch, Marko Kovic, "The Internet and Generalized Functions of the Public Sphere: Transformative Potentials from a Comparative Perspective", Social Media + Society, Vol. 2, No. 2, 2016, p. 1.

③ Tanner Eliza, "Chilean Conversations: Internet Forum Participants Debate Augusto Pinochet's Detention", Journal of Communication, June 2001, pp. 383 – 403. 转引自陈红梅《互联网上的公众表达》,复旦大学出版社2014年版,第5页。

④ Yeslam Al-Saggaf, "The Online Public Sphere in the Arab World: The War in Iraq on the Al Aarbiya Website", Journal of Computer-Mediated Communication, Vol. 2, No. 1, 2006, pp. 311 – 334. 转引自陈红梅《互联网上的公众表达》,复旦大学出版社2014年版,第6页。

认为，公共领域学说的精髓是审议民主，信息本身与平等的信息获取起着关键的作用。平等和无限制的信息获取途径是更有意义的话语实践的基础。此外，互联网对促进互动有积极和直接的贡献。[1] 互联网实际上可以加强审议民主，因为互联网强调从批判性公民组成的公共领域内提出社会性和政治性的议题。

当然，也有国外学者认为互联网作为公共领域仍具有它的局限性。例如，戴伯格（Dahlberg）在讨论互联网作为公共领域的特征时就提出了六点担忧：互联网的商业化趋势限制公众在线交流的自主性；网络审议往往缺乏反思性；在线论坛具有意见极化、偏激的倾向；网络论坛里的信息难以核实；仍有许多人不能使用网络论坛参与公共讨论；网络话语权易被少数强势群体所把控。[2] 帕帕切瑞西（Papacharissi）从互联网传播的技术特性出发提出三点质疑：一是互联网的数据存储和回溯能力可能会混淆讨论和信息，而其他传播方式则无此虞，另外，受互联网可及性不全面和公民媒介素养不高所限，网络公共领域的代表性不够充分；二是网络技术使公共讨论跨越了地域限制，但也导致政治话语碎片化；三是技术可以为政治讨论创造新的开放空间，但不能保证这个空间变成公共领域。[3]

（二）有关"网络公共领域是否在我国形成"的学术讨论

在前网络时代，公共领域理论在我国学界并不受重视，但随着互联网在我国的迅速普及，尤其是随着以"两微一端"为代表的新媒体的蓬勃发展，公共领域理论在我国不断得到发展、转型和重构。大部分学者认为网络公共领域已经在我国形成。以互联网传播为中心的网络公共领域，提供了一个平等、开放、匿名和及时互动的网络表达空间。互联网的普及使得

---

[1] Antje Gimmler, "Deliberative Democracy, The Public Sphere and the Internet", *Philosophy & Social Criticism*, Vol. 27, No. 4, 2001, p. 31.

[2] Dahlberg L, "Computer - Mediated Communication and the Public Sphere: A Critical Analysis", *Journal of Computer - Mediated Communication*, Vol. 7, No. 1, 2001. 转引自陈红梅《互联网上的公众表达》，复旦大学出版社2014年版，第6页。

[3] Z. Papacharissi, "The Virtual Sphere: The Internet as a Public Sphere", *New Media & Society*, Vol. 4, No. 1, 2002, pp. 9 - 27. 转引自陈红梅《互联网上的公众表达》，复旦大学出版社2014年版，第6页。

公共领域参与者的门槛极大降低。① 有学者据此认为,"这种全球化的网际公共领域已经成为继'古希腊城邦型'、欧洲中世纪'代表型'和近代西欧'市民型'之后公共领域的第四种类型"②。

有学者认为,互联网不仅在空间上拓展了传统公共领域的公共交往空间,更为重要的是,互联网独特的信息传播方式,使得公众的意见表达和观点互动更为充分。尤其是以博客、微博、微信为代表的自媒体,为网民提供了自主生产发布信息和即时互动交流的极大自由空间。公众的意见主张可以"原汁原味"地实现"多点对多点"的交互式传播,并可迅速形成大规模双向互动讨论。还有学者提出,"网络公共领域对弱势群体正当权利的维护,由此引发的公众对社会不公平事件的抗议以及对事件体制根源的反思,充分发挥了公共领域批判现实、伸张社会正义、制约公权力运作的重要作用"③。

但是,有些学者不同意我国存在网络公共领域。有学者提出,网络公共领域更能体现公共领域的本质特征的观点,存在明显不足。一是将公共领域参与者的"公众精神"和理性思维适用于我国网民过于理想化。我国网民大多缺乏批判精神和理性思维,既有理性行为,也有非理性情绪,甚至存在群体极化。另外,即使互联网在我国普及程度越来越高,仍有一部分处于边远贫困地区的民众无法接近互联网,因此,网络舆论能在多大程度上代表真实民意,尚有待研究。二是对互联网在形成公共领域方面的作用不应过于夸大。互联网的普及为公众行使知情权、表达权、监督权、参与权提供了新的途径和手段,尤其是网络舆论监督的兴起,使得公权力的行使处于更加公开透明的网民监督之下。但其中匿名、非理性的情绪化表达和宣泄,也严重侵犯了相关当事人的名誉权、隐私权,干扰正常的司法秩序,因此,对网络空间作用的认识不能过于理想化。三是互联网作为公共空间和公共平台,只是一种新的社会工具,任何群体和个人都可以出于

---

① 邵春霞、杨蕊:《局部性公共领域的扩展:Web2.0时代我国网络公共领域浅析》,《社会科学》2013年第4期。
② 周志平:《近年网络公共领域研究述评》,《广东行政学院学报》2010年第6期。
③ 何显明:《中国网络公共领域的成长:功能与前景》,《江苏行政学院学报》2012年第1期。

自身目的加以利用，公共领域整体没有差别的理想模型与网络公共领域所具有的复杂性格格不入。同时，公共领域理论的重要特征是将公共领域的功能局限为对公权力机关的批判和抗争，忽略了网民建设性的政治参与，可能将网民和国家推向政治对抗。[1]

还有学者认为，我国缺乏形成公共领域的政治传统和政治意识，很难形成不受国家干预的舆论地带。不仅网民身份难以确定，言论缺乏理性，不具有公共领域理论对公共领域参与主体所要求的独立自主意识；而且在我国，网络不可能完全独立不受干预，相反，政府具有加强网络空间管理、维护网络社会合法秩序的法定职权和职责。[2]

三　网络公共领域理论对我国具有一定借鉴意义

(一) 传统公共领域理论不适用于我国

起源于西方的传统公共领域理论中，典型的公共领域包括古希腊城邦型、欧洲18、19世纪资产阶级代议民主型和传统媒体型。可以说，传统公共领域理论具有浓厚的西方文化传统和鲜明的西方政治体制特色，与西方政治民主发展史共生共存。而我国在经历了几千年的封建社会后，直接快速进入社会主义社会，形成了明显区别于西方的思想文化传统和政治制度体制，这也是在前互联网时代，公共领域理论在我国学界关注不多的主要原因。

事实上，随着经济社会发展，西方国家的舆论公共领域也开始逐渐转型。哈贝马斯公共领域理论的前提是"公共领域和私人领域的严格分离"。但是，国家和社会之间的互相渗透使独立的私人领域不复存在，有组织的集团利益侵入保持中立的私人领域，公共领域很大程度上演变成制度性国家机关（议会）的公共领域，批判的公共性演变为操纵的公共性。在传统媒体型公共领域形成后，随着媒介业自身的发展，大众媒介已经不是公众讨论的延伸，有计划制造的新闻和精心策划的公关实践所造就的共识使公

---

[1] 郭彦森：《网络公共领域研究中的"哈贝马斯依赖"现象评析》，《郑州大学学报》（哲学社会科学版）2012年第4期。

[2] 周志平：《近年网络公共领域研究述评》，《广东行政学院学报》2010年第6期。

共领域沦为传媒力量的注脚。① 传统公共领域过于理想化的概念逐渐与实践相脱节，使得这一理论的现代适应性受到学界的质疑。

(二) 网络公共领域理论对我国发展人民民主具有特殊意义

网络媒介技术的发展，催生出新的传播手段，推动着公共领域的网络化。网络公共领域在现代西方民主实践中发挥着越来越重要的作用，如西方民主选举宣传平台从传统媒体转向网络媒体，西方政府领导人开始注重社交媒体宣传策略等。网络公共领域与西方社会能做到天然契合，源于公共领域理论本身就建构在西方政治制度和文化传统之上。我国不具备公共领域的理论土壤和制度空间，因此对这一理论不能照抄照搬，而要结合我国具体国情进行批判性吸收和借鉴。互联网发展催生的网络公共领域，扩大了我国人民民主的范围，丰富了人民民主的内涵，提供了新的民主平台。因此，网络公共领域理论对于进一步发展完善我国社会主义人民民主具有一定的积极作用。

1. 网络公共领域进一步扩大了人民民主参与的范围，使得社会主义民主的广泛性得到更充分的体现。近年来，随着我国互联网发展战略的推进，互联网基础设施不断完善，我国网民规模持续增长，网民的性别、年龄、知识结构等人口特征越来越接近于现实社会。网络公共领域逐渐成为既反映现实社会的一般特征，又具有自身独特形态的公共领域新形态。网络公共领域具有开放性、平等性和交互性，这使得越来越多的民众能突破传统媒体的把关人制度和地域空间范围的限制，通过网络媒体就公共事务自由表达观点和意见。分散的网民个人组织化程度低、行动能力弱，但是借助互联网的议程设置功能和舆论聚合效应，网民的公共意见表达能形成强大的舆论压力和批判力，成为"动员起来"的公共领域，促使公共权力行使者对民众呼声做出恰当回应。如哈贝马斯所说，"动员起来的公共领域"将改变它在静止状态下对于政治权力的软弱无力的情形，能够借助于公共舆论的压力，迫使政治系统对议题作出正式处理。② 网络政治参与在

---

① [德] 哈贝马斯：《公共领域的结构转型》，曹卫东、王晓珏、刘北城、宋魏杰译，学林出版社1999年版，第2、28、200页。

② [德] 哈贝马斯：《在事实与规范之间：关于法律和民主法治国的商谈理论》，童世骏译，生活·读书·新知三联书店2004年版，第468—469页。

普通民众中的普及，使得我国民主政治的正当性和广泛性得到了前所未有的凸显。

2. 网络公共领域在我国的形成，进一步彰显了公民在民主政治参与中的主体地位，使得"一切权力属于人民"原则有了更具体的实现形式。在互联网产生之前，公民参与政治协商、民主决策和公共管理常常处于被动地位。无论是政府信息公开、行政听证，还是向公众征询意见，公民政治参与的广度、深度和成效，都有赖于公权力机构的积极主动作为。即使是通过作为"人民代言人"的媒体发表有关公共事务的观点意见，也面临媒体基于媒介资源有效性、媒体的价值定位和自身利益进行的层层筛选和过滤，无法真正"直抒胸臆"并进行大规模的信息传播。同时，以"他媒体"为基础的公共领域还易被强势利益集团所操纵，弱势群体和少数人的声音易被忽视。互联网的出现，从根本上改变了现有的传播格局和传播模式。公众不再是被动的信息接收者，可以主动进行网络出版，自由进行信息传播，"人人是出版者"，"人人有麦克风"，实现了从"他媒体"到"我们即媒体"的转变。网络公共领域在我国的形成，使得公民获得了公共议题的设置权，公共意见表达更自由、更充分，与公权力的沟通互动更直接主动，以往公权力通过管制媒体控制信息传播和掌握舆论主导权的难度加大。传统公共领域的三大构成要素，即具批判性精神的公众、可自由沟通的媒介和形成影响公共政策的公众舆论，借助互联网技术，在我国得以具备，因而网络公共领域在我国得以形成。

(三) 网络公共领域与网络舆论监督的理论联系

网络公共领域的形成对我国具有的特殊意义在于，使公权力行为置于网民"悠悠之口"的监督之下。如前所述，传统公共领域的理论架构本身隐含着通过公共舆论对公共权力具有的监督制约功能。而网络公共领域作为传统公共领域的延伸，更强化了公共领域的舆论监督功能，从而为网络舆论监督的蓬勃兴起提供了理论源泉。

从网络舆论监督的主体看，网民独立于公权力而对公权力主体及其公权力行为持批判性态度和眼光，而具批判性精神的参与主体正是公共领域理论的重要特征。从网络舆论监督的媒介看，互联网实现了多点对多点的全方位沟通和信息的裂变传播和聚合效应，为网络舆论监督提供了可自由沟通交流的媒介，而网络公共领域的一大构成要素即是具有可自由交流的媒介，因此，网络舆论监督可从网络公共领域中找到理论依据。

从网络舆论监督的发生机制看，网络舆论监督往往由个别网民首先曝光不当行使公共权力的行为和个人。由于其议题所具有的公共性，相关言论引起其他网民的"围观"、大量转发、大量跟帖，并持续进行证据深挖和"人肉搜索"。借助互联网传播速度快、低成本和低风险的技术优势和庞大的网民规模，监督言论很容易形成舆论焦点，对公权力主体构成巨大的舆论压力，迫使公权力机构不得不出面澄清、解释，或查清事实向公众说明，甚至启动司法程序对违法渎职或腐败行为进行立案调查。例如，2008年"天价烟"周久耕事件、2012年"表哥"杨达才事件、雷政富事件，以及时任《财经》杂志副主编罗昌平微博举报原国家发改委副主任、国家能源局局长刘铁男案等。网络舆论监督的这一发生机制与网络公共领域所具有的理论共性在于，就公共性议题形成独立于公权力机构的具有批判性的公共舆论，因此，网络公共领域理论可以为网络舆论监督提供一定的理论支撑。

第三章 舆论监督视角下的名誉权

公民与媒体开展舆论监督可能会引发舆论监督权与国家机关及其公职人员的名誉权之间的冲突。权利冲突的前提是两个产生冲突的权利在法律上真实存在，否则权利冲突无从谈起。前述已经从法理角度分析了舆论监督权的权利属性，有必要对国家机关及其公职人员的名誉权进行学理上的探讨。首先，需要厘清国家机关及其公职人员的范围，从而确定其享有的特殊名誉权的范围及其与一般民事名誉权的界限。其次，对国家机关和国家公职人员名誉权的特殊性进行分别阐述。在人民代表大会制度下国家机关不应享有名誉权，但我国对国家机关名誉权的法律保护存在司法实践与相关立法原意相脱节的困境。西方国家对国家机关名誉的保护具有在刑法上限制甚至取消诽谤国家机关罪、在民法上不赋予国家机关名誉权的特点。实践中，应运用综合法律手段加强对国家机关名誉的法律保护，包括限制国家机关名誉权诉讼能力、对党政机关主要负责人履职行为慎重使用名誉权保护制度、提高国家机关行政执法水平和集中处理机关行政服务。而公职人员具有双重身份，其行使公权力行为具有私益和公益的双重性质，因此，公职人员的名誉实际上既包含了其作为公民个人获得的社会评价，也包括人们对其行使公权力的行为或公职人员群体，甚至对公权力机关的评价。

第一节 国家机关及其公职人员的范围

国家机关及其公职人员名誉权与一般组织和个人名誉权相比的特殊之处在于，其不仅具有民事上的权利性质，还因国家机关及其公职人员所承担的公共行政职能而具有权力性质，因此在与舆论监督权产生冲突时，需因其名誉权的权力性质而有所克减。而国家机关及其公职人员的范围决定了舆论监督与名誉权冲突的性质及其应适用的法律解决原则和法律框架。基于舆论监督的民主性、广泛性和权力监督功能，应将活动经费和人员工资由公共财政支付，或者行使部分公共管理职能，对公共政策的制定和执行具有重要影响的机关团体，都纳入舆论监督的对象范围。关于公职人员的范围，存在公务员、国家机关工作人员、国家工作人员几个相似概念。2018年3月20日第十三届全国人民代表大会第一次会议审议通过的《中华人民共和国国家监察法》（以下简称《国家监察法》），从国家立法层面对国家公职人员进行了最详细、覆盖最广泛的范围界定。基于《国家监察法》具有对所有行使公权力的公职人员进行监督的立法目的，其规定的公职人员监察范围，应视为舆论监督的对象范围。

一　国家机关的范围

国家机关的范围属于国家基本政治制度，国家机关体系的总和是国家机构。我国《宪法》对国家机构的概念和范围并未直接做出规定，但可以通过《宪法》条文做出推定。2018年新修订的《宪法》绪论对国家机构进行了总括性的规定，确定了国家机构的权力来源和产生方式，并在第三章国家机构中，具体列举了各国家机构的组成、产生办法和主要职权。据此，可推定《宪法》规定的国家机关的具体范围是全国人民代表大会、国务院、国家监察委员会、中央军事委员会、最高人民法院、最高人民检察院，以及地方各级人民代表大会、地方各级行政机关、监察机关、审判机关和检察机关。

由于《宪法》的相关规定从法的实然角度对国家机关的外延进行了界定，上述界定在理论界并无异议。争议的焦点是中国共产党各级机关、人民政协、各民主党派机关以及一些具有公用事业性质的企业和事业单位，是否应定义为国家机关。从法的应然性，即法的理想状态的角度，一个机关是否属于国家机关，取决于其是否符合国家机关的内在规定性。"具备国家机关本质属性的组织都应归入国家机关范畴；反之，则应排除到国家机关范围之外。"①

关于国家机关的内在规定性，有学者认为，"国家机关是指行使国家权力、管理国家事务的机关"②。还有学者认为，国家机关是国家依法设立的，由财政提供经费，职责是处理公共事务的机关。③ 由此，除了上述法定的国家机关外，国家机关应具备的基本属性包括：一是依法设立，即该机构的成立具有合法性和正当性；二是该机构的运行经费和员工工资由公共财政支付；三是行使国家权力，从事公共事务管理；四是对公共政策的制定和执行具有直接的影响力。

目前法学界研究国家机关范围的主要是刑法学者，原因是我国现行刑法多个条文出现"国家机关"，涉及40个罪名。国家机关的外延事关犯罪主体的适格性、刑罚的定罪、量刑和执行。基于刑法的谦抑性和强制性特性，刑法意义上国家机关的范围应该完全符合上述国家机关的本质属性。因此，在刑事司法实践中，中国共产党的各级机关（除党的基层组织）和各级政协机关应纳入国家机关的范畴受到刑法相关罪名的规制。而民主党派机关、共青团组织机关、妇联组织、工商联组织等参照公务员管理的机关团体，以及具有行政职能的企业、事业单位，由于并不行使严格意义上的国家权力，并不是刑法中有关国家机关犯罪的适格主体。但是，这些机关团体或者活动经费和人员工资由公共财政支付，或者行使部分公共管理职能，对公共政策的制定和执行具有重要影响，某种程度上也具有国家机关的本质属性。基于舆论监督的民主性、广泛性和权力监督功能，应将这些机关团体纳入舆论监督的对象范围。

二　国家公职人员的范围

关于公职人员的范围，存在几个相似概念：公务员、国家机关工作人员、国家工作人员。公务员在《公务员法》中有明确的界定，指依法履行

---

① 黄自强：《刑法中"国家机关"外延之实然与应然》，《广东行政学院学报》2010年第6期。
② 黄自强：《刑法中"国家机关"外延之实然与应然》，《广东行政学院学报》2010年第6期。
③ 姚泽金：《公共批评和名誉保护》，博士学位论文，中国政法大学，2014年，第17页。

公职、纳入国家行政编制、由国家财政负担工资福利的工作人员。根据《公务员法》，共产党机关与民主党派机关除工勤人员以外的所有工作人员，国家机关中除工勤人员以外的所有工作人员，法官、检察官，人民团体和群众团体里的除工勤人员以外的所有工作人员，都属于公务员的范围。国家工作人员的具体范围依据《刑法》第九十三条，具体包括以下四类人：在国家机关中从事公务的人员，在国家机关之外的其他国有单位从事公务的人员，国家机关以及其他国有单位委派到非国有单位从事公务的人员以及其他依照法律从事公务的人员。

从上述法律规定看，国家工作人员是上位概念，包含了公务员和国家机关工作人员。从上文对国家机关范围的界定看，中国共产党的各级机关（除党的基层组织）和各级政协机关应归入国家机关的范围，因此，在全国人民代表大会、国务院、国家监察委员会、中央军事委员会、最高人民法院、最高人民检察院，地方各级人民代表大会、各级行政机关、监察机关、审判机关和检察机关，中国共产党的各级机关（除党的基层组织）和各级政协机关工作的工作人员（除工勤人员）都属于国家机关工作人员。而根据《公务员法》规定的公务员范围，除了上述国家机关工作人员，还包括人民团体和群众团体里的除工勤人员以外的所有工作人员。由此可见，公务员与国家机关工作人员是包含与被包含的关系。

对于公职人员，《宪法》及其他相关法律并没有给出明确定义，但其内涵和外延基本相当于《宪法》第四十一条和《刑法》第九十三条规定的国家工作人员，本书之所以使用公职人员而不是国家工作人员，主要是为了突出舆论监督法律关系中公职人员一方的权力性和公共性。从现行刑法看，从事公务是国家工作人员的本质特征，是认定国家工作人员的关键点。对于公务行为的准确含义，刑法学界有以下几种观点：一是认为"依法履行职责的职务行为以及其他办理国家事务的行为"是公务行为；[①] 二是认为"依法所进行的管理国家、社会或集体事务的职能活动"是公务行为；[②] 三是认为"在国家机关、国有公司、企业、事业单位、人民团体等

[①] 张穹主编：《修订刑法条文实用概说》，中国检察出版社1997年版，第111页。
[②] 刘家琛主编：《新刑法条文释义》，人民法院出版社1997年版，第1660页。

单位中履行组织、领导、监督、管理等职责"的行为属于公务行为。① 综合学界的观点可以看出,公务行为应具有两个特点,一是具有国家权力性,即公务行为是代表国家行使国家权力及其派生权力的行为;二是具有公共管理性,即公务行为是管理国家和社会公共事务的行为。因此,"刑法典第九十三条中所称的'从事公务',应当是指代表国家对公共事务所进行的管理、组织、领导、监督等活动"②。

2018年3月20日,第十三届全国人民代表大会第一次会议审议通过的《国家监察法》规定,监察机关对下列公职人员和有关人员进行监察:(1)中国共产党机关、人民代表大会及其常务委员会机关、人民政府、监察委员会、人民法院、人民检察院、中国人民政治协商会议各级委员会机关、民主党派机关和工商业联合会机关的公务员,以及参照《中华人民共和国公务员法》管理的人员;(2)法律、法规授权或者受国家机关依法委托管理公共事务的组织中从事公务的人员;(3)国有企业管理人员;(4)公办的教育、科研、文化、医疗卫生、体育等单位中从事管理的人员;(5)基层群众性自治组织中从事管理的人员;(6)其他依法履行公职的人员。这是国家立法层面对国家公职人员做的最详细、覆盖最广泛的范围界定。基于《国家监察法》具有对所有行使公权力的公职人员进行监督的立法目的,其规定的公职人员监察范围,应视为舆论监督的对象范围。

第二节 国家机关不应享有民法上的名誉权

关于国家机关名誉的法律保护,一直是法学理论研究和法律实务高度关注的热点话题。由于国家机关同时兼具行使公共权力的国家机构职能与从事机关行政事务的机关法人能力,就国家机关名誉的法律保护存在着两种截然不同的法律路径:一是依据公法手段消除一切侵害国家机关名誉的违法因素;二是通过民法法律制度所设定的法人名誉权的方式来维护国家

---

① 赵秉志主编:《新刑法教程》,中国人民大学出版社1997年版,第780页。
② 赵秉志、于志刚、孙勤:《论国家工作人员范围的界定》,《法律科学》1999年第5期。

机关的名誉。

从法理上来看，国家机关的"名誉权"是其以"机关法人"的身份在从事民事法律活动过程中才能享有，如果国家机关名誉受损的原因来自国家机关依法行使公共权力的行为，那么，作为机关法人享有的"名誉权"就不应成为国家机关拒绝社会组织和公民个人依法监督其行为合法性的理由。国家机关的"名誉"本身是一个不可分割的整体，对国家机关"名誉"的侵害因素很复杂，故国家机关"名誉"的法律保护必须要建立公法保护与私法保护的"竞合"机制。从法理上值得探讨的就是如何防范国家机关滥用民事法律制度所设定的机关法人"名誉权"制度，确保国家机关更好地接受人民群众对国家机关实施宪法和法律活动的监督，保证国家机关依法办事、践行法治原则，自觉地接受人民群众监督，把自身的权力关进制度的笼子。

一 我国对国家机关名誉法律保护的现状及其特点

（一）在法律制度层面国家机关通常不享有名誉权

名誉权属于传统民法人身权中人格权的一部分，具有较强的人身依附性，主要体现为人格和精神方面的权益。2021年1月1日生效的《民法典》第一百一十条规定，法人、非法人组织享有名称权、名誉权、荣誉权；第九十七条规定，有独立经费的机关和承担行政职能的法定机构从成立之日起，具有机关法人资格，可以从事为履行职能所需的民事活动。从《民法典》的内在法律逻辑出发，完全可以推导出国家机关具有名誉权。

而最高人民法院1993年颁布的《关于审理名誉权案件若干问题的解答》和2001年3月10日施行的《关于确定民事侵权精神损害赔偿责任若干问题的解释》明确规定，只有公民有权因名誉权受损获得经济损失赔偿和精神损害赔偿，法人因人格权利遭受损害，只能请求侵权人赔偿其经济损失，无权获得精神损害赔偿。由此可见，公民名誉权的权利客体既包括经济利益，也包括精神利益，而法律设置法人名誉权的立法原意是保护其在经营活动中因名誉权获得的经济利益。

有学者直接指出,"法人名誉权其实是一种商誉权。"① "人格权是商誉权的根本属性,法人名誉权不能很好地保护商誉权,应将商誉权规定为一种人格权取代法人名誉权。"② 张新宝教授也认为"不应用公民名誉法制保护法人的名誉权,主张用商誉权保护制度、对财产的诽谤诉讼制度、对商品的诽谤诉讼制度以及《反不正当竞争法》中的有关制度对法人的名誉权加以保护,这样更加体现法人名誉'商'的性质和财产方面的利益"③。有学者甚至认为,国家机关"本身不享有民法意义上的经济利益,若有,肯定是非法层面上的'小金库'"④。

本书认为,一概否定国家机关在民法意义上享有的经济利益也不可取。因为国家机关具有双重法律地位,一方面既是公法意义上的权力主体;另一方面也具有一定的民事主体资格,享有私法上的某些权利。例如,国家机关在签订合同购置办公用品或建设办公用房过程中,就是以平等的民事权利主体参与民商事法律关系,享有以诚实信用、自愿公平、意思自治等民法原则实现其债权的权利。因此,国家机关享有民法意义上的经济利益,有权以平等主体的名义提起民事诉讼实现其债权,维护其经济利益。这里的经济利益主要指国家机关代表国家行使的国家财产所有权和财政资金安全,而不是国家机关通过生产经营活动主动获取的经济利益。国家机关因不具备法人名誉权的权利客体,即法人在经营活动中由于良好的商誉而获得的经营性收入,而不具有法人名誉权,但不能据此一概否认国家机关在民法意义上享有应受到合法保护的经济利益。

诽谤是对公民或法人名誉的侵害,诽谤的法律规制除了民法规范,还包括刑法规范。我国刑法中,有关诽谤罪的规定主要体现在 1997 年《刑法》第二百四十六条。从该法律条文看,诽谤罪侵犯的权利客体是他人的人格尊严和名誉权,因此,犯罪对象是自然人而不是单位。与国家机关

---

① 许中缘、颜克云:《论法人名誉权、法人人格权与我国民法典》,《法学杂志》2016 年第 4 期。
② 许中缘:《论商誉权的人格权法保护模式——以我国人格权法的制定为视角》,《现代法学》2013 年第 4 期。
③ 张新宝:《名誉权的法律保护》,中国政法大学出版社 1997 年版,第 112 页。
④ 赵双阁、南茜:《舆论监督与名誉权——中美比较研究》,《河北经贸大学学报》(综合版) 2010 年第 1 期。

"名誉"相关的犯罪主要体现在 2015 年 8 月 29 日通过的《刑法修正案（九）》。根据该修正案，《刑法》第二百九十条增加了一款规定，即"多次扰乱国家机关工作秩序，经行政处罚后仍不改正，造成严重后果的，处三年以下有期徒刑、拘役或者管制"。针对国家机关的诽谤或侮辱言论，也有可能使国家机关的威信和尊严受到不当贬损，如故意捏造有关国家机关的谣言，煽动不明真相的人干扰国家机关正常的工作秩序，或在国家机关执行公务现场用侮辱诽谤言辞煽动现场群众阻挠国家机关工作人员执行公务等。如果严重妨碍了国家机关履行职责或执行公务，将构成扰乱国家机关工作秩序罪。但设立本罪的旨趣不在于保护国家机关的名誉权，而在于维护国家机关履职和执行公务的正常工作秩序。这里的诽谤性言论只是扰乱国家机关工作秩序罪的手段，而不是该罪规制的最终对象和目的。同样的分析也可适用于《刑法修正案（九）》对扰乱法庭秩序罪新增的第 3 款规定，即侮辱、诽谤、威胁司法工作人员或者诉讼参与人，不听法庭制止，严重扰乱法庭秩序的情形。

（二）司法实践与立法原意的背离

截至目前，关于国家机关名誉权的研究成果不多，其中经常引用的民事案例主要有两个：一是 1993 年北海交警支队诉《南方周末》报社名誉侵害案，另一个是 1995 年深圳市福田区人民法院诉《民主与法制》杂志社名誉侵害案。在这两个案例中，法院都判决被告侵犯了作为原告一方的国家机关的名誉权，要求其赔礼道歉、恢复名誉、消除影响。两家法院同时还支持了原告方的赔偿请求。耐人寻味的是，对于赔偿对象，案例一中法院定性为名誉损失费，案例二则定性为经济损失。

鉴于这两个案例年代较为久远，笔者在中国裁判文书网以法人名誉权为关键词搜索定位相关案例，然后人工筛选出原告为国家机关或由公共财政提供活动经费的事业单位的 3 个案例。其中一个案例的原告是严格意义上的行使国家权力的国家机关，即沈阳市城市管理行政执法局铁西分局（〔2014〕辽审一民申字第 193 号）；一个案例原告是国务院直属事业单位中国科学院（〔2014〕京二中民终字第 06286 号）；还有一个案例原告为公立幼儿园——徐州市房产管理局幼儿园（〔2016〕苏 03 民终 611 号）。

这三家机关事业单位的诉讼请求都得到了法院的支持，包括停止侵权、恢复名誉，甚至赔偿经济损失。这表明，无论是过去还是现在，司法实践都认可国家机关和不以营利为目的的事业单位和社会团体具有民法意义上的名誉权，并在具体案例中倾向于支持这些机关事业单位提起名誉权诉讼维护自身的名誉。三个案例中的被告从法人名誉权的立法原意出发，对机关事业法人具有法人名誉权提出质疑。例如，在大众日报社与中国科学院名誉权纠纷中，被告大众日报社认为，法人名誉受损的赔偿问题应区别该法人是否营利，是否具有经营上的商誉。法人名誉权受损针对的是其商誉，商誉因侵权行为受到损害，以致影响其经营，并造成经济损失。中国科学院是事业单位法人，而非营利的企业法人，不具有因损害其所谓"商誉"而影响其经营，以致造成经济损失的可能性。又如，在沈阳市城市管理行政执法局铁西分局诉魏国平名誉侵害一案中，被告魏国平辩称，法人的名誉权主体仅指在经济往来中从事经营活动的私法人。纵然这些主张基本符合民法设置法人名誉权的旨趣，但还是未得到合议庭采纳。

  司法实践与立法原意明显背离的根本原因在于，2021年1月1日正式施行的《民法典》明确赋予法人名誉权，但并未区别自然人名誉权与法人名誉权，对不同类型法人的名誉权的具体内容和界限也缺乏明确的规定。《民法典》规定法人和自然人都享有名誉权，二者有相似之处，但也有很大的区别。从民法理论看，根据萨维尼的法人拟制说，为了确定团体利益的归属，法律将其拟制为自然人，享有自然人的某些民事权利，如物权、债权等。但是，法人不能享有与自然人人身不可分割的人格权，如生命权、健康权，以及与自然人精神活动密不可分的精神权利，如精神损害赔偿权。"自然人名誉权所保护的是自然人的人格尊严或者说人格利益，使其免受不当社会评价所带来的精神痛苦。而法人名誉权所保护的是以纯粹经济利益为核心的法人商誉，本质在于维护法人自主经营性，从而保护法人经营不受非正当因素影响，维护的是市场经济的公正竞争秩序。""法人的名誉权与公民的名誉权相比，与财产权的联系更为密切，权利本身的财产性更为明显。"[1]

  最高人民法院在1993年颁布的《关于贯彻执行〈民法通则〉若干问

---

[1] 王利明等：《人格权法》，法律出版社1997年版，第117页。

题的意见》第一百四十条，对自然人名誉权和法人名誉权做了区别规定，"捏造事实公然丑化他人人格，以及用侮辱、诽谤等方式损害他人名誉，造成一定影响的"，构成对公民名誉权的侵犯；"以书面、口头等形式诋毁、诽谤法人名誉，给法人造成损害的"，构成对法人名誉权的侵害。但对于营利法人、非营利法人、特别法人和非法人组织各自享有的名誉权内容和救济方式等，则未做明确的区分。在将"造成损害"作为侵害法人名誉权行为的成立要件之一之后，最高人民法院又在《关于审理名誉权案件若干问题的解答》和《关于确定民事侵权精神损害赔偿责任若干问题的解释》中规定，法人因人格权利遭受损害，只能请求侵权人赔偿其经济损失，这其实已经隐含了法人名誉权仅保护基于市场经营活动带来的财产利益的立法含义。但是，作为诠释、细化抽象法律规定的司法解释亦如此含混不清，加上我国是成文法国家，法官只能依据已制定的成文法律定分止争，不享有法律解释权限，因而导致司法实践在名誉权保护上未对营利性法人和非营利性法人做出明确界分。同时，由于司法体制改革尚未取得实质性成效，法院独立行使审判权尚未得到根本保障，法院在裁判有关机关事业单位法人的名誉权纠纷时，难免会受到来自这些公法人，甚至上级法院领导的各种"打招呼"，进而用营利性法人的名誉权救济手段维护机关事业单位团体法人所谓的"名誉权"，为一些机关法人逃避来自社会组织和公民个人正常的法律监督，特别是社会监督打开了方便之门。

（三）人民代表大会制度下国家机关不应享有名誉权

"民主的原理是，人民通过舆论主宰政府，而不是政府通过舆论主宰人民。"① 即使公民舆论对国家机关的批评指责存在错误、失实或夸大的言论，也不应给予国家机关民法上的名誉权，为其提供名誉损害救济，其原因有三。一是有关国家机关的不当批评，并不会对其履行法定职能带来实质性的困难，也不会产生民事权益的损失。名誉权旨在保障权利主体获得公正、客观的社会评价，与其他公民或组织维护正常的社会交往关系。名誉是公民个人的"第二生命"，一旦受损，将对个人的就业、婚姻、人际交往造成无法挽回的损失，甚至危及个人的身心健康，导致其无法在社会

---

① 侯健：《舆论监督与政府机构的"名誉权"》，北京大学出版社2002年版，第145页。

中立世立身。而对国家机关而言，法律赋予其的法定职责，同时也是法定职权，即国家机关既负有合法合理行使法定职能的法律义务，也享有运用国家强制力保证法定职能得到有效履行的公共权力。因此，不当批评给国家机关带来的"名誉"损害，即使会给其正常履职带来一定阻力和麻烦，但不足以导致其无法履职，更不会产生经济上的损失。同时，由于国家机关享有的国家和社会公共事务管辖权与公民日常生活息息相关，且具有排他性，公民很难因为国家机关的"名誉"不好而不向其寻求公共服务，不接受其公共管理。当然，这绝不是说国家机关的威信和尊严可以受到不当贬损，只是无须夸大其对国家机关日常工作造成的影响。

二是国家机关的威信和良好声誉，并不是建立在歌功颂德的粉饰辞藻之上，而是有赖于其自身廉洁勤政、一心为民的履职行为。对于国家机关来说，敞开言路、倾听民意、加强对话，积极修正工作中的失误，坚持不懈地公正执法、严明司法，由此在公共论坛激起的有关国家机关的积极、正面舆论，会很快将歪曲、错误指责淹没，达到激浊扬清的效果。同时，在民主社会，"政府机构最高的威信莫过于它们获得了在言论的自由空间里抒发的民意的真正认可和褒扬"①，而不是通过提起名誉权诉讼，通过司法途径对其"名誉"进行评判。

三是赋予国家机关名誉权及相应诉权，将极大危及公民的言论自由权和民主监督权，动摇民主社会的根基。不赋予国家机关名誉权并不意味着针对国家机关的侮辱、诽谤性言论一律免于承担法律责任。一定的威信和权威，是国家机关顺利履职的必要条件。国家机关是国家和社会事务的管理者，一旦煽动、侮辱、诽谤言论妨碍国家机关执行公务，危害的是社会整体秩序。对于危害社会秩序的行为，我国刑法、行政法建立了较完备的法制体系。问题的关键在于，诽谤侮辱国家机关的言论严重到何种程度才足以危害社会秩序。

在这方面，可以确认法律适用上的几个认定标准。一是对诽谤侮辱国家机关的言论进行刑事或行政处罚的目的是维护国家和社会重大和根本性的利益免遭实质性的破坏。二是有关国家机关的不实言论已经或极有可能造成不明真相的人拒绝、阻挠国家机关执行公务，破坏国家机关正常的工

---

① 侯健：《舆论监督与政府机构的"名誉权"》，北京大学出版社2002年版，第141页。

作秩序已经达到明显且严重的程度。三是有关国家机关的谣言已经或极有可能造成社会动乱，破坏社会的稳定，只有采取刑事或行政方面的处罚措施，才能阻止或避免这种言论引发的社会危害性。四是行为人利用诽谤国家机关的言论损害公共利益具有主观上的恶意。也就是说，在法律适用层面，必须保证对国家机关名誉有足够的批评空间，才能保证人民群众依据宪法和法律的规定，按照人民代表大会制度的基本要求，对不同国家机关履行宪法和法律职责的行为进行必要和有效的监督。

二　一些国家对国家机关名誉法律保护的特点及其界限

（一）欧盟国家有关诽谤国家机关言论的刑事立法

通过对欧盟国家的诽谤刑事立法进行比较研究，可发现如下特点。一是一部分欧盟国家已经将刑事诽谤国家机关除罪化。例如，英国、爱尔兰、罗马尼亚、塞浦路斯和爱沙尼亚。[①] 二是诽谤国家机关罪大多与诽谤国家象征如国旗、国徽、国歌置于同一条款加以规定，其犯罪受侵害的对象大多限于国家或联邦层面的国家机关，其主要目的是维护国家的尊严。只有少数几个国家将中央和地方层面的公共机构都纳入诽谤罪的受害对象。例如，法国《出版自由法》第 30 条规定，对法院、法庭、陆军或海军、法定团体及公共行政机构进行诽谤，处以最高 45000 欧元的罚款。第 33 条规定，对上述团体进行侮辱，处以 12000 欧元的罚款。[②] 三是大多数国家在针对诽谤国家机关罪的刑罚中取消了监禁刑，而以罚金为主。根据国际新闻学会 2015 年的研究报告，包括法国、希腊、爱尔兰在内的 18 个欧盟成员国，没有将侮辱诽谤国家尊严的行为确定为刑事犯罪。即使在以刑罚惩处诽谤国家尊严行为的欧盟国家中，如意大利、西班牙、马其顿共和国，也取消了诽谤罪的监禁刑。[③] 四是即便是在设置监禁刑惩处诽谤国

[①] Scott Griffen, "Out of Balance: Defamation law in the European Union", International Press Institute, http://www.freemedia.at/fileadmin/user_upload/OOB_Final_Jan2015.pdf, 2021 年 4 月 20 日。

[②] 《法国出版自由法》, http://legaldb.freemedia.at/legal-database/france/, 2021 年 4 月 20 日。

[③] Scott Griffen, "Out of Balance: Defamation law in the European Union", International Press Institute, http://www.freemedia.at/fileadmin/user_upload/OOB_Final_Jan2015.pdf, 2021 年 4 月 20 日。

家机关行为的国家中，司法实践中也鲜有实际判例，针对国家机关的刑事诽谤罪处于备而不用的状态。德国也主要运用刑法对诽谤进行规制。例如，《德国刑法典》第 90 条规定，诽谤德国国家联邦议院（联邦议会）、联邦政府和联邦宪法法院的宪法机关或联邦国家的类似机构，将被处以三个月至五年的监禁。但根据德国统计局的数据，2013 年德国因诽谤国家宪法机关而裁定的刑事案件只有 1 例，且最终罪名未成立。① 又如波兰，其刑法典规定诽谤国家宪法机关最高可被判 2 年监禁。但是，根据波兰司法部的统计数据，2013 年波兰裁定的诽谤国家宪法机关的判例仅有 2 例，而最终只有 1 例判处监禁刑。②

（二）大陆法系国家针对诽谤国家机关言论的私法调整

在诽谤国家机关言论的民事法律调整上，欧盟国家中的大陆法系国家大多将名誉权作为人格权的一部分笼统进行民法上的规制。例如，在法国，有关诽谤的民事诉讼，一般由《法国出版自由法》予以规定。该法第 32 条规定，针对私人主体的诽谤，将被罚以赔偿 12000 欧元。同时，《法国刑法典》也规定了与私人诽谤和侮辱相关的轻微犯罪，并确立了相应的罚金。而《法国民法典》第 1382 条仅笼统规定，对他人造成损害要赔偿。尽管有诽谤案原告在诉讼中援引这一条法律规定，但是法国最高上诉法院认为该条款过于含混，不能为言论自由提供必要的程序保障。③ 可以说，法国民法上并没有对诽谤国家机关的言论做出法律规定。再如，《德国民法典》也没有关于名誉保护的具体规定。德国诽谤民事责任的主要法律依据是该法典第 823 条第一款规定（故意或疏忽侵犯他人的权利构成侵权责任）和第 1004 条（可用于命令删除内容或禁止进一步发布）。同时，《德国基本法》第 5 条第二款规定，言论自由可因"个人荣誉权"而受到限制。④《意大利民法典》第 10 条规定，如果公民个人的尊严或名誉受到伤害，法院应根据请求要求被告停止侵害，否则要赔偿原告因此造成的损

---

① 《德国刑法典》，http：//legaldb. freemedia. at/legal - database/germany，2021 年 4 月 20 日。
② 《波兰刑法典》，http：//legaldb. freemedia. at/legal - database/poland/，2021 年 4 月 20 日。
③ 《法国出版自由法》，http：//legaldb. freemedia. at/legal - database/france，2021 年 4 月 20 日。
④ 《德国民法典》，http：//legaldb. freemedia. at/legal - database/germany，2021 年 4 月 20 日。

失。① 可见，意大利虽然规定了对名誉的民法保护，但名誉权民事诉讼的适格原告只能是公民个人。

（三）英美法系国家对诽谤国家机关言论的私法调整

在早期英国法中，批评政府或政府官员被视为煽动性诽谤罪。到19世纪末20世纪初，公民个人成为诽谤法的主要保护对象，煽动性诽谤罪基本处于备而不用的地步，在私法上，英国法并不赋予政府机构民事上的名誉损害救济权。在1972年里吉斯城市区议会诉坎皮恩案（*Bognor Regis U. D. C. v Campion*）② 中，一位纳税人因在一次公共集会上散发强烈批评地方政府机构的传单被诉诽谤。法官判决，地方政府机构有权通过诽谤民事诉讼维护其在统治方面的名誉。

但这一判例在20年后被具有里程碑意义的德比郡县议会诉时代报纸有限公司案推翻。原审法官认为，地方当局有权就涉政府职责和行政职能的批评言论提起诽谤民事诉讼。但上诉法院即上议院裁定原告不能提出诽谤诉讼。上议院认为，民选政府机构应接受不受限制的公共批评，因为来自民事诽谤诉讼的威胁会对类似批评的表达自由构成不良羁绊。允许中央或地方政府拥有普通法上的名誉损害赔偿权将有违公共利益。每个公民都有权批评一个低效或腐败的政府而无须惧怕被提起民事和刑事诉讼。这种绝对特权是基于这样的原则：即公民就公共服务或正当司法事项自由地表达观点，有助于增进公共利益。上议院援引先例认为，国家财富来源于国家的主人人民，如果因为人民错误或不公地批评或谴责国家管理活动，而动用国家财富对其提起诽谤诉讼，将对意见的表达自由造成严重阻碍。③ 民事诽谤诉讼的目的是保护个人在社会中的人格、尊严、社会地位和安全，政府机构无权提起私法上的诽谤诉讼。④ 自该案后，政府机构无权提起民事诽谤诉讼，成为英国普通法一项基本原则，并为大多数普通法国家所遵循。

2011年，英国制定了地方主义法案（the Localism Act），赋予地方政

---

① 《意大利民法典》，http：//legaldb. freemedia. at/legal - database/italy，2021年4月20日。
② *Bognor Regis U. D. C. v Campion*（1972）2 QB 169.
③ *Derbyshire County Council v. Times Newspapers Ltd.*（1993）AC 534.
④ M. Taggart，*the Province of Administrative Law*，Oxford：Hart Publishing，1997，p. 230.

府"一般性权能",规定地方政府有权做个人一般可能做的任何事情。有城市律师因此向英国拉特兰县议会提供咨询意见认为,个人有权以自己的名义提起民事诽谤诉讼,地方主义法案并没有限制政府机构行使诽谤诉讼权,鉴于地方当局现在依赖其公共声誉提高其获得外部资金的能力,吸引公共服务竞争投标者,或招募优秀军官,2011年地方主义法案应紧跟商业趋势,允许公共机构自由地起诉或威胁起诉诽谤。针对此种观点,英国律师、法律评论家大卫艾伦·格林(David Allen Green)撰文进行了批驳。他认为,上议院法官在德比郡县议会案中并未就上述律师所说的所谓公共机构的"活力"(或权力)问题进行裁决,相反,其裁决建立在一个完全不同的基础上,即地方政府不能提起民事诽谤诉讼是一项公共政策。上议院并未否认团体原则上可以提起诽谤诉讼,而只是出于公共利益考虑,规定某一类团体不享有这项权利。[1]

继受于英国普通法,美国建国初期也曾通过煽动性诽谤罪惩治诽谤政府机构的言论。1798年美国通过了《煽动法》。该法规定,书写、印刷、表达、出版有关政府、国会议员、总统的虚假、诽谤和恶意的言论,意图使其被蔑视、贬低或煽动理性人民对其产生仇恨,都视为犯罪。1791年美国权利法案中的一些条款表明,美国逐渐脱离普通法诽谤,转向建立与英国普通法模式不同的法律系统。[2]但1918年的《煽动叛乱法》却迟滞了美国摆脱传统英国诽谤法的进程。该法案将口头、书写、印刷或出版"任何不忠、亵渎、肮脏或侮辱性语言,旨在对美国政府象征、宪法或国旗造成蔑视、嘲笑或玷污的行为"都确定为犯罪。直到1925年吉特洛诉纽约(*Gitlow v. New York*)[3]一案后,美国刑事诽谤诉讼才大幅减少。[4]但即便如此,刑事诽谤罪在美国并没有被废除。

---

[1] David Allen Green, "Should Public Authorities be Able to Sue For Libel?", *New Statesman*, 10 January 2013.

[2] Peter N Amponsah, *Libel Law, Political Criticism and Defamation of Public Figures*, New York: LFB Scholarly Publishing LLC, 2004, p.49.

[3] *Gitlow v. New York*, 268 U.S. 652 (1925).

[4] 该案中,美国最高法院将"第一修正案"中规定的联邦政府权力的某些限制,特别是保护言论自由和新闻自由规定的范围扩大到各州政府,同时界定了第一修正案保护言论自由的范围,并确立了国家或联邦政府在将言论定为刑事犯罪时应遵守的标准。参见 *Gitlow v. New York*, 268 U.S. 652 (1925).

在民事诉讼上，美国通过芝加哥市政诉论坛报公司（*City of Chicago v. Tribune Co.*）①和沙利文诉《纽约时报》案两个判例确立了政府机构无权提起诽谤民事诉讼的先例。这两个判例也是英国上议院判决德比郡县议会案所援引的主要判例。在1923年的芝加哥市政一案中，伊利诺伊州最高法院就坚决表明要保护公民和新闻记者批评政府的权利。该院驳回了芝加哥政府提起的诽谤诉讼，并指出："如果政府能对报纸提起此类诉讼，那么它也能对每个胆敢批评（暂时执掌政府公务的）公共官员的普通公民提起此类诉讼。如果有人通过言论或文字试图劝说他人违反现存法律，或以武力及其他非法手段推翻现存政府，那么他应该受到惩罚，但是，除此之外的所有其他反对政府的言论或出版物都必须被认为受到绝对特许权的保护。"②沙利文诉纽约时报案确立了公共官员的内涵和判定标准，以及根据原告身份确定举证责任的法律原则，其中也表明了对诽谤政府诉讼的看法。美国最高法院在该案中认为，在美国，没有哪个终审法院曾经支持或建议诽谤政府诉讼在美国司法体系中占有一席之地。该案原告为规避诉讼障碍，试图将针对政府的批评转化为针对负责官员的个人诽谤，法院对这种主张予以了否决。③此外，在罗森布拉特诉贝尔案中，斯图亚特大法官认为，对批评政府言论的容忍是宪法所保护的自由讨论的核心要义。名誉权为个人所专属人格权，政府作为国家公权力的代表，自身并无独立人格，不享有名誉权，因而贬损政府不构成违法。④总的来说，英美法系中的司法判例基本上不支持国家机关享有民事法律上的"名誉权"保护制度，而倾向于保护公民对政府行使公共权力行为的言论批评自由与舆论监督权。

三 运用综合法律手段维护国家机关的"名誉"与权威

关于国家机关名誉的法律保护问题，由于我国《民法典》第一百一十

---

① *City of Chicago v. Tribune Co.*, 139 N. E. 86 (1923).

② 张金玺：《论美国诽谤法中的公共官员原则》，《四川理工学院学报》（社会科学版）2007年第6期。

③ *New York Times Co. v. Sullivan*, 376 U. S. 254 (1964).

④ *Rosenblatt v. Baer*, 383 U. S. 75 (1966).

条第二款①并没有将国家机关作为机关法人的"名誉权"完全排除出去，而且也没有准确地区分自然人名誉权与机关法人名誉权在法律保护，特别获取司法救济方面的差异，所以，国家机关如何谨慎使用法人名誉权的问题依旧需要在学理上加以研究。2001年2月26日，最高人民法院审判委员会通过的《最高人民法院关于确定民事侵权精神损害赔偿责任若干问题的解释》规定："法人或者其他组织以人格权利遭受侵害为由，向人民法院起诉请求赔偿精神损害的，人民法院不予受理。"该条规定虽然排斥了国家机关以"名誉"受到侵害可以请求精神损害赔偿的权利，但是并没有在法理上否定国家机关"名誉权"的存在。因此，有必要在制度上区分国家机关名誉的法律保护与通过名誉权制度保护国家机关名誉之间的关系，同时要把国家机关名誉的法律保护与公民言论自由的法律保护有机结合起来，正确地处理舆论监督与国家机关名誉权的关系，进一步加大对国家机关行使公共权力、履行宪法和法律职责行为的监督力度，秉承把权力关进制度的笼子的法治原则，强化对国家机关行使权力行为的法律约束。具体措施可以包括以下几个方面。

（一）限制国家机关以机关法人身份提起名誉权诉讼

由于"名誉权"是比较强的民事权利，很容易通过诉讼途径来获得救济，因此，"名誉权"的设定可以较好地保护当事人的名誉利益。国家机关在实施宪法和法律的过程中也存在着名誉利益问题，如果国家机关可以利用"名誉权"来保护自身的"名誉"，那么，由于国家机关很容易发动诉讼程序，并且在司法审判中占据有利地位，特别是对于司法审判机关的"名誉"来说，更是可以通过诉讼途径得到轻而易举的保护。这样就会极大地限制新闻单位、社会舆论和公众对国家机关实施宪法和法律活动的监督，甚至会导致根本无法监督。因此，通过设定"名誉权"的方式来保护国家机关的"名誉"在法理上是欠妥的，也不符合宪法的一般原则。但考虑到国家机关作为机关法人确实存在着一定的经济利益，国家机关作为机关法人在从事民事活动过程中也需要一定的民事主体的"信誉"作保证，

---

① 《民法典》第一百一十条第二款规定："法人、非法人组织享有名称权、名誉权、荣誉权等权利。"

对此在司法上应采取谨慎支持的态度，除非有重大利益存在，不宜轻易支持国家机关提起名誉权诉讼。

（二）对党政机关主要负责人的监督言论慎用名誉权保护制度

国家公职人员是依据宪法和法律规定具体代表国家机关履行公共权力的特殊群体，因此，国家公职人员在履行自身职责中的形象与国家机关自身的形象密切相关。为了保证国家机关能够在社会公众中保持良好的履职形象，对于作为公民的国家公职人员的"名誉权"的保护也需作出不同于自然人名誉权的法律限制。对国家公职人员的"名誉利益"以及与名誉利益相关的人格权利益保护作出较为严格的限制，有利于民主社会中公民和媒体对公共权力行使者或者被委托者进行监督，有利于维护民主社会中"人民的主权"。在国外实践中，传统的观念也是支持公职人员的名誉和隐私应当受到更多的限制。对于公职人员名誉权的限制，在我国当下反腐倡廉的政治生态下显得尤其重要。例如，被评为"2006年度中国十大宪法事例"的"彭水诗案"，就是一起典型的滥用公职人员名誉权来对抗社会公众监督的恶性事件。由此，最高人民法院在选择指导性案例时应当考虑选择一起与公职人员名誉权相关的案例来指导下级法院正确处理涉及公职人员名誉权保护的纠纷。

（三）在制度根源上尽量争取行政相对人的理解配合

首先，推进政务公开，加大政府信息公开力度，保障公民知情权，减少因信息不对称导致的国家机关名誉纠纷。除涉及国家秘密和依法予以保护的商业秘密和个人隐私外，应全面公开行政机关在履行职责过程中制作或者获取的政府信息。其次，坚持执法公开原则。国家机关在行政执法过程中要将执法依据、执法程序、执法结果、救济方法和途径依法向相对人公开，将行政执法全过程置于行政相对人和社会公众的监督之下，防止因执法不公开引发行政相对人对行政执法公平性的质疑和不满。再次，尽快出台统一的《行政程序法》，确立"行政信赖保护原则"，提升政府在依法行政中的"权威"和"公信力"，避免将管理者与被管理者置于利益相互冲突的不利地位，减少各种损害国家机关名誉事件的出现。根据"信赖保护原则"，当公民信赖行政行为，并且这种信赖值得保护时，为保护行政相对人的信赖利益，该行政行为受到存续保护而不得任意撤废。如出于公共利益的紧急需要必须撤废该行政行为时,也应给予相对人相应的补偿。最后,坚持行政立法、行政决策公众参与原则。在制定行政法规、行政规章和行政规范性文件,做出可能影响行政相对人权利义务的行政决定时,要通过征求意见稿、行政听证等形式听取其意见,允许其陈述和申辩。

(四)实行国家机关职能的专门化

国家机关的日常机关行政事务由统一的行政服务中心承担,由行政服务中心作为机关法人享有法人的各项民事权利,从制度上阻断国家机关随意获得机关法人资格的通道,从而让国家机关专心履行公共权力的职能,接受各类监督主体的法律监督,保证依法用权、依法办事。作为机关法人,根据《民法典》的规定,其经费由国家预算拨给,机关法人只进行管理,不从事经营活动,因此,机关法人无法像营利法人那样通过经营来获得利润,机关法人的活动经费纳入国家财政预算,由中央或地方财政拨款(预算拨款)形成独立经费。[①] 这些独立的经费不是来源于社会投资,也不是国家投资,而是根据其工作需要,由国家和地方财政拨款形成。因此,机关法人只能从事"为履行职能所需要的民事活动"。将所有党政机关的日常机关行政事务由统一的行政服务中心承担,实行国家机关与机关行政的"剥离",可在制度上保证国家机关不因为机关行政事务可能引发的民事权益纠纷而使得自身的名誉受到不应有的损害,从而真正实现国家机关的"公权力化"。

总之,国家机关名誉的法律保护非常重要,但要在制度上与自然人以及其他性质的法人区分开来,国家机关因其履行公共权力的职能,必须要接受来自权力主体人民的广泛和有效的监督。在人民主权的理念下,人民对国家机关的监督越多越到位,批评的声音越响亮,就越能最大限度地提升国家机关依法用权的水平,从而赢得"廉洁政府"的美名。所以,从依法行政、依法治国、依法执政的基本要求来看,国家机关应当慎用《民法典》赋予的一般意义上的名誉权,要通过依法办事、实行国家机关管理职

---

① 张成松:《机关法人的概念反思与再造:一个财政法的考察视角》,《北方法学》2020年第6期。

能与机关行政事务职能的分离等措施来进一步提升国家机关在人民群众中的威望和公信力。

第三节 公职人员名誉权的特殊性

一 公职人员名誉权的双重内涵

公职人员是公共权力行使者和公共事务管理者，其名誉权有别于一般自然人的名誉权。公职人员的名誉权，具有双重内涵，这源于公职人员的双重身份和公职人员行为具有私益和公益两种性质。从公职人员的身份看，一方面，公职人员作为国家机关的工作人员，受国家机关委托，代表国家机关行使国家权力，是国家权力的具体行使者，具有公职身份；另一方面，公职人员作为普通民事主体，具有普通公民身份，有权以个人名义从事民事活动。因主体身份的双重性，公职人员的行为也具有两面性。有的行为是权力行为，代表着国家权力，是国家行为的载体；有的行为纯粹是个人行为，仅代表个人意志。同一独立个体承担不同身份行为，导致公职人员的名誉权具有天然的复合性和双重性。公职人员的名誉实际上既包含了其作为公民个人获得的社会评价，也包括人们对其行使公权力的行为或公职人员群体，甚至对公权力机关的评价。

二 公职人员名誉权保护的观念演变

根据不同的历史发展阶段和不同的政治制度及其观念的演变，对公职人员名誉权的认识经历了三个阶段。第一阶段，在君权神授的封建专制社会，国家、政府、官员"三位一体"，官员的名誉被视为国家利益，关系国家的尊严与荣辱，因此给予官员名誉优于普通人名誉的保护。在我国古代封建社会，诽谤罪是统治阶级维护封建专制统治、排除异己的工具。其中，诽谤皇帝被视为大逆、大不敬罪。例如，唐律《职制罪》设有"指斥乘舆"条款，规定以言语恶意攻击皇帝者斩，情节较轻也要徒两年。古代的官员们更是利用诽谤罪来压制异己言论，朋党营私。例如，宋高宗时，秦桧当权，规定发表言论反对他的人，都以"谤讪"定罪。中国古代的诽谤治罪历史，也是一部对尊者、对官员名誉权的保护历史和维护统治权威的禁言史。① 英国在君主制政治制度下，其普通法的诽谤罪称为诋毁权贵罪，是于 1275 年创建的。该法规的立法目的就是为了保护有关政府官员和权贵免于将令其尴尬的事实公之于世，从而可能煽动人民反抗他们。这一法规将保护政府官员名誉权，上升至维护国家和平的高度。②

第二阶段，随着资本主义私有制经济的发展和资本主义民主政治制度的确立，名誉逐渐与身份相脱节，个人名誉不再是世袭继承，而是通过个人后天努力所得，名誉开始被认为是类似财产的一种私人所有物。尤其是法律面前人人平等的法治观念深入人心后，官员的人格不再居于普通人之上，法律应同等地保护包括官员在内的每一个公民的名誉权。

第三阶段，官员的名誉被认为不完全是其私人所有物，其名誉分为两部分，一部分是其作为普通公民通过个人努力所获得的与个人能力相称的评价，另一部分是因其担任公职而获得的额外的社会尊重与重视，这部分名誉是由公民赋予的，属于公共物品，理应接受公民的监督与审视。对与职务行为相关的这部分官员名誉，应给予弱于普通人的法律保护。第二阶段和第三阶段标志性的转折点是美国最高法院在 1964 年的沙利文案中确立的公众人物理论和真实恶意原则。根据该原则，政府官员作为原告提起诽谤诉讼时，仅证明言论虚假不能构成诽谤，政府官员需举证被告存在"真实恶意"，即被告明知不实言论为错误或对该言论真实与否惘然不顾。而普通诽谤诉讼则不区分原告的身份，只要证明被告对不实言论存在过错即可成立诽谤。

同为普通法系的英国、奥地利、澳大利亚等国虽然未根据原告身份设置不同的裁判规则，但都将有关政府官员的言论作为政治言论或公共言论加以特殊保护。例如，在林吉斯诉奥地利案（*Lingens v. Austria*）③ 中，一名记者写了一篇文章批评当时的奥地利总理布鲁诺·克雷斯基。法院在应

---

① 蔡浩明：《论中国古代舆论监督法制的两重性——对"诽谤之木"与"诽谤者族"的历史解读》，《湖南涉外经济学院学报》2015 年第 3 期。

② Peter N Amponsah, *Libel Law, Political Criticism and Defamation of Public Figures*, New York: LFB Scholarly Publishing LLC, 2004, p. 42.

③ *Lingens v. Austria*, Judgement of 8 July 1986, Series A No. 103.

用奥地利国家法律对批评的内容、目的、背景和要求进行审查后认为,政治言论是民主社会理念的核心,已被列入欧洲人权公约,新闻媒体在这方面发挥特殊作用。法院将政治人物与非政治人物区分开来,认为一个政治家可接受的批评限度相对于私人个体应更广泛,前者明知其一言一行不可避免地受到新闻媒体和社会大众的严格审视,因此必须表现出更大的容忍度。[1]

英国在1996年雷诺兹诉时报报业公司案(Reynolds v. Times Newspapers Ltd.)[2]中确立了"雷诺兹特权"(Reynolds Qualified Privilege),将有关政府官员的报道纳入涉及公共利益的公共言论范畴给予更严格的保护。在该案中,曾任爱尔兰总理兼任爱尔兰共和党领导人的雷诺兹认为《泰晤士报》有关他辞职的报道严重失实,遂对文章作者、编辑和《泰晤士报》提起诽谤之诉。尽管法院最终裁决《泰晤士报》败诉,但法院认为,新闻媒体应享有"有限特权",只要报道内容关乎公共利益,且是负责任的报道,即使涉及诽谤,仍免于承担法律责任。虽然雷诺兹特权的应用范围很广泛,并不局限于政治性言论,但毫无疑问,在雷诺兹特权原则下,批评政府官员的言论和新闻报道因涉及公共利益而获得更大限度的诽谤法保护。

澳大利亚通过两个判例确立了对涉政府官员名誉权言论的保护原则。在1994年西奥法努斯(Theophanous)案裁决中,澳大利亚高等法院为关于政治和政府事务的新闻报道建立了宪法辩护。在兰格诉澳大利亚广播公司案(Lange v. Australian Broadcasting Corporation)[3]中,澳大利亚高等法院认为,政治沟通可能会构成适用于特权的情形,因为"澳大利亚社会的每个成员都有兴趣传播和接收影响澳大利亚人民政府和政治事务的信息、意见和论点"[4]。

目前,对官员名誉权进行适当克减、给予公民更广泛的言论自由的观

---

[1] Peter N Amponsah, *Libel Law, Political Criticism and Defamation of Public Figures*, New York: LFB Scholarly Publishing LLC, 2004, p. 62.
[2] *Reynolds v. Times Newspapers Ltd.*, (1999) 4 AILER 609.
[3] *Lange v. Australian Broadcasting Corporation*, (1997) 189 CLR 520.
[4] Andrew T Kenyon, "Lange and Rreynolds Qualified privilege: Australian and English Defamation Law and Practice", *Melbourne University Law Review*, 2004, Vol. 28, p. 406.

念正在被越来越多的国家所接受。从我国的相关法律规定看，我国有关公职人员名誉权的立法观念尚处于第二阶段，即将公职人员作为普通公民无差别、同等地保护其名誉权，在公职人员认为其名誉受损时，有权提起名誉侵权之诉并获得名誉损害赔偿。

第四章 网络媒体条件下公众人物理论的转型：从身份到公共利益

在传统媒体时代，对公共言论的特殊保护，在诽谤法上形成了基于言者的公共身份和基于言论内容涉及公共利益减轻名誉权侵权责任的两种不同路径，其代表分别为美国公众人物理论及其真实恶意原则和英国的"公共利益抗辩"。在网络媒体时代，随着传统公众人物理论的正当性基础面临巨大挑战，美国理论界和实务界均对公众人物理论进行了反思及调整，开始依据言论内容是否涉及公共利益设定不同的诉讼规则，英国在2013年诽谤法改革中进一步明确了诽谤法上的公共利益原则，法国、日本也对涉公共利益言论给予特殊保护。公共言论特殊保护路径出现的融合趋势，对我国建立名誉权法制上的公共利益原则具有一定启示。我国司法实务界积极在审判实践中将公众人物理论作为涉公共言论名誉权案件的裁判依据，但司法实践的适用与公众人物理论和真实恶意原则的本意发生了很大偏移。因此，应通过案例指导制度确立名誉权诉讼中的公共利益原则以取代公众人物理论，将主观因素和客观因素相结合确定公共利益的具体内涵。在具体适用规则上，应确立具有公共利益属性的公共言论的真实抗辩事由，涉公共利益名誉权纠纷应采故意或重大过失的归责原则，同时减轻公民和媒体在涉公共利益名誉权纠纷中的举证责任。

第一节 传统公众人物理论的司法适用及困境

美国联邦法院在沙利文案中创设了"公共官员"原则和"真实恶意"规则，在个人名誉权和媒体言论自由之间的关系上，将媒体言论自由置于

第四章　网络媒体条件下公众人物理论的转型：从身份到公共利益　　79

更重要的位置，而且将传统上普通法要求被告承担的真实抗辩的举证责任，转移到由原告承担证实存在"真实恶意"的举证责任。美国的公众人物理论对英美法系国家的诽谤法和大陆法系国家的名誉权法制都产生了不同程度的影响，但国内外学术界对这一理论的看法仍莫衷一是。

一　公众人物理论的起源及其主要内容

公众人物理论源自美国1964年沙利文诉《纽约时报》案（*New York Times v. Sullivan*）[①]这一里程碑式的判例。在沙利文案之前，美国对言论自由的保护主要体现在美国宪法第一修正案，保护个人名誉权的法律为各州制定的诽谤法，美国联邦缺乏保护公民个人名誉权的诽谤法，美国最高法院无权审理公民个人诽谤案件。美国各州诽谤法在言论自由与个人名誉权之间，更倾向于保护后者，且对普通个人和政府官员的名誉权给予平等无差别的法律保护。依据传统英美法系诽谤法规则，只要存在诽谤性陈述即构成诽谤，原告甚至无须证明损害事实；被告在运用诽谤法上的真实抗辩事由时必须承担举证责任，且需证明诽谤性陈述在细节上完全真实。

在沙利文案中，《纽约时报》于1960年3月刊登了一幅支持马丁·路德·金的广告，指责亚拉巴马州蒙哥马利市的警察严厉镇压当地黑人学生运动，并指称这些警察以非法手段逮捕及指控马丁·路德·金。蒙哥马利市警察局长沙利文（Sullivan）认为该广告侵害了他的名誉权，随即以诽谤罪将《纽约时报》告上蒙哥马利市巡回法庭。在一审败诉、上诉申请也被驳回后，《纽约时报》上诉至美国联邦最高法院。美国联邦最高法院依据美国宪法第十四修正案规定的"正当法律程序条款"，从审查州的诽谤法是否违反联邦宪法第一修正案所保护的言论自由的角度介入，实现了诽谤法的宪法化。

联邦法院在该案中认为，对官员的职权行为进行公共评论是公民的一项基本权利，不应加以过度限制，否则将损害美国宪法第一修正案的基本精神。在该案判决中，美国联邦法院创设了"公共官员"原则和"真实恶意"规则，在个人名誉权和媒体言论自由之间的关系上，更偏向于保护媒

[①] *New York Times v. Sullivan*, 376 U. S. 254（1964）.

体言论自由,而且将传统上普通法要求被告承担真实抗辩的举证责任,转变为由原告证明存在"真实恶意",对原有的英美普通法诽谤规则进行了彻底变革。在后续的判例中,这一规则又逐步被加以细化。

(一)"公共官员"的定义和范围

美国最高法院在沙利文案判决书中并未对"公共官员"作明确定义,只是针对由城市管理机构,尤其是由某一行政长官所管理和指导的市政人员,如警察和消防员等,提出对这些群体的表现及不足进行的评价,常常附加于对该机构最高行政长官的批评或赞扬。

在1966年罗森布拉特诉贝尔案(*Rosenblatt v. Baer*)[1]中,美国最高法院进一步阐释了"公共官员"的含义,认为是指实际上或基于公众认知,对政府公务行为具有重大责任或有实际控制权的政府职员。有关解释应根据公共议题讨论所关涉的重要社会利益,以及官员所处职位对公共事务处理所具有的重大影响加以确定,且不限于民选官员或高层官员,还包括级别较低的政府职员。"公共官员的例子包括民选议员、军队中的高层军官、法官、检察官、公设辩护律师、法院书记官、检察员,甚至巡逻警,各种学校和学院的权威人士,包括地方教育董事会委员、校长、学院院长等。"[2] 美国最高法院还提出,对于原告是否属于"公共官员",由审判法官首先依据证据做出裁定。[3]

罗森布拉特案虽然对公共官员的定义做了一定的界定,但还是稍显抽象空泛。但正如布鲁南大法官所说,沙利文案判决的重要理论依据是有关公共事务的辩论应不受限制和广泛开放,这决定了对"公共官员"应做广义的界定。[4]

(二)真实恶意原则的适用范围

在沙利文案的判决书中,真实恶意原则的适用范围仅限于公共官员从事的公务行为,但随后在加里森诉路易斯安那案(*Garrison v. Louisiana*)[5]

---

[1] *Rosenblatt v. Baer*, 383 U.S. 75 (1966).
[2] [美]泽莱兹尼(Zelezny, J.D.):《传播法:自由、限制与现代媒介》,张金玺、赵刚译,清华大学出版社2007年版,第132页。
[3] *Rosenblatt v. Baer*, 383 U.S. 75 (1966).
[4] Ian Loveland, *Political Libels: a Comparative Study*, London: Hart Publishing, 2000, p.73.
[5] *Garrison v. Louisiana*, 379 U.S. 64, 75 (1964).

中，这一适用范围从公共官员从事的公务行为拓展到公共官员的适任性，认为公共官员的私德和人格与其是否胜任某一公职具有重大关系，对其所从事的公务活动具有重大影响。适任性标准极大拓展了真实恶意原则的适用范围，从公共官员的公务活动延伸至其私人生活领域。

在柯蒂斯出版公司诉巴茨案（Curtis Publishing Co. v. Butts）和美联社诉沃克案（Associated Press v. Walker）① 两案中，美国法院探究了公共官员和公众人物的关系。在这两个案件中，沃克是一位退休少将，通过电台、电视和新闻发布会做过多次公共演说，巴茨是美国知名的大学橄榄球教练。案件审理过程中，哈兰（Haran）法官曾经提出，对公共人物的诽谤责任不宜适用严格的真实恶意标准，认为"对于明显超出普通报道范围的不合理行为"，被诽谤人应该获得相应的侵权赔偿。但沃伦（Warren）法官认为确立公共官员和公众人物的区别并适用不同规则的做法毫无法律依据，并得到多数法官的支持。

基于沃伦法官的陈述，法院发展出了关于确定公众人物的两个标准，即"巴茨—沃克标准"。一是单独根据个人地位或职位，二是将自己置身于重要的公众争论的旋涡，持续具有公共利益且被媒体广泛关注。② 其实，法院最终认定沃克和巴茨都是公众人物，是基于这样一种假设，即美国宪法保护言论自由是为了实现对公共事务的公共辩论，因此这种保护不应限于针对公共人物的言论，而应该适用于所有对公共关切事项进行公开评论的个人。

美国最高法院甚至曾经将这一原则拓展至所有事关公共利益的事务。1971 年罗森布鲁姆诉大都会传媒案（Rosenbloom v. Metromedia, Inc.）③ 极大地拓展了公众人物理论的适用范围，提出所谓"公共利益"（Public Interest）原则，认为有关规则可以适用于非公众人物的个人。案件原告罗森布鲁姆是美国宾夕法尼亚州费城的一个色情杂志经销商，在费城一次警方行动中被捕。被告大都会传媒公司在费城拥有一家电台，在其新闻节目中

---

① Curtis Publishing Co. v. Butts/Associated Press v. Walker, 388 U.S. 130 (1967).

② Swatsler, Todd S, "the Evolution of the Public Figure Doctrine in Defamation Actions", Ohio State Law Journal, Vol. 41, 1980, p. 1017.

③ Rosenbloom v. Metromedia, Inc., 403 U.S. 29, 44 (1971).

披露了罗森布鲁姆的名字,指称其是"色情杂志贩卖人"并卷入一起诈骗案。1964 年,罗森布鲁姆被宣告无罪后,随即起诉大都会传媒公司,提出诽谤侵权赔偿请求。该案的关键在于原告并非"公众人物",是否需要遵守真实恶意原则。

在该案判决中,布伦南(Brennan)法官指出,"我们将公共人物理论拓展适用于所有涉及公共关切或一般关切的讨论,落实《美国宪法》第一修正案所提供的保护,以促进对公共事务的积极辩论,并不关注所涉及个人是知名人士或是无名之辈。"① 不过,这种宽泛的拓展在实践中也导致该原则存在被滥用的危险,美国诸多下级法院就曾根据该判例,重新要求多个原告遵循真实恶意原则。美国最高法院也有法官在此案中针对这种拓展适用提出强烈反对,例如,马歇尔(Marshall)法官指出,这不仅未能对媒体或被诽谤的原告提供适当保护,而且对保护个人名誉权的社会利益提出挑战。②

随后在 1974 年格茨诉韦尔奇公司案(*Gertz v. Robert Welch Inc.*)③ 中,美国最高法院认定"罗森布鲁姆诉大都会传媒案"严重缩窄了国家对个人名誉的保护,表明法院对前例作出修正,从拓展至公共利益,又回摆到公众人物概念本身,使得真实恶意原则的适用重新以身份区分作为重要标准。在此基础上,法院提出了区分公众人物和私人个体的必要性,认为公共官员和公众人物有更多机会影响媒体,有一定能力回击诽谤或者进行反诽谤陈述宣传,而且公共官员或公众人物寻求公众赞扬,应当承担公众监督的风险。因此,通过对公共官员和公众人物适用真实恶意规则来限制权利主张,能够保护媒体言论自由。同其相比较,个人在诽谤伤害面前更加脆弱,更应得到相应的法律救济。

由于法院坚持身份标准,使得公众人物概念的确定更加重要。法院也就此提出确定公众人物的三个标准:一是本身具有广泛知名度并出于任何

---

① Swatsler, Todd S, "the Evolution of the Public Figure Doctrine in Defamation Actions", *Ohio State Law Journal*, Vol. 41, 1980, p. 1017.

② Arthur B. Hanson, *Libel and Related Torts*, New York: American Newspaper Publishers Association Foundation, 1969, p. 206.

③ *Gertz v. Robert Welch Inc.*, 418 U. S. 323 (1974).

目的均可认定为公众人物；二是自己投身于公共争论，成为有限领域的公众人物；三是非自愿卷入公共争论并成为有限领域的公众人物。该案重新回归个人身份认定，辅之以诽谤案件的性质是否涉及公共利益，在公众人物理论发展过程中具有相当重要性。以该案判决为基础，现在法学界将公众人物大体分为三类，即"完全目的的公众人物""自愿的公众人物""非自愿的公众人物"①。

（三）明知虚假的认定

如果被告只是凭空捏造虚假事实对原告进行诽谤，当然意味着被告刊播明知虚假的陈述。但是被告在报道中刻意篡改、曲解原告的原话，则不一定构成明知虚假。美国最高法院在1991年的马森诉纽约客杂志公司案（*Masson v. New Yorker Magazine*, *Inc.*）②中判决，对原告的原话进行改动并不构成真实恶意原则下的明知虚假，除非这些改动造成原告的意思被刻意篡改或曲解。另外，判决书也认为，引号中的话常常被认为是言论者原话的复述，错误的引语可能成为传递虚假内容的工具。因此，如果改动或编造引语实质上改变了原告言论的实际含义，便构成明知虚假，可视为具有真实恶意。即使被告当时错误地认为自己所编造的引语是对言论者原话的合理解释，也并不改变其明知虚假的成立。③

（四）不顾事实真相是客观标准还是主观标准

美国最高法院对这一问题的态度模棱两可。哈兰大法官在柯蒂斯案和沃克案中认为，将沙利文案的真实恶意原则中不顾事实真相的认定设定在是否存在重大过失更为妥当，即如果原告能证明出版人从事了极度不合理的行为，构成对负责任出版人通常的报道和调查标准的严重偏离，可认定为不顾事实真相。这一标准和美国最高法院在罗森布拉特案判决书中的大多数观点不相协调。在该案中，法院在认定不顾事实真相时，仅关注传播者的主观心态，而不考虑其主观认知是否合理。由于对这一问题界定不清，初审法庭很难在沙利文抗辩上给予陪审团宪法保障方面的指导，加上

---

① 王利明：《公众人物人格权的限制和保护》，《中州学刊》2005年第2期。
② *Masson v. New Yorker Magazine*, *Inc.*, 501 U.S.496（1991）.
③ ［美］泽莱兹尼（Zelezny, J. D.）：《传播法：自由、限制与现代媒介》，张金玺、赵刚译，清华大学出版社2007年版，第127页。

真实恶意原则的适用范围在 6 年间经历了快速变化——从政客到政府官员，再到公众人物，甚至曾扩展至事关公共利益的公共事务，更加剧了这一原则的不确定性。

二 公众人物理论在不同国家的发展

自沙利文诉《纽约时报》案之后，普通法系和大陆法系国家的诽谤法发展一定程度上都受到美国相关判例的影响，力图在个人名誉权和媒体言论自由之间达成新的平衡。不过，各国也没有完全复制和遵循美国有关法律原则，而是适当借鉴有关判例及其所体现的法律原则和法律宗旨，以不同途径和方式来为言论自由提供更大程度的保护。

（一）英国

在 1993 年的"德比郡议会诉泰晤士报业公司"案（Derbyshire County Council v. Times Newspapers Ltd.）[1]中，英国法院显示出对政治言论自由给予更大保护的倾向，明确提出政府当局不能提起诽谤诉讼，但并没有明确应否限制公共官员提起诽谤诉讼。[2] 1999 年，"雷诺兹诉泰晤士报"案在英国诽谤法发展历史上具有里程碑意义。该案确立了著名的"雷诺兹特许权"原则，即当有关媒体作为诽谤案被告时，如果能够证明相关新闻报道涉及公众利益，且符合负责任的新闻报道标准（Responsible Journalism），有关媒体就能够免予承担相关侵权责任。英国法院在该案中没有像沙利文诉《纽约时报》案一样，根据原告的身份来确定是否适用真实恶意原则，而是根据诉讼所涉事务是否涉及公共利益，将公共事务报道作为一类特殊的言论单独加以保护。同真实恶意原则力图确立一个统一标准所不同，英国所确立的公共利益原则，需要逐案单独判定。[3]

（二）澳大利亚

1992 年，在"澳大利亚首都电视控股有限公司诉联邦"案（Austral-

---

[1] Derbyshire County Council v. Times Newspapers Ltd., AC 534 607 (1993).

[2] Andras Koltay, "Around the World With Sullivan: The New York Times v. Sullivan Rule and its Universal Applicability", http://ias.jak.ppke.hu/hir/ias/200634sz/koltay.pdf, pp. 106 – 107.

[3] Andras Koltay, "Around the World With Sullivan: The New York Times v. Sullivan Rule and its Universal Applicability", http://ias.jak.ppke.hu/hir/ias/200634sz/koltay.pdf, p. 107.

ian Capital Television Pty. v. Commonwealth of Australia)[1] 中，澳大利亚高等法院就曾提出，尽管澳大利亚宪法没有明确规定，但暗含了有关政治言论自由的权利。此后，1994 年的西奥法努乌斯诉先驱与时代周刊报业集团案（Theophanous v. the Herald and Weekly Times Limited）[2] 进一步拓展和明确有关宪法特许权的言论自由权利。[3] 该案基本情况是，原告安德鲁·西奥法努乌斯为澳大利亚众议院议员，认为被告所拥有的报纸对其进行诽谤，指责他对希腊移民有偏见，并在移民问题上有其他愚蠢的行动。在该案判决中，澳大利亚高等法院认定，宪法关于政治言论自由的隐含权利应拓展至保护所有政治讨论，并应当置于原有的诽谤法规则之上。但法院在该案中并未完全采用真实恶意原则，而是制定了一个新的宪法规则，需要被告媒体证实自身报道的合理性，即本身不存在疏忽、不知晓有关陈述存在虚假、报道内容具有合理性且已经采取相关措施验证真实性等。上述原则在此后的斯蒂芬诉西澳大利亚报业有限公司案[4]（Stephens v. West Australian Newspapers Ltd.）中再次得到确认和重申。

此后，在1997 年新西兰总理朗伊诉澳大利亚广播公司案（Lange v. Australian Broadcasting Corporation）[5] 中，澳大利亚法院对前述两个判例作出一定修正，虽然同意原有普通法中的诽谤法规则应该服从于宪法中的政治表达自由原则，但指出这不是创设一种新规则，而是为了在不同法律原则间达成平衡一致，而且范围上也不是涵盖所有同社会利益相关的事项，而应该只保护那些同政府有效运作相关的必要言论。

（三）新西兰

在新西兰最著名的案例是朗伊诉阿特金森案[6]（Lange v. Atkinson），即新西兰前总理朗伊起诉阿特金森的有关报道和漫画作品对其构成诽谤，诬陷其不负责任、不诚实、为人懒惰等。在该案的判决中，法庭注意到了当

---

[1] Australian Capital Television Pty. v. Commonwealth of Australia, (1992) 177 CLR 106.
[2] Theophanous v. the Herald and Weekly Times Limited, (1994) 182 CLR 104.
[3] Kenyon, Andrew T, "Lange and Reynolds Qualified privilege: Australian and English Defamation Law and Practice", Melbourne University Law Review, Vol. 28, Octobor 2004, p. 414.
[4] Stephens v. West Australian Newspapers Ltd., (1994) 182 CLR 21.
[5] Lange v. Australian Broadcasting Corporation, (1997) 189 CLR 520.
[6] Lange v. Atkinson, (1998) 3 N. Z. L. R. 424 (C. A.).

时人权法的发展,特别是对个人隐私权和名誉权的保护的增强,也指出公开出版物需要符合公众利益,且认为公开出版物并非在所有情况下都能符合公众利益,而是要根据出版者身份、出版背景、可能的读者、信息的真实性等加以判断。与此同时,法院全面审查了当时其他英联邦国家和欧洲人权法院的相关判例,认为涉及公众利益的报道应受到上述宪法特许权的保护,并因此驳回原告的起诉。一般认为,新西兰这一判例确立了类似于公众人物理论的基本原则,而且并没有像澳大利亚一样提出"合理性"标准。当然,这一判例提出的宪法特许权原则同样要受真实恶意原则的制约,而且其比公众人物理论所涵盖的范围要窄,只限于适用与公众人物履行公共职务相关的公众评论。

在普通法系国家中,主要代表性国家在司法实践中,都通过相关判例确认了应该保护表达自由权,特别是讨论政治或公共事务的权利,在司法目标和保护的利益上基本相同,但实现有关保护的方式和途径并不完全相同。美国基本上放弃了普通法传统上逐案判定的方式,直接以公众人物理论为基础,创设了新标准和新权利,并进而为言论自由提供更强保护,也使相关案件判决具有更强的可预期性。英国没有放弃传统上的逐案判定方式,被批评可能造成法官权力过大和司法不确定性。[1]澳大利亚和新西兰是一种混合解决方案,将原有的宪法特许权保护拓展适用至政治辩论,一定程度上可说是创设新权利。总体上看,普通法国家都没有全盘接受公众人物理论:英国需要逐案审查相关要素;澳大利亚提出了合理性原则;新西兰同公众人物理论更加接近,不需要被告证实合理性,而为法院自由裁量权留下空间。

(四)德国

在德国名誉权法制中,欧洲人权法院的卡洛琳诉德国案(*Caroline von Hannover v. Germany*)[2]是直接涉及公众人物理论的重要案件。在该案中,摩纳哥公主卡洛琳曾多次请求德国法院阻止德国多份杂志刊登其在餐馆就

---

[1] Andras Koltay, "Around the World with Sullivan: The New York Times v. Sullivan Rule and its Universal Applicability", http://ias.jak.ppke.hu/hir/ias/200634sz/koltay.pdf, p. 113.

[2] *Caroline von Hannover v. Germany*(App. No. 59320/00),ECHR24 June 2004,判决参见欧洲人权法院官方网站,http://hudoc.echr.coe.int/。

餐、外出购物、骑马、滑雪等涉及私人生活的照片。但德国各级法院都认定卡洛琳公主作为"身份卓越"的社会公众人物,需要容许上述照片在社会媒体上发行。在德国法院作出不利判决后,卡洛琳公主将案件再次起诉至欧洲人权法院,并于2004年6月获得胜诉。欧洲人权法院在判决中认定德国法院的判例违反《欧洲人权公约》第8条,构成对该条中"私人生活权"的侵害,且认为该项"私人生活权"同《欧洲人权公约》第10条的自由表达权之间应达成平衡。法院强调,该案并不涉及公众思想传播,而是对个人生活的侵扰。因此,在媒体报道中,必须有效区分能够促进民主社会对政治家公务行为开展讨论的事实报道和对不行使公共职能的名人的私人生活的报道。在前一类事实报道中,新闻媒体具有所谓"看门人"职能,但这一职能在后一类报道中并不存在。因此,法院认为仅仅因为原告是公众人物,并不能成为损害其私人生活权的依据,不当报道反而是对其相关权利的侵害。

三 围绕公众人物理论和真实恶意原则的学术争论

(一) 国外学者观点

公众人物理论自提出后,在学术界一直争论不断,有各种不同的看法。美国著名法理学家罗纳德·德沃金认为,真实恶意原则对言论自由的保护并不够,应该进一步保护所有针对公共官员的言论,不论其是否存在恶意,并认为现有的保护仍会一定程度上产生阻吓效果的寒蝉效应。[1] 也有较多学者从不同角度提出该理论过度保护言论自由,可能造成诸多不利影响。例如,美国学者杰罗姆·巴隆(Jerome Baron)认为,该案建立于这样一种假设,即减轻新闻媒体在诽谤案中面临的惩罚,会移除关于言论自由的限制并促进信息流动。但事实上该判决具有嘲讽意味,形成新的不平衡,以推动广泛公开的争论为名,实际上保护的是少数媒体工作者的言论自由。[2] 哈里·

---

[1] Ronald Dworkin, *The Moral Reading of the American Constitution*, Oxford: Oxford University Press, 1996. p. 200. 转引自 Andras Koltay. "Around the World With Sullivan: The New York Times v. Sullivan Rule and its Universal Applicability", http://ias.jak.ppke.hu/hir/ias/200634sz/koltay.pdf, p. 105。

[2] Jerome. A. Barron, "Access to the Press – A New First Amendment Right", *Harvard Law Review*, Vol. 80, 1967, p. 1657。

H. 惠灵顿（Harry H. Wellington）提出，如果报纸可以随意撒谎，则造成个人名誉权保护和公共政治生活之间的失衡，形成一种反寒蝉效应，即多数有能力的政治候选人会因为个人声誉难以得到有效保护，不愿进入公共政治生活。① 而且从长远看，将个人名誉权置于弱势地位，会损害媒体的信誉，导致对其报道真实性的疑问。英国学者伊恩·洛夫兰（Ian Loveland）认为，公众人物理论的形成及美国最高法院对其的不断发展和解释，都缺乏充分的司法实践基础。这一理论还很大程度上停留在抽象理论层面，很少在司法判例中被援引。②

（二）国内学界观点

国内学界主张引入美国判例法建立的公众人物理论，其目的是为克减公众人物人格权提供理论基础，尤其是限制公众人物因媒体新闻报道损害其名誉权而提起名誉权诉讼，要求其适用真实恶意规则确定其举证责任，以保护媒体的新闻自由。事实上，我国学界很早就开始主张适用公众人物理论裁判名誉侵权案件。1996 年，苏力指出，"在一般情况下，至少当他们不是有意或恶意利用这种言论自由伤害他人或有重大过失并从中获利时，即使他们的权利行使损害了他人的某些利益，也应当受宪法的保障"③。1998 年，贺卫方明确指出，"除非公务员或公众人物能够证明传媒或相关文章的作者具有真实恶意——这通常是极其难以找到证据的——否则将不可能获得法律救济"④。2005 年，王利明认为，为了对新闻工作者所从事的正当的舆论监督实行特殊保护，以鼓励新闻工作者大胆行使舆论监督权利，尤其需要对公众人物的人格权做出必要的限制。⑤ 2008 年汪庆华在《名誉权、言论自由和宪法抗辩》中也持类似观点。

在学界的大力推动下，我国法院在司法实践中也开始运用公众人物理论处理名誉权纠纷，有学者在 2013 年通过北大法宝收集到了 35 个运用

---

① Harry H. Wellington, "On Freedom of Expression", *Yale Law Journal*, Vol. 88, No. 6, 1979, p. 1114.
② Ian Loveland, *Political Libels: A Comparative Study*, London: Hart Publishing, 2000, p. 85.
③ 苏力：《秋菊打官司案、邱氏鼠药案和言论自由》，《法学研究》1996 年第 3 期。
④ 贺卫方：《传媒与司法三题》，《法学研究》1998 年第 6 期。
⑤ 王利明：《公众人物人格权的限制和保护》，《中州学刊》2005 年第 2 期。

"公众人物"理论的司法判例。① 如在 2006 年"张靓颖诉《东方早报》名誉纠纷案"中，上海市静安区人民法院就认为，自"超女"大热以来，张靓颖的知名度日益提高，对于歌迷的热情和媒体的追逐可能带来的轻微损害，应给予适度的理解和宽容，以满足公众需求并促进新闻行业的自律和进步。

但是，不少学者对我国司法实践引入公众人物理论提出了不同看法。有学者认为，公众人物理论过于强调表达自由，体现的是美国式的极端自由主义，与我国传统文化不相协调，也与我国宪法对表达自由和名誉权的基本权利定位不相符。② 有学者认为，公众人物理论从美国引入我国后，在制度上变异为"公众人物"权益"克减"理论，且其适用范围基本限于体育演艺学术界人士。③

还有学者认为，美国判例法所确立的公众人物理论虽经司法实践进入我国名誉权侵权规则体系，但这一外来理论并没有被我国民事立法和司法解释所确立，其在司法个案中的应用主要依靠法官的自由裁量权，加上缺乏学术理论的积淀，使得公众人物理论在我国司法实践中的适用出现不少弊端。这种弊端突出表现在，该理论的设立初衷是保护人民对公共事务的自由讨论，其首要的限制对象就是政府官员，我国法学理论界介绍和引入该理论的主要理论基础也是为了保障人民对政府和官员的监督，但司法实践对这一理论的实际应用已经偏离这一理论的根本内涵和我国引入这一理论的制度初衷。④

有学者建议对移植公众人物理论持谨慎态度，认为中美两国的文化价值、法治传统和法律制度迥异，公众人物理论在司法裁判中很难作为具体的裁判规则。更重要的是，公众人物理论和真实恶意规则本身还存在诸多不足。一方面，公众人物的概念与判断标准不明晰，难以有效地将其与普

---

① 靳羽：《"公众人物"理论实证考察与名誉侵权过错判断路径检讨》，《政治与法律》2013 年第 8 期。
② 靳羽：《"公众人物"理论实证考察与名誉侵权过错判断路径检讨》，《政治与法律》2013 年第 8 期。
③ 魏永征：《公众人物权益"克减"论可以休矣》，《新闻记者》2015 年第 3 期。
④ 刘迎霜：《名誉权中"公众人物理论"省思——以司法裁判实证分析为视角》，《社会科学》2014 年第 6 期。

通公民相区分；另一方面，真实恶意规则的用词并不精确，其既不能妥当地保护个体的名誉，也不能周延地保护新闻媒体，而对言论自由的过度保护在实际效果上可能适得其反。①

（三）本书观点

首先，公众人物理论的产生反映了美国民权运动兴起和言论自由日益受到推崇的历史发展进程，具有鲜明的美国历史特征。在后续案件进程中，该理论先是扩展至公共关切和公共利益原则，后又回调至以公众身份为主要依据，辅之以公共利益性质。其根本原因是美国司法界努力在个人名誉权、新闻自由、公民知情权和公众人物名誉权之间达成有效平衡，反映了不同历史时期，美国宪法对不同社会利益和权利的制度安排。

其次，公众人物理论的核心是真实恶意原则的适用标准。从公共官员、公众人物到公共关切事项，美国法院在公众人物理论发展进程中，一直在探究何种情况下必须适用真实恶意原则。巴茨案中，有四位法官提出公众人物在适用该原则时，所需举证的过错标准应低于公共官员，其目的也是希望明确不同人群应如何适用不同举证标准，从而使真实恶意原则更具有实用性和针对性。

再次，公众人物理论的一些重要概念仍不明晰，为该理论在新时期的解释适用增加困难。公众人物是一个"为了保护言论自由、限制名誉权和隐私权而创设的概念"，主要目的是对其人格权的保护进行合理限制，以确保诽谤法和隐私法规则的适用。关于公众人物、公共利益、公共争议事件等核心概念，迄今为止仍未有清晰明确的界定标准。这种模糊性对该规则在互联网时代的继续适用也提出了挑战。

最后，公众人物理论虽在我国学界尚存较大争议，关于是否移植该理论，学者甚至进行了针锋相对的学术争鸣；该理论虽在我国司法实务中被法院广为适用，但裁判规则不一，且尚未获得立法上的认可。

诚如不少学者所指出，公众人物理论及其真实恶意规则自身存在概念和理论上的欠缺，且其在我国的适用面临水土不服的实践困境。但是本书认为，其对我国的重要借鉴意义在于，在我国传统的四个构成要件的名誉

---

① 郑晓剑：《公众人物理论与真实恶意规则之检讨》，《比较法研究》2015 年第 5 期。

权侵权规则下，应区分涉公益和涉私益的名誉权纠纷，给予涉公共利益的新闻报道和言论更宽松的自由空间。至于给予涉公益言论多大程度上的倾斜性保护，则可以根据各国历史文化传统、政治体制和法律制度来探讨解决。

第二节 网络条件下公共言论特殊保护路径的融合

进入网络媒体时代，传播媒介、传播模式和舆论生态不断变革，传统公众人物理论在网络媒体条件下面临三大挑战：一是网络匿名性对确定名誉权诉讼当事人的挑战；二是对公众人物具有更强话语权的理论假设提出挑战；三是网络媒体使公众人物和私人个体的划分已无现实意义。面对网络信息技术发展对传统公众人物理论造成的冲击，美国法学界开始对这一理论进行反思，美国司法界也积极调整，不再将诽谤诉讼原告身份是公众人物还是私人个体作为首要审查步骤，而是越来越倾向于恢复1971年罗森布鲁姆案中确立的公共利益标准来保护社会关切事务言论。同为英美法系国家重要成员的英国，通过2013年诽谤法改革，确立了公共言论的公共利益抗辩原则。大陆法系国家德国、日本也对涉公共利益言论进行了专门的法律调整。

一 传统公众人物理论在网络媒体条件下的省思

在传统媒体时代，公众人物理论及其真实恶意原则的核心要义是限制公共官员的个人名誉权，以维护监督言论的言论自由权。其路径是从归责原则、举证规则和赔偿责任三个方面对公共官员施加更多责任。

在归责原则方面，要求被告具有诽谤原告的真实恶意，即被告明知报道失实，或全然不顾报道的真实性。在举证规则方面，要求原告举证证明被告具有真实恶意，而且证明标准要达到明确而令人信服的程度。在赔偿责任方面，一旦原告以明确而令人信服的证据证明被告具有诽谤的真实恶意，被告将承担惩罚性损害赔偿责任，其目的不是要对原告受到的名誉损害提供补偿，而是对被告诽谤行为的一种惩罚，防止其今后再犯。

公众人物理论及其真实恶意规则具有鲜明的美国特色，没有专制主义历史包袱的美国笃信"天生平等"，造就了美国深厚的自由主义传统。[①] 但是，随着网络时代极大地改变了传播媒介、传播模式和舆论生态，公众人物理论赖以建立的正当性基础与理论前提也发生了质的改变。

（一）网络匿名性对确定名誉权诉讼当事人的挑战

网络发言的匿名性导致网络名誉权纠纷中被告的真实身份难以确认。在被侵权人依传统名誉权法制提起名誉权侵权诉讼时，因无法确认被告的真实姓名和住址，甚至都无法达到立案的标准。当然，这种匿名性是针对受害人而言，个人在网络空间的活动不可能做到"踏雪无痕"，但只有运用技术定位手段或者通过互联网接入服务商，才有可能将互联网上的虚拟身份与现实社会的真实身份实现对接。

从美国实践看，1996年通信法案确立了网络服务提供商在网络诽谤中免责的"避风港"原则，使得美国网络诽谤受害人只能借由法院的司法强制力，要求互联网服务提供商提供被告身份信息，才能使诉讼双方当事人得以确定而进入正式诉讼环节。这种传唤制度在美国法上被称为无名氏传唤（John Doe Subpoena）。运用无名氏传唤虽然可以明确被告身份，以保护原告的名誉利益，但原告也可能滥用这一制度找到异己者进行打击报复。

为了缓解个人名誉权与公民匿名言论自由之间的张力，美国通过司法判例，在不同司法管辖区确立了不同的适用无名氏传唤制度的三种标准：善意基础标准（Good Faith Basis Standard）、驳回动议标准（Motion to Dismiss Standard）和即决判决标准（Summary Judgement Standard）。[②]

"善意基础标准"在2000年一起要求"美国在线"披露5位匿名者信息的案例中确立。这一标准倾向于保护个人名誉权，在视言论自由为圭臬的美国适用较少。根据该标准，法院在决定是否适用无名氏传唤时，主要考虑三个因素：一是请求传唤一方提供了具有充分证明力的证据；二是请求方基于善意的依据相信该言论具有可诉性；三是揭露被请求方的身份信

[①] 靳羽：《"公众人物"理论实证考察与名誉侵权过错判断路径检讨》，《政治与法律》2013年第8期。

[②] 高荣林：《网络诽谤与网络匿名之间的平衡》，《重庆邮电大学学报》（社会科学版）2017年第9期。

息是诉讼得以顺利进行的必要条件。

"驳回动议标准"在一起商标网络侵权诉讼（Columbia Insurance Co. v. Seescandy.com）①案中得以确立，要求原告承担比善意基础标准更高的举证责任。原告方必须做到以下四点：一是有充分证据证明被告人是可在法院被诉的个人或团体；二是确定被告人身份的具体步骤已明确；三是提供的初步侵权证据经得起法院驳回起诉的动议；四是证明所寻求披露的被告人身份信息与其所主张的诉讼请求有关。此外，法院还认为根据驳回动议标准，强制披露被告人身份的诉讼请求不能仅限于单纯的结论性陈述，需要原告初步证明引发民事责任的行为已实际发生，揭示其身份的目的是揭露实施该行为的个人或团体的具体识别特征。②

"即决判决标准"始于登朱特国际有限公司诉无名氏案（Dendrite International, Inc. v. Doe, No. 3.）③，给予言论自由更充分的保护。在该案中，法院认为驳回动议标准尚不能充分保护美国宪法第一修正案确认的言论自由，要求原告提供的证据必须达到即决判决的标准，才能强制要求公开被告的身份，还要求原告必须尝试通知被告并给予匿名发帖人一段合理的时间予以回应。此外，法院要考量在匿名言论自由与揭示被告人身份对于原告继续进行诉讼的必要性之间达成平衡，最后决定是否披露被告人身份。④目前，即决判决标准是美国各级法院在决定是否发出无名氏传唤时适用的主要标准。

（二）对"公众人物具有更强话语权"的理论假设提出挑战

在传统媒体时代，新闻媒体资源非常有限，难以丰富充足到为每一位普通公民提供传播手段。例如，美国人口普查局的数据显示，在1974年，美国近2.13亿人口只拥有附属3家电视网络的862个地方电视台和7501个无线广播电台。⑤公众人物常常被认为是强势群体而能掌握更多的媒体资源和手段，从而享有更多的话语权。在互联网时代，由于任何连接互联

---

① Columbia Ins. Co. v. Seescandy. com, 185 F. R. D. 573 (N. D. Cal. 1999).
② Columbia Ins. Co. v. Seescandy. com, 185 F. R. D. 573 (N. D. Cal. 1999).
③ Dendrite Int'l. Inc. v. Doe, No. 3, 775 A. 2d 756 (N. J. Super. Ct. App. Div. 2001).
④ Dendrite Int'l. Inc. v. Doe, No. 3, 775 A. 2d 756 (N. J. Super. Ct. App. Div. 2001).
⑤ Douglas B. McKechnie, "the Death of the Public Figure Doctrine: How the Internet and the Westboro Baptist Church Spawned a Killer", *Hastings Law Journal*, Vol. 64, February 2013, p. 498.

网的人都享有同等机会运用大众传播手段，传统媒体时代下公众人物的强势地位被大大弱化。而且在遭遇网络诽谤后，由于网络舆论具有"偏颇吸收"效应和群体极化倾向，公众人物维护自身名誉权的能力和途径大大受限，甚至陷入有口难辩的境地。①

例如，2005 年，曾担任肯尼迪总统行政助理的美国知名记者西根萨勒（Seigenthale）发现，维基百科中关于其生平的词条诽谤他与肯尼迪兄弟被刺杀事件有关。这个词条一经登出，马上引起轰动，一个月的点击率就高达 1630 万。尽管西根萨勒向维基百科提出抗议并通过 IP 地址找到了互联网服务提供商，但该服务商却拒绝提供信息发布者的身份。虽然最后词条作者向西根萨勒寄出道歉信，并借助报纸向西根萨勒表达歉意，但澄清范围有限，无力挽回西根萨勒已经受损的名誉。② 西根萨勒作为知名媒体人和曾经的政府官员，在传统媒体时代掌握着媒体资源，对媒体运作具有一定影响力，但在遭受网络诽谤时却无法及时有效地澄清错误、维护名誉。

又如，浙江省金华市一家法律服务所的负责人刘贵启，因在一次民事案件中伪造证据，被当地司法行政部门依据规定免除职务。出于对处罚的不满，刘贵启于 2009 年 10 月到 2013 年 9 月，在网上诽谤金华市司法局律师管理处、婺城区司法局律师公证管理科、婺城区法院等单位的多名司法界人士。他先后在知名论坛发布相关帖子累计 111 个，实际点击浏览量累计 15.5 万余次，并在微博上发布相关帖子累计 2250 个，转发数量累计 109 次。③ 经相关部门调查，刘贵启在网络上发布的内容失实，但由网络快速传播造成的恶劣影响，连司法机关及其工作人员也难以有效消除。

（三）网络媒体使公众人物和私人个体的划分已无现实意义

传统公众人物理论认为，公众人物和公共官员一样，希望引起社会关注和社会评论，常常有意将自身置于不断增加的被诽谤中伤的危险之中，但他们在社会中所具有的重要影响力将其与一般个人区别开来。④ 在网络

---

① 郭春镇：《公共人物理论视角下网络谣言的规制》，《法学研究》2014 年第 4 期。
② 吴铮：《乱编肯尼迪遇刺史美国男子登报道歉》，http：//news.sina.com.cn/w/2005-12-14/04007700318s.shtml，2018 年 3 月 20 日。
③ 范跃红、武剑：《网络"实名举报"背后是闹剧》，《检察日报》2014 年 10 月 15 日第 4 版。
④ 参见 Gertz v. Robert Welch, Inc., 418 U.S.323, 343 (1974)。

时代，互联网成为新的"思想市场"①。任何人都难以预料自己是否以及什么时候会成为社会舆论焦点。人们常常未主动采取任何行为而被动获得网络知名度，成为传统理论下的公众人物，因而在诽谤诉讼中必须承担更高的证明责任。按照传统公众人物理论，诽谤诉讼的原告只有自愿承担可能面临的公共评论和批评的风险，才要求其承担更重的证明责任。而在互联网空间，任何人都有可能在不知情的情况下成为网络舆论的焦点，如果都纳入传统公众人物的范畴，这一定义在理论和实践上的价值几乎不存在。

此外，互联网可及性的不断增加，也鼓励一些互联网用户积极主动参与网络讨论，成为网络舆论热点关注人物。按照传统公众人物理论，一个人如果维护社交网站网页，参与政治论坛或创建个人博客，那么在诽谤诉讼中，法院就会因原告积极通过网络参与社会公共事务，而将其认定为有限目的公众人物，其将有法律责任证明被告符合纽约沙利文案确立的真实恶意标准。这种直接将传统公众人物理论套用于现代互联网实践的做法有诸多弊端，仅因诽谤言论刊发的媒介不同而对原告适用不同的证据规则和举证责任会导致显失公平，不利于发挥网络的民主功能。② 不可否认的是，公众人物自愿成为公众关注焦点和掌握有效传播手段作为传统公众人物理论的两大理论前提，在互联网时代已经失去正当性基础。

二 美国对公众人物理论的反思

（一）美国学者对传统公众人物理论的省思

对于传统公众人物理论，美国一些学者提出重新将真实恶意原则适用的重点从诽谤诉讼原告的身份是否为公众人物转向所诉言论本身是否具有公众关切的公共利益和普遍利益上。公众人物理论适用的公共利益原则在1971年罗森布鲁姆诉大都会传媒案（*Rosenbloom v. Metromedia, Inc.*）③ 中确立。在该案中，法庭认为即使是公众最关注的人，也有超出公共或普遍关注领域的私人事务。如果将诽谤争议的焦点集中于当事人的身份，会出

---

① 参见 *Reno v. ACLU*, 521 U.S. 844, 885 (1997)。

② Katherine D. Gotelaere, "Defamation or Discourse: Rethinking the Public Figure Doctrine on the Internet", *Journal of Law, Technology & The Internet*, Vol. 2, No. 1, 2011, p. 498.

③ *Rosenbloom v. Metromedia*, 403 U.S. 29 (1971).

现相互矛盾的结果。① 仅仅3年后，该判例便被美国1974年的格茨诉韦尔奇公司案（Gertz v. Robert Welch Inc.）② 进行了修正。在该案中，美国最高法院重新以身份区分作为适用真实恶意原则的重要标准，并一直为后续判例所遵循。

但是，随着网络民主参与的活跃度和积极性极大提升，不少美国学者认为应将公众人物理论下真实恶意原则的适用标准，从依据言者身份重新转回依据言论本身内容是否涉及公共利益上。有学者认为，传统公众人物理论是解决20世纪70年代存在的社会问题的"邦迪贴"，随着社会进入传播手段普遍可及的互联网时代，原有的社会问题已经得到逐步解决，是时候该揭去这一"邦迪贴"。如果试图保留传统公众人物理论并在诽谤诉讼中要求首先分析原告的身份，将是对互联网的无视。只有充分保证公众关切事项的自由公开讨论，公众人物理论才能经得起时间和技术进步的考验。③

有学者提出，互联网创造了一个独特的批判性公共话语论坛，不必依靠身份地位来获取有效的传播手段，传统公众人物理论赖以存在的两大依据和基础，即主动进入公众关注视野和传播手段获取的不平衡性，在互联网时代已无须考虑。对法院来说，重要的是制定统一的标准，使得诽谤诉讼的原告和被告都能预测什么样的行为需要承担法律责任。更为重要的是，法庭要考虑被诉言论是否涉及与公共利益或普遍利益相关的事务，以保证言论自由在互联网这个新的主导媒介中得到充分保护。④

有学者认为，媒介格局的变化使得传统公众人物理论对原告地位的审查已经过时。在"微型名人"时代，要区分有限目的公众人物、非自愿公众人物与私人原告已几乎不可能。⑤

---

① *Rosenbloom v. Metromedia*, 403 U.S. 29 (1971).

② *Gertz v. Robert Welch Inc.*, 418 U.S. 323 (1974).

③ Douglas B. McKechnie, "The Death of the Public Figure Doctrine: How the Internet and the Westboro Baptist Church Spawned a Killer", *Hastings Law Journal*, Vol. 64, February 2013, p. 498.

④ Katherine D. Gotelaere, "Defamation or Discourse: Rethinking the Public Figure Doctrine on the Internet", *Journal of Law, Technology & The Internet*, Vol. 2, No. 1, 2011, p. 36.

⑤ David Lat and Zach Shemtob, "Public Figurehood in the Digital Age", *Journal on Telecomm & High Tech Law*, Vol. 9, August 2011, p. 10.

（二）美国司法实践的新近调整

针对互联网给公众人物和私人个体两分法带来的巨大挑战，美国最高法院在近年来司法判决中，倾向于保护社会关切问题的自由言论。美国最高法院反复阻止美国政府对社会关注事务相关言论进行管制的企图。例如，在2010年美国诉史蒂文斯案（United States v. Stevens）[1] 中，美国最高法院表示拒绝这样一种认识，即可以在平衡言论的社会价值与破坏社会秩序的程度之后，对该言论进行监管或视为不受保护的言论。[2]

差不多一年后，在布朗诉娱乐商会案（Brown v. Entertainment Merchants Association）[3] 中，美国最高法院驳回加州政府关于规范暴力游戏的规定，认为美国公共事务不仅体现在政治领域内进行讨论和辩论，而且还在娱乐领域以书籍、戏剧、电影、视频游戏形式进行辩论。由于这些媒介传播的不仅是思想，在许多情况下也传达了社会信息，对言论自由的保护适用于政府规制这些媒介传播的做法。[4]

在同年的斯奈德诉菲尔普斯案（Snyder v. Phelps）[5] 中，美国最高法院进一步将社会关切事项的言论上升为言论自由保护的核心内容。在该案中，原告是一位在军队服役期间死亡的军人的父亲，他起诉西堡浸信会（the Westborough Baptist Church）及其董事，在其儿子葬礼现场附近聚众，以举标语的形式宣扬"上帝憎恨惩罚美国"的思想，故意给其造成情感上的伤害和困扰。美国最高法院裁定，该案中聚众者的言论属于公众关切事务言论，有权获得言论自由的特殊保护，因此不会产生与该言论相关的民事责任。[6]

这几个判例表明，随着现代有效传播手段随处可得，美国法院在审理诽谤案件时，不再将诽谤诉讼原告身份是公众人物还是私人个体作为首要审查步骤，而是越来越倾向于恢复1971年罗森布鲁姆案中确立的公共利益标准来保护社会关切事务言论。这意味着，批评政府官员的言论也被纳

---

[1] United States v. Stevens, 559 U.S. 460 (2010).
[2] United States v. Stevens, 559 U.S. 460 (2010).
[3] Brown v. Entertainment Merchants Association, 564 U.S. 786 (2011).
[4] Brown v. Entertainment Merchants Association, 564 U.S. 786 (2011).
[5] Snyder v. Phelps, 562 U.S. 443 (2011).
[6] Snyder v. Phelps, 562 U.S. 443 (2011).

入社会关切事务言论的范畴,在被批评官员认为该言论损害其名誉权而提起诽谤诉讼时,将依据言论本身的内容和性质而不是原告的身份决定是否适用真实恶意原则。

三 英国2013年诽谤法改革确立公共言论的公共利益抗辩

（一）英国诽谤法的历史演变

受保守主义法律传统的影响,英国历来重视名誉权的保护,在诽谤诉讼中坚持严格责任原则,即原告只需证明存在诽谤性陈述、诽谤性陈述已向第三人公布、诽谤性陈述指向原告本人,名誉权侵权就可成立。英国诽谤法起源于对封建权贵和封建统治秩序的维护,其曾于1275年颁布《诋毁权贵法》,以刑事手段惩处诋毁达官贵族的诽谤行为。17世纪颁布的《煽动诽谤法案》,创设了"煽动诽谤罪",并一直得到沿用。1998年英国加入《欧洲人权公约》,言论自由在英国诽谤法中的地位才得以提升。2001年,英国在"雷诺兹案"中提出一项新的诽谤法免责特权,如果新闻报道涉及公共利益,只要媒体达到负责任报道者的要求,即使报道内容不真实,报道媒体也无须承担侵权责任,即"雷诺兹特权"。这标志着英国确立了以诽谤言论内容是否涉及公共利益为基准进行归责的诽谤法规则。

英国上议院在确立"雷诺兹特权"后,为了应对各下级法院适用过程中出现的分歧和不确定性,又在2006年于贾米尔诉《华尔街日报·欧洲版》案（Jameel and another v. Wall Street Journal Europe SPRL）[1]中,将"雷诺兹特权"的认定标准归纳为:一是从报道整体而不仅是诽谤的部分看报道的主题是否涉及公共利益;二是如果报道主题涉及公共利益,要从编辑的角度审查诽谤性陈述是否构成报道合理、重要的一部分;三是如果报道符合"公共利益"标准,法院应审查报道者收集和发表信息的步骤是否负责任和公平,是否尽到媒体应尽的合理查证义务。[2]这一判例发展出新的诽谤抗辩事由,即中立报道特权,这一特权使媒体不必因未核实报道

---

[1] Jameel and another v. Wall Street Journal Europe SPRL,（2005）EWCA Civ 74.
[2] Douglas Maule, Zhongdong Niu, Law Essentials – media Law, Dundee: Dundee University Press, 2010, p. 83.

内容的真实性而承担侵权责任，进一步延伸了雷诺兹特权的保护范围。①

在2012年佛勒德诉《泰晤士报》案（Flood v. Times Newspapers Ltd.）②中，英国最高法院认为应将"雷诺兹特权"称为"公共利益抗辩"，并提出公共利益的两大认定标准：一是不仅报道主题涉及公共利益，而且公开报道本身就具有公共利益；二是报道具有公众应该知晓而且媒体合理性地认为其具有公共义务让公众知晓的内容。在该案中，英国最高法院还对"公共利益"的内涵进行了界定，认为所谓涉及公共利益的"公共事务"，是指与社会公共生活及参与人员相关的事务，包括政府行为、政治生活、选举活动、公共行政等"公共生活"含义本身包含的活动，还包括公共团体和公共机构的治理事项，以及披露后会产生公共利益的公司治理事项，但不包括私人事务。③

"雷诺兹特权"虽然自英国大法官李启新勋爵提出后，仅适用了十余年便在2013年英国新的《诽谤法案》中被废除，代之以公共利益抗辩。但由于公共利益抗辩是从"雷诺兹特权"演变而来，二者具有一脉相承的关系，因此，要理解英国公共利益抗辩，必须以"雷诺兹特权"为基础。

（二）英国2013年《诽谤法案》中的公共利益抗辩

英国作为普通法国家，其诽谤法以判例法为主，但成文法具有重要的补充作用且在适用上优先于判例法，"普通法与制定法的相互促进与优势互补，使得英国诽谤法在数百年发展中保持了稳定性、灵活性与适应性"。④从英国诽谤法成文法的历史沿革看，其始于1792年的《诽谤法案》，目的是与诽谤罪的司法决定主义形成衡平。1952年，英国颁布《诽谤法案》（Defamation Act 1952），形成了民事诽谤法的基本框架；1996年，英国议会修订《诽谤法案》，旨在加强对表达自由的保护。进入21世纪，英国诽谤法倾向于保护名誉权，很多外国官员和名人为保证有利于其的诉讼结果，特意挑选英国作为诉讼地点，导致"诽谤旅游"在英国盛行，英

---

① 岳业鹏：《英国诽谤法的抗辩体系：传统构造与最新发展——以〈2013年诽谤法案〉为中心》，《求是学刊》2015年第5期。
② Flood v. Times Newspapers Ltd., (2012) UKSC 11.
③ Flood v. Times Newspapers Ltd., (2012) UKSC 11.
④ 岳业鹏：《英国诽谤法的抗辩体系：传统构造与最新发展——以〈2013年诽谤法案〉为中心》，《求是学刊》2015年第5期。

国伦敦甚至被冠以"诽谤之都"的恶名。"2007年的马哈福斯诉伊莱费尔德一案,甚至引发全球范围内的呼吁,要求英国改革诽谤法。"① 国内改革诽谤法的呼声和国际社会的压力,促使英国于2013年通过新的《诽谤法案》(Defamation Act 2013)。

英国2013年《诽谤法案》最具实质性的修改内容包括:一是要求原告证明因诽谤言论遭到"严重损害";二是用真实抗辩取代正当理由抗辩;三是废除公正评论抗辩,代之以诚实意见抗辩;四是用公共利益抗辩取代"雷诺兹特权";五是增加网站运营商的抗辩事由;六是增设科学或学术期刊的同行评审抗辩;七是增加保护"二级"出版商的规定;八是经原告支持同意,出版法院判决摘要。②

公共利益抗辩规定在2013年《诽谤法案》第4条,阐明了公共利益抗辩的两大要件是:所诉言论或其中的一部分事关公共利益,被告有理由相信公布这一言论符合公共利益。这表明,普通法上的公共利益抗辩权的认定标准既包含了主观因素,即被告在发表诽谤性陈述时确信出于公共利益考虑;也包含了客观因素,即这种确信在任何情况下对被告来说都是合理的。该《诽谤法案》并未试图界定"公共利益"的具体含义,认为这一概念在普通法中有较系统的论述,因此仅明确该抗辩权适用于所诉言论或其中一部分事关公共利益,或者是言论本身的言辞涉及公共利益,或者经考察更广泛的整篇文章的语境,所诉言论从整体意义上涉及公共利益。

四 大陆法系国家对涉公共利益言论的法律调整

(一)德国

在德国,作为宪法规范的《德国基本法》构成言论自由的宪法保障,该法第5条第1款规定,任何人都有通过语言、文字或其他可视方式表达、传播其思想和通过可允许的方式接收信息的权利。《德国基本法》同时也对言论自由进行了限制,体现在第1条不得损害他人人格尊严和第5条第2款所有的权利要受到一般法律的限制,其中包括对公民个人权利的

---

① 蔡浩明:《英国诽谤法改革对我国的启示》,《当代传播》2014年第3期。
② Low Kee Yang, "UK Defamation Act 2013: Key Changes", *Singapore Academy of Law Journal*, Vol. 26, No. 1, 2014, p. 110.

尊重。

在德国司法实践中，名誉权主要受到民法和刑法的保护。1950年"吕特联合抵制电影案"后，德国诽谤法开始宪法化改革，其中一个重要原则是如果被告能证明报道内容"代表正当利益"，则举证责任将倒置，由原告证明诽谤事实的真假。《德国刑法典》第193条明确规定，"内容涉及科学、艺术或经营活动的批评性判断，或同样为实现或维护权利或为代表正当利益而发表的言论，以及上级对下级的批评，对官员工作的告发或评判，以及类似情况，则言论不存在违法性"。

随后，德国联邦宪法法院在一系列司法解释中，将刑法该条的保护范围扩展至对运动员、著名演艺人员以及政客活动的批评上。[1] 鉴于言论自由，尤其是涉及公共事务的言论对民主政治的极端重要性，德国联邦宪法法院针对公共性言论，确立了"有利于言论自由"的推定规则。其理由在于：涉及公共事务的诽谤案件中，不仅有言论自由与名誉权这两个基本权利的相互冲突，还涉及超越个人的公共利益，不能忽略该公共利益，而用平衡言论自由与名誉权冲突的理论和路径来看待和解决，否则民主进程将不堪设想。[2] 基于这一规则，德国联邦宪法法院在牵涉政治性言论的名誉权纠纷中，倾向于给予言论自由更多的保护。在"竞选毁谤案"中，德国联邦宪法法院对言论的事实和见解做出了区分。在"左翼言论案"中，宪法法院肯定了政治言论自由的价值——即使言论本身可能包含事实错误。[3]

为了应对网络信息技术的迅速发展给言论自由带来的挑战，德国于1997年制定了《多元媒体法》，这是世界上较早的规范和保障网络空间表达自由的成文规范。在德国的司法实践中，主要通过适用成文法和运用狭义比例原则进行"利益衡量"。在德国宪法上，所谓的"利益衡量"，是使"法律所追求之'目的'和人民因此受到的'损失'，有一个比例之

---

[1] 姚泽金：《公共批评与名誉保护》，博士学位论文，中国政法大学，2014年，第83页。
[2] 李冠华：《德国法上的言论自由》，硕士学位论文，山东大学，2015年，第29页。
[3] 陈帅：《试论德国宪政中的"间接影响"理论及其对我国的借鉴意义》，《法制与社会》2011年第5期。

谓"①。在保护和限制网络言论自由之间进行利益衡量时,德国给予"公共利益"更高的地位。2003年,德国司法部长齐普里斯就网络言论自由的保护与限制发表演讲时说:"在德国,每个人的基本权利都受到法律的保护,但是,这里面有一个衡量权利的问题,如果国家认为一个权利比另一个高,比如说保护青年比保护言论自由更重要,那么凭这一点就可以对某些言论进行一定的管制。"②

(二) 日本

在日本,公共利益是法院在平衡人格权保护和表达自由时予以考量、权衡的重要原则。从日本刑法看,《日本刑法》第230条规定诽谤罪"若属公共利害相关事项,且得认定其目的系专为谋公益所为者,一不罚""事实若属关于尚未遭起诉之人的犯罪行为者,视为与公共利害相关事项""前条之行为,系属公务员或公务员候选人相关事项之情形者……若证明属实者,不罚"③。

日本民法早期虽然没有明确规定公共言论涉及公共利益时可免责,但日本最高法院曾经认定"有关民法上不法侵害他人名誉之行为,若该行为与公共利害相关事实有关,且其目的系专为谋求公共利益者,则一旦经证明其所指摘之内容属实,前述之行为即不具违法性,而该民事侵权行为亦无法成立"。对大众传播而言,"与公共利害有关之事实",系指"交由公众,即不特定之多数人批判之后,将会有助于增进公共利益之事实"。公共利益的抽象性和包容性较强,很难划定明确的界限,只能在具体个案中由法官裁量认定。一般来说,下列言论或报道,可以认定为与公共利益相关:一是批评政府或公职人员的报道;二是评论犯罪及司法审判的报道;三是公众关心的其他事项如社会名流、上市公司、公共议题等的报道、评论。④

近期日本酝酿对民法进行大幅修正,其中《民法修正国民、司法界/

---

① 陈新民:《论宪法人民基本权利的限制》(下),(台北)《律师通讯》1992年第158期。
② 邢璐:《德国网络言论自由保护与立法规制及其对我国的启示》,《德国研究》2006年第3期。
③ [日]松井茂记:《媒体法》,肖淑芬译,(台北)元照出版有限公司2004年版,第37页。
④ [日]松井茂记:《媒体法》,肖淑芬译,(台北)元照出版有限公司2004年版,第98页。

学界有志案》在第 663 条中新设了名誉毁损的免责事由，即揭露事实从而对他人名誉造成侵害者，当该行为是出于公共利益而实施，其目的只是为了公益，且所揭露的事实也被证明确属真实，则无须承担损害赔偿之责任。若不具备事实真实性的证明，只要侵害者有足够的理由可说明其真实性，也是同样处理。[①]

---

① ［日］加藤雅信：《日本人格权论的展开与最近的立法提案》，杨东译，《华东政法大学学报》2011 年第 1 期。

第五章　舆论监督与名誉权法律冲突的民法调整

公职人员作为公民个人，理应享有民法上的公民名誉权。公众和媒体在对公职人员的公权行为进行评价、批评或建议时，有可能对其个人名誉权造成损害，从而产生舆论监督与个人名誉权之间的冲突。在传统媒体时代，这一法律冲突主要体现为媒体享有的新闻自由与公职人员享有的名誉权之间的冲突，其表面上是平等主体之间的权利冲突，而实质上是公民权利与公共权力之间的冲突。网络信息技术发展催生的网络舆论监督，与传统舆论监督既有区别又有联系，其导致的网络舆论监督与名誉权之间的冲突更为尖锐复杂，呈现许多新特点。从私法角度解决网络舆论监督名誉权之间的冲突，名誉权民事立法尚存适应性不足问题。而运用传统公众人物理论解决这一冲突则发生了错位，其原因包括：对公众人物理论适用范围的理解存在一定偏差；对政府公职人员和公众人物名誉权进行适当限制的原因具有差别性；中西法律文化传统存在差异；我国现行名誉权法律制度倾向于保护公职人员名誉权等。网络媒体条件下要解决这一冲突，需要在名誉权诉讼中确立公共利益原则取代公众人物理论，这既是主要法治国家的基本经验，也是应对公众人物理论在网络条件下的不适应性的必然选择。

第一节　传统媒体时代名誉权法律冲突的民法调整

从英美法系国家的民事诽谤法规则看，民事诽谤要符合三个条件：一是存在诽谤性内容；二是诽谤性内容指向原告；三是诽谤性内容向第三人公开。在举证责任上，被告要承担证明诽谤性言论真实性的举证责任。在抗辩事由上，比较重要且跟公职人员名誉权相关的抗辩事由包括真实性抗辩、公正评论抗辩和特许权抗辩。传统媒体条件下，新闻自由与公职人员名誉权冲突实质是权利与权力之间的冲突。为解决这一冲突，目前存在基本权利"第三人效力"理论和"国家行为"理论两种路径。

一 民事诽谤的一般法律规则

诽谤的民事法律规制目前是大部分国家对诽谤行为进行法律规制的主要方式。由于大陆法系国家并未设置专门的名誉权保护法制，而是将名誉作为人格权的内容加以保护，本部分主要就英美法系国家的民事诽谤法规则进行梳理。

（一）构成要件

原告要提起民事诽谤诉讼，必须符合三个条件：一是存在诽谤性内容；二是诽谤性内容指向原告；三是诽谤性内容向第三人公开。

1. 存在诽谤性内容

判断陈述内容是否具有诽谤性，一般分为两个步骤：一是确定被控言论传达的含义；二是判定该含义是否具有诽谤性。确认被控言论所传达的含义，属于事实问题，一般由陪审团进行裁决。

在美国和英国司法实践，诽谤言论所传达的含义分为两种，一种是直接的和通常的含义。这种言论从表面上看就能直接明白其含义。另一种是含沙射影式或含蓄的含义。这种言论从字面上难以直接读出诽谤性含义，但是结合其他已经公开的信息，普通受众会认为是虚假性、诽谤性言论。例如，在1902年美国莫里森诉里奇案（*Morrison v. Ritchie*）[①] 中，一家名为 *Scotsman* 的报纸刊登了一则启事，宣布莫里森夫妇生下双胞胎，而这对夫妇仅结婚一个月。对于不认识他们的人来说，这则启事并不具有诽谤含义。但对于熟识这对夫妇的人来说，结合之前公开的信息，即他们仅结婚一个月，这则启事就具有诽谤性。通过挖掘言论隐含的诽谤含义，这对夫

[①] *Morrison v. Ritchie*, 4 F 645 (1902).

妇最后在起诉 Scotsman 报纸的诽谤诉讼中得以胜诉。①

在确定诽谤性含义时还需考虑的因素是陈述所处的语境。首先，要根据陈述的整体语境来考察其是否具有诽谤性。要从整体上衡量所控陈述，不能断章取义，选择性适用对其有利的部分陈述，而忽略其他能确认是否具有诽谤性的陈述。其次，诽谤性言论的语境还包括时代语境，即时代在变，很多词语的含义也在变化，一些原来被认为是诽谤的词语随着时代变迁不再认为是诽谤。因此，要依据当时社会语境来判断该言论是否贬损原告的名誉。

在确定所控言论传递的具体含义后，下一步工作是确认所传递含义是否具有诽谤性。在司法实践中，判定所控言论是否具有诽谤性属于法律问题，一般由法官判断。这方面的判断包括两个方面：一是什么是"诽谤性"，二是判定所控言论是否具有诽谤性的标准是什么。由于英美法系各国在诽谤法历史上并未对诽谤形成统一的定义，对于所控言论是否具有诽谤性也很难形成广泛的共识。目前，被认为具有诽谤性的言辞可分为几类：致使他人名誉受损的言辞，降低公众对他人评价的言论，使他人遭到公众嘲笑、蔑视或憎恨的言语，致使他人被排斥或隔离的言辞。根据美国《侵权行为法重述Ⅱ》，"如果某传播倾向于如此伤害另一个人的名誉，以至于降低了社会对他的尊重，或者阻遏了其他人与他交往或交易，那么该传播具有诽谤性"②。

诽谤性的标准最早由英国大法官派克（Parke B.）在1840年的帕米特诉库普兰案（*Parmiter v. Coupland*）③ 中确立。其在该案中认为，如果一个公开陈述使他人面临仇恨、蔑视或嘲笑，因而损害其名誉，应认定为诽谤性内容。认定公开陈述具有诽谤性不以事实上是否使原告面临仇恨、蔑视或嘲笑为要件，而只要求该陈述具有这样的倾向。④ 也有人对这一标准提

---

① Douglas Maule, Zhongdong Niu, *Law Essentials - media Law*, Dundee: Dundee University Press, 2010, p. 62.
② ［美］泽莱兹尼（Zelezny, J. D.）：《传播法：自由、限制与现代媒介》，张金玺、赵刚译，清华大学出版社2007年版，第126页。
③ *Parmiter v. Coupland*，(1840) 6 M & W 103.
④ David Rolph, *Reputation, Celebrity and Defamation Law*, Hampshire: Ashgate Publishing Limited, 2008, p. 62.

出批评，认为使用了感情色彩过于强烈的字眼，范围过于狭窄，难以涵盖所有公开发表的诽谤性内容。

英国在罗素诉斯塔布案（*Russell v. Stubbs*）① 中，首次提出新的认定诽谤的标准，即在出版物出版时的情境下，阅读该出版物的具有合理思维的理性人，有可能认为其包含了诽谤性内容。② 这一新的标准具有较强的客观性，解决了以往认定标准主观色彩太浓、不易认定的不足。运用这一标准认定某一陈述是否具有诽谤性时，有几点需要注意。一是认定某一陈述是否具有诽谤性，不取决于陈述发表人主观上对该陈述的认识，而取决于一个普通的、具有正常思维的理性人是否认为这一陈述损害了原告的名誉。二是虽然不同的人对同样的文字有不同的解读，但法庭需要确定具有合理思维的读者对所控言论的唯一理解，即该言论所具有的自然与通常的含义，并基于所有读者都会理解为同一个含义的假设来确定诽谤赔偿数额。三是自然和通常的含义也包括具有合理思维的读者依据其常识，从言论语境中推导出的隐藏含义，而不仅限于字面含义。③

2. 诽谤性内容指向原告

大多数诽谤性言论一般都明确指出被诽谤者的姓名，诽谤对象较易指认。但在含沙射影式的诽谤言论中，对被诽谤者的确认就存在困难。目前常用的确认诽谤对象的标准仍然是具有合理思维的理性人标准，即具有合理思维的受众是否认为该言论指向原告。诽谤对象的确认还有赖于只有一部分人了解的关于原告的特定信息。原告要证明至少了解这些特定信息的受众会认为该言辞指向其本人。

当诽谤性言论针对的是一类或一群人，并未指向某一特定个体时，群体的成员能否针对该言论提起诽谤诉讼，取决于该言辞能否使熟识原告的人合理推导出其就是诽谤对象。英国上议院在1944年雷科夫诉伦敦快报公司案（*Knupffer v. London Express Newspaper Ltd.*）④ 中确立了这一标准。

---

① *Russell v. Stubbs*, SC（HL）/4（1913）.
② Douglas Maule, Zhongdong Niu, *Law Essentials - media Law*, Dundee: Dundee University Press, 2010, p. 61.
③ Sallie Spilsbury, *Media Law*, London: Cavendish Publishing Limited, 2000, pp. 64 - 66.
④ *Knupffer v. London Express Newspaper Ltd.*, 1 KB 377（1940）.

实践中，如果诽谤性言论针对的是一个大的群体，群体中的个人一般不能针对该言论提起诽谤诉讼，因为很难确认诽谤性言论的对象包含该个人。例如，某一律师不能针对"所有律师都是小偷"的诽谤性言论提起诽谤诉讼，除非有证据表明该言论特别指向了他。但是，如果群体性的诽谤性言论可被合理理解为指向群体的每一个成员，群体成员就可针对该言论提起诽谤诉讼。例如，针对"某一公司媒体部所有律师均不称职"的言论，有关律师个人就可提起名誉权诉讼。

在某些情况下，发表诽谤性言辞的被告将原告错认为诽谤对象，其本意并非指向原告。但这种诽谤对象的错认，并不影响诽谤诉讼的成立，只要理性人认为该言论指向原告。例如，在英国1910年胡顿诉琼斯案（Hulton v. Jones）[1] 中，被告在文章中发表了关于一个虚拟人物的诽谤言论，被告所选的虚构人物的姓名正好是原告的姓名。原告提起诽谤诉讼，认为熟悉他的一些人会认为该文章指向他。法院认定诽谤对象的标准还是判断熟识原告的具有合理思维的理性读者认为该言论，是指向真实人物还是想象人物。[2] 有了这一先例后，英国往后的大多数判例都认为小说作品中使用真名不构成诽谤。为强调这一点，出版商、节目制片人和电影制片人都会在其作品中附上说明：所有角色均为虚构人物，如有雷同，纯属巧合。

3. 诽谤性内容向第三人公开

诽谤性言辞向除诽谤者和被诽谤人之外的其他人公开，是民事诽谤成立的前提和基础。鉴于大众传媒具有传播范围广、受众多的特点，只要诽谤性言论在大众传媒刊登或播出，便推定该言论已向第三人公开，原告无须再对此提供证据。

（二）举证责任

在民事诽谤案件中，许多国家的诽谤法假定原告所诉言论是虚假的，在举证责任设置上采取有利于原告的原则。原告在证明所诉言论诽谤性内容指向原告，并向第三人公开后，即完成其举证责任。而被告要承担证明诽谤性言论真实性的举证责任，否则就可能败诉并承担赔偿责任。

---

[1] *Hulton v. Jones*, AC 20 (1910).
[2] Sallie Spilsbury, *Media Law*, London: Cavendish Publishing Limited, 2000, p.75.

（三）抗辩事由

抗辩事由，是指被告针对原告的侵权诉讼请求而提出的证明原告的诉讼请求不成立或不完全成立的事实。[①] 为了平衡原告和被告之间的利益和举证责任，许多英美法系国家的诽谤法规定了诽谤抗辩事由，规定即使诽谤构成要件成立，在某些特定情形下，被告可以全部或部分免除诽谤责任，以保护更高的社会价值和更重要的社会利益。

在英美法系国家中，美国民事诽谤的抗辩事由较复杂。有学者概括为五种，即真实性抗辩、公正评论抗辩、绝对特许权、相对特许权、答辩权。[②] 英国民事诽谤的抗辩事由主要有三种，真实性抗辩、公正评论抗辩和特许权抗辩，其中特许权抗辩又分为绝对特许权抗辩和相对特许权抗辩。[③] 英国从2011年开始，在《诽谤法法案（2009）》的基础上，启动新一轮诽谤法改革，并在2013年制定了新的《诽谤法法案（2013）》，对民事诽谤的特殊抗辩事由进行了法典化，并做了大幅改革。该法案用真实性抗辩取代原来的正当理由抗辩；取消普通法上的公正评论抗辩，代之以制定法上的诚实观点；废除雷诺兹特权，代之以公共利益抗辩；增加科学和学术期刊同行评价抗辩。[④] 我国学者将侵害名誉权的抗辩事由分为五种：内容真实、受害人的同意、正当行使权利、正当的舆论监督、第三人的过错。[⑤] 本书仅讨论三种比较重要且跟舆论监督相关的抗辩事由。

1. 真实性抗辩

真实性抗辩是英美法系国家和大陆法系国家都予以采用的民事诽谤抗辩事由。它是指原告证明存在诽谤行为后，如果被告能证明所诉言论表达的内容是真实的，将不构成诽谤。真实性抗辩的立法前提是，法律假定所诉诽谤性言论是错误的，除非被告能证明该言论是真实的。由被告承担真

---

① 王利明、杨立新：《人格权与新闻侵权》，中国方正出版社2010年版，第332页。
② [美] 唐·R. 彭伯：《大众传媒法》，张金玺、赵刚译，中国人民大学出版社2005年版，第205页。
③ 参见 Duncan Bloy, *Media Law*, London: SAGE Publications Ltd., 2006, p. 97; Sallie Spilsbury, *Media Law*, London: Cavendish Publishing Limited, 2000, pp. 86-98。
④ Yang, Low Kee, "UK Defamation Act 2013: Key Changes", *Singapore Academy of Law Journal*, Vol. 26, No. 1, 2014, p. 26.
⑤ 王利明、杨立新：《人格权与新闻侵权》，中国方正出版社2010年版，第332—334页。

实性的举证责任，是在新闻媒体尚不发达、新闻自由未获得充分重视的历史条件下，诽谤法在名誉权保护和新闻自由之间更倾向于保护名誉权做出的法律安排。早期英国诽谤法甚至还存在"愈接近真实愈诽谤"的惯例。

随着新闻媒体在监督权力、保障公民知情权方面发挥愈益重要的作用，各国纷纷建立了完善的新闻自由法律保护体系。以美国为例，美国最高法院在1974年的"格茨诉韦尔奇案"中，对诽谤法真实性抗辩的举证责任做了重大修改，在以新闻媒体为被告的诽谤诉讼中，将真实性的举证责任由被告转为原告。在1986年"费城报业公司诉赫普斯案"中，美国最高法院进一步提出，事关公共利益的新闻报道的诽谤诉讼中，新闻报道的真实性由原告承担举证责任。目前，许多国家都规定涉及公共利益的诽谤诉讼中，原告如果不能证明诽谤性陈述为假，将直接导致败诉。

2. 公正评论抗辩

公正评论被认为是公民诚实表达对公共利益问题真实意见的权利，对表达自由、媒体自由以及民主社会发展都具有重要意义。公正评论抗辩事由的主要内涵是行为人对事关公共利益的事务发表公正评论且不具有主观上的恶意，将免于承担名誉权侵权责任。

中国香港终审法院非常任法官李启新勋爵（Lord Nicholls）在2000年谢伟俊诉郑经瀚案中，对公正评论抗辩进行了详细解释。他列举了构成该抗辩的五种要素：一是评论涉及公共利益问题，且不局限于"狭义范围"的公共利益；二是评论可识别，而不能归于事实；三是评论必须基于真实的事实或受特权保护，如果不能证明发表评论所依托的事实是真实的，或基于特权发表评论，公正评论抗辩将不能成立；四是至少在一般情况下，评论必须或明或暗地表明其事实基础，且读者或听众应能够自行判断评论是否有充分的事实依据；五是评论必须是一个诚实的人可能做出的评论，且必须与所批评事项密切相关。评论者可能有偏见，其观点可能夸张或顽固，但他不因表达不同意见而遭到谴责，甚至可以用恶毒的语言进行正当的批评。这五个要点构成公正评论抗辩的外延，其证明责任由被告来承担。[1]

---

[1] Duncan Bloy, *Media Law*, London: SAGE Publications Ltd., 2006, p.76.

适用公正评论抗辩最大的难点是区分诽谤性陈述是事实还是评论,许多陈述都既有事实又有评论,难以做出明确区分。英国普通法院在长期的司法实践中,总结出了民事诽谤法中辨别事实与评论的11条原则。① 美国最高法院也通过两个判例,提出了区分事实与评论的四项标准:一是诽谤性陈述的精确性和特殊性;二是所控言论可以查证;三是考察所控言论的文义语境;四是考察所控陈述的公共语境。② 欧洲人权法院在"林根斯诉奥地利案"中,强调事实与价值判断的区别,认为事实真相可以证实,但价值判断不能证实真假。③

3. 特许权抗辩

这是指出于公共利益考虑,在某些情形下,评论者或作者即使明知其言论错误,甚至具有损害他人名誉权的恶意,仍可借助特许权抗辩而免于承担名誉权侵权责任。特许权抗辩不像真实抗辩和公正评论抗辩,需要证明陈述所宣称或评论所依据的事实真相,而是适用于为维护公共利益,法律确认即使存在诽谤和不实陈述,也予以保护的情形。④

特许权抗辩分为绝对特许权和相对特许权。在英美法系国家中,享有绝对特许权的陈述包括:一是司法诉讼过程中或与诉讼程序有关的陈述;二是在具有司法性质的其他程序中发表的陈述;三是政府官员之间为履行公共职责发表的陈述;四是国会议事程序中发表的陈述;五是国会或议会批准发布的报告中包含的陈述;六是对法庭在行使司法审判权前举行的公开听证活动进行的公正和准确的报道;七是各类政府官员和政府机构所做的工作报告。⑤

相对特许权抗辩又称为新闻报道特许权,指基于自身利益或职责、他人利益或公共利益发表诽谤性意见,除非存在恶意,免除承担侵害名誉权

---

① 具体参见郑文明《诽谤的法律规制——兼论媒体诽谤》,法律出版社2011年版,第215页。
② Genelle Belmas, Wayne Ovebeck, *Major principles of Media Law*, California: Harcourt Brace College Publishers, 2014, p. 137.
③ Sallie Spilsbury, *Media Law*, London: Cavendish Publishing Limited, 2000, p. 93.
④ Sallie Spilsbury, *Media Law*, London: Cavendish Publishing Limited, 2000, p. 97.
⑤ Parkes R, Mullis A, Busuttil G, et al. *Gatley on Libel and Slander*, UK: Sweet & Maxwell Ltd., 2013, pp. 378-379.

的民事责任。其基本原则由英国于 2001 年在雷诺兹诉泰晤士报案中确立。在该案中，尼科尔爵士认为："在某些情况下，受众有特殊利益需求去了解他人持有的诚实观点，即使这些意见是对别人的诽谤，且不能被证明是真实的。"①

与绝对特许权抗辩不同，相对特许权抗辩会因被告发表陈述时存在恶意而不能成立。被告具有诽谤恶意的举证责任由原告承担。② 相对特许权抗辩分为三类：一类是为履行职责发表的意见，如就职面试；一类是基于自身利益或公共利益发表的意见，如对他人诽谤攻击的反驳；还有一类是对公共官员、当权者或承担公共职责的人员提出的批评性意见。

二 新闻自由与名誉权法律冲突的特殊性

舆论监督是公民或媒体借助大众传媒手段，对国家机关及其公职人员行使公权行为提出批评、建议，对国家权力形成监督和制约。国家机关并不享有民法意义上的名誉权，舆论监督过程中可能产生的法律纠纷主要是公民公开批评公权力行为而对公职人员的名誉权造成损害的诽谤诉讼。对于公职人员名誉权纠纷的性质，学界达成的共识是：此类纠纷的实质是公职人员享有的名誉权与媒体享有的新闻自由之间产生的法律冲突——给予公职人员同等的名誉权保护，新闻自由就受到限制；充分保障新闻自由，就意味着要限缩公职人员的名誉权。

但是，这一冲突的性质是平等公民间权利与权利之间的冲突，还是具有公权力性质的权力与公民权利之间的冲突，国内学界尚存有分歧。目前主流的学界观点是将二者冲突视为权利冲突。这种观点将公职人员的名誉权纠纷视为两个私法主体之间的两种民事权利间的冲突。如我国学者朱苏力在论及两起名誉侵权案件时曾引用美国学者科斯关于"权利的相互性"的观点，认为保护一种权利必然侵犯另一种权利。杨士林认为："公众人物的名誉权与言论自由的冲突还是由于当代社会权利的相互性所致。③ 当

---

① Douglas Maule, Zhongdong Niu, *Law Essentials – media Law*, Dundee：Dundee University Press, 2010, p. 79.
② Sallie Spilsbury, *Media Law*, London：Cavendish Publishing Limited, 2000, p. 98.
③ 苏力：《秋菊打官司案、邱氏鼠药案和言论自由》，《法学研究》1996 年第 5 期。

代社会由于权利关系复杂，不同的权利之间存在着相互制约的关系。"① 权利冲突说必然延伸出权利平衡论，学者在运用权利平衡论来解决司法实践中遇到的新闻自由与名誉权之间的法律冲突，也表明其在内在逻辑上认可二者之间的冲突属于权利冲突。张新宝教授认为在平衡这两种权利时，法律应适当向言论自由倾斜，弱化对公众人物名誉权的保护。② 而杨立新教授则作相反的回答，他认为，在新闻批评与人格权保护之间发生冲突时，法律应着重保护人格权。③ 魏永征教授则主张公民批评政府及其官员的权利属于宪法权利，应优先保护。④ 虽然对于优先保护哪一种权利尚存分歧，但平衡的前提都是认为新闻自由和名誉权属于权利层面的法律冲突。这导致司法实践中，法院运用一般的民事法律规则，给予公职人员同等于一般公民的名誉权保护。

有学者基于民主政治理论和权力制约理念，认为公民的言论自由权与政府机关和政府官员名誉权之间的冲突，在表面上是平等主体之间的权利冲突，而实质上是公民权利与公共权力之间的冲突。⑤ 公职人员是公共权力的具体行使者，以政府机关的名义从事公务活动，公职人员名誉的重要组成部分来自作为国家主人的公民对其是否合法合理行使公共权力形成的社会评价。公职人员提起诽谤诉讼，实际上是试图通过名誉侵权之诉，捍卫其行使公共权力行为的合法正当性，压制公民对其公权力行为的批评性言论。因此，因公民行使舆论监督权而引发的公职人员名誉权纠纷，在一定程度上应界定为权利与权力之间的冲突。

将舆论监督权与政府机构及其公职人员名誉权之间的冲突主要视为权利与权力之冲突，其意义之一是，如果仅将其视为权利与权利之间的冲突，就很难做到根据民主原则来把握二者之间的本质关系。政府机构和政府官员是公民选择的结果，而公民的舆论监督权是他们做出真实而明智选择的重要保障。在自由的言论空间里抒发的民意是最终决定一切政府机构及其官员命运

---

① 杨士林：《"公众人物"的名誉权与言论自由的冲突及解决机制》，《法学论坛》2003年第4期。
② 张新宝、康长庆：《名誉权案件审理的情况、问题及对策》，《现代法学》1997年第3期。
③ 杨立新：《新闻侵权问题的再思考》，《中南政法学院学报》1994年第1期。
④ 魏永征：《舆论监督与"公众人物"》，《国际新闻界》2000年第3期。
⑤ 侯健：《舆论监督与名誉权问题研究》，北京大学出版社2002年版，第40页。

的力量,也是民主社会中一切公共权威之最终基础。其意义之二是,这种理解有助于我们看到这一冲突背后实际力量的悬殊。其意义之三是,这一理解有助于我们以适当的法律理论和法律技术原则,做出制度性安排来调整二者之间的冲突。调整这种冲突涉及民法、刑法问题,也是一个宪法问题,涉及的知识背景不仅有法律技术,还包括有关权利与权力之关系的法哲学理论。

三 "第三人效力"理论与新闻自由和名誉权法律冲突

（一）基本权利"第三人效力"理论的主要内容

根据传统宪法理论,宪法规定基本权利的主要法律功能是防止公民权利遭到国家权力的不法侵害。"就基本权利的内容来看,绝大多数的基本权利是纯粹的、古典的基本权利,即针对国家权力所设,是拘束一个法治国家公权力的基本权利。"[1] 基于传统的公法和私法二分理论,宪法基本权利是对抗国家权力侵犯的一种消极和防御性权利,对平等私主体之间的法律关系无法律拘束力。也就是说,"在宪法领域中,只存在基本权利与国家权力之间的对抗,不可能存在共同享有宪法基本权利的公民之间围绕基本权利产生的冲突。"[2] 源自言论自由的新闻自由和公职人员的名誉权都是公民的基本权利,其义务主体都是国家而不是公民,按照传统理论,这二者之间的权利冲突是民法问题,只能由调整平等主体之间法律关系的民法进行规制,而无法纳入宪法的调整范围。

随着现代市场经济的发展,公法与私法之间的泾渭不再分明,出现了公权力私法化、私权利公法化的融合趋势。基本权利效力也逐渐渗透至私法领域。围绕宪法基本权利条款能否适用于私人之间的法律关系,德国公法学者进行了激烈讨论,源于德国公法理论的基本权利的"第三人效力"学说应运而生。所谓宪法基本权利的第三人效力,是指基本权利不仅用于调整国家与私人之间的基本权利关系,是公民对抗国家权力不法侵害的有力武器,还对国家与私人关系以外的第三人产生法律效力,可用于约束和规范私主体之间的法律关系。

---

[1] 焦洪昌、贾志刚:《基本权利对第三人效力之理论与实践——兼论该理论对我国宪法司法化的指导意义》,《厦门大学法律评论》2002年第4辑。
[2] 郑文明:《诽谤的法律规制——兼论媒体诽谤》,法律出版社2011年版,第159页。

按照德国宪法学界的通说，"第三人效力"学说的理论基础是宪法基本权利具有双重属性，即主观权利属性和客观价值秩序属性。主观权利属性主要体现为基本权利的主观防御性，即公民有权要求国家不侵犯其基本权利所保障的利益，并在国家侵犯该利益时，有权依据基本权利的规定请求停止侵害。这主要体现在两个方面：一是立法、执法行为侵害公民基本权利时，可启动违宪审查程序，否决法律、法规及行政裁决、命令的效力；二是针对侵害其基本权利的司法判决，可行使宪法诉愿程序，否决法院的终审判决。基本权利的客观价值秩序属性要求在公民基本权利遭受私人侵害时，国家有义务采取积极有效的保护措施，给予私人法律关系中的公民基本权利以宪法保护。基本权利的客观价值秩序属性拓展了基本权利的适用范围，使宪法基本权利对民法、行政法、社会法等多个部门法产生了辐射效力，为这些部门法中出现的私人之间的基本权利冲突提供宪法解决方案。

基本权利的"第三人效力"可以分为直接效力和间接效力。直接效力是指，基本权利对私人法律关系具有直接拘束力，在司法裁判中，可直接援引宪法基本权利条款作为裁判依据。间接效力是指，在民事诉讼中，基本权利只能间接约束私人法律关系，法官不能直接适用基本权利的规定进行司法裁判，而只能通过适用私法上的"概括规定"，如公序良俗等，来实现基本权利的价值。

（二）"第三人效力"理论解决新闻自由和名誉权法律冲突

德国基本权利第三人效力理论，可以弥补基本权利仅具有单一防御性的不足，为全社会树立一整套基本的价值准则和行为规范，为解决新闻自由与名誉权之间的冲突提供了契机。这一理论不仅可解决新闻自由与名誉权免予国家公权力侵害的公法问题，而且可以解决除公权力以外的强势群体、组织、企业、具有社会影响力的个人基于名誉权侵犯新闻自由的私法问题。[1]

但是，针对这一理论，许多学者也进行了批判性思考。首先，基本权利对第三人的直接效力学说受质疑较多。师承德国民法学大师卡尔·拉伦

---

[1] 郑文明：《诽谤的法律规制——兼论媒体诽谤》，法律出版社2011年版，第164页。

茨的慕尼黑大学法学院教授克劳斯-威尔海姆·卡纳里斯（Claus-Wilhelm Canaris）认为："私法主体之间基本上不存在像国家和公民之间那样的权力差距，只有国家拥有诸如颁布规范、行政行为或者刑罚这样的强制手段，而私法主体只是相互间权利平等的主体。此外，仅就私法自治领域而言，其涉及的主要是权利人对基本权利的自我限制，源于国家的非自主决定与私法自治上的自主决定根本不具可比性。"① 我国宪法学家强世功也认为："基本权利辐射甚广，宪法无所不包，如允许宪法全面、直接介入私人事务，将会导致'诉讼闸门'大开，司法将'不能承受之重'，而实际上司法是有限的，其无法将一切纠纷收入囊中。"②

其次，基本权利对第三人的间接效力说虽获学界和司法界的多数赞同，但也有一些学者提出质疑。学者李海平认为基本权利间接效力理论在法律适用、实践后果、理论逻辑等方面存在诸多缺陷，会导致法的安定性价值丧失，具有侵害私法自治之虞。③ 克劳斯-威尔海姆·卡纳里斯也认为，基本权利不能仅通过不确定的法律概念和"概括条款"解决私法纠纷，一方面，规定有具体裁判规则的法律规范也可以保障基本权利的实现；另一方面，"概括条款"具有高度抽象性和不确定性，有赖于法官在司法实践中运用自由裁量权进行解释，这种弹性极大的善良风俗条款，能否为基本权利提供充分的保护，是很难确定的。④

本书认为，对于新闻自由与普通公民名誉权的权利冲突，不宜适用基本权利"第三人效力理论"进行解决。虽然新闻自由和普通公民的名誉权都属于基本权利，但权利冲突双方在法律上和现实中都是平等主体，并不存在由于公权力的渗透而导致的权利主体在公法上的不平等地位。因此，如果直接援引宪法关于言论自由的条款对新闻媒体与普通公民之间的名誉权纠纷进行裁判，就可能产生上述学者对基本权利"第三人效力"理论的担忧，即将基本权利条款适用于私法关系，容易由于公权力过多介入私法

---

① ［德］克劳斯-威尔海姆·卡纳里斯：《基本权利与私法》，曾韬、曹昱晨译，《比较法研究》2015年第1期。
② 强世功：《立法者的法理学》，生活·读书·新知三联书店2007年版，第178页。
③ 李海平：《基本权利间接效力理论批判》，《现代法学》2016年第4期。
④ ［德］克劳斯-威尔海姆·卡纳里斯：《基本权利与私法》，曾韬、曹昱晨译，《比较法研究》2015年第1期。

领域而破坏私法自治原则，造成司法权对立法权的僭越。

在新闻自由与公职人员名誉权的冲突中，公职人员是公共权力的行使者，新闻媒体报道的事实和评论对象，是公共权力的行使行为。新闻媒体和公职人员之间的关系，不是民事主体以平等、自愿为核心的私法关系，而带有权利对权力行使民主监督权的公法性质。而且，新闻媒体与公职人员相比，其力量一般是弱小的。公职人员由于掌握人脉等社会资源，处于公权力的强势地位，并拥有获得社会信息的有效手段，其力量一般是强大的。这种法律地位上的力量悬殊很难通过调整平等主体间法律关系的私法加以平衡，而亟须发挥基本权利对第三人的效力，限制强势私法主体对弱势主体的基本权利进行侵害，给予弱势私法主体以基本权利的宪法保障。

公职人员尽管也是私主体，但其公权力行使者身份使得新闻自由与其名誉权的私法关系具有公共权力的性质，应纳入公法的调整范围，直接适用基本权利条款规定解决二者的权利冲突。是否具有公权力性质，是能否直接适用基本权利条款的主要衡量标准。只要一方私法主体具有公权力性质，就可直接适用基本权利，而无须像基本权利间接效力理论通过民法概括条款间接适用基本权利，有学者把这一理论称为"基本权利对社会公权力的直接效力理论"①。

四 "国家行为"理论与新闻自由和名誉权法律冲突

（一）"国家行为"理论的主要内容

基于西方社会悠久的公法—私法分治和私法自治传统，美国宪法的权利条款也只约束公民和国家之间的关系，而对公民之间的私人关系不具拘束力。按照美国宪法理论，只有私人主体的行为在形式上或本质上和国家有直接的或间接的联系，才可认定为"国家行为"，才能适用宪法的基本权利条款解决私人之间的争端。"国家行为"理论由美国联邦最高法院在1883年民权系列案件判决中确立，其初衷是防止联邦权力侵犯州的权力，要求公民权利遭到不法侵害时，要优先寻求州法上的救济。该理论产生的假设前提是，普通法能够为基本权利遭侵害的公民提供充足的法律救济。

---

① 李海平：《基本权利间接效力理论批判》，《现代法学》2016年第4期。

随着现代社会结构变迁，公共权力逐渐向个人和社会领域扩张，一些私主体由于行使某些公共职能而获得了一定公共权力，这些私主体在代行公共职能过程中经常侵犯公民的基本权利，在普通法无法提供充分救济的情况下，"国家行为"范围的严格限定，阻却了宪法对私法关系中处于弱势地位的公民提供基本权利保护，有违人权保障的法治原则。

为满足基本权利新的保护需求，"国家行为"理论通过扩大国家行为的范围，拓展了基本权利条款的适用。按照新的"国家行为"理论，视为可适用宪法解决私人纠纷的国家行为包括：一是"国家介入"或"私人承担"的行为。即一些特定的个人或团体，如果已相当大程度地介入国家事务，或已代替国家行使一定的公共职能，其行为就可视为具有宪法意义的国家行为。[①] 二是如果国家或政府对侵害其他公民基本权利的私法行为视若无睹，不采取措施加以禁止，视为未履行宪法规定的政府应保护公民基本权利的义务性规定，这种"不作为"也被视作"国家行为"。三是将法院的民事司法判决行为视为"国家行为"。该理论认为，尽管民事纠纷发生在私人之间，但法院做出司法裁判的依据是由国家制定的，因此法院适用国家制定的法律规范的行为，也应纳入"国家行为"的范畴。

在适用"国家行为"理论过程中，美国联邦法院需花费大量精力用于界定某一纠纷是否涉及"国家行为"，如果找到了"国家行为"的介入点，将纳入宪法诉讼范围，完全采用宪法规则定分止争。美国的"国家行为"理论适应了新形势下侵犯公民基本权利形态上的变化，有效防止了强势私主体对公民基本权利的侵害，同时也解决了立法不作为引发的宪法权利虚置问题，从而对保护公民基本权利发挥了重大作用。

（二）"国家行为"理论解决新闻自由和名誉权法律冲突

与德国"第三人效力"理论不同，美国"国家行为"理论并不关注基本权利规范的具体适用问题，而是强调基本权利对国家权力的防御功能，主张将侵害基本权利的一部分特定的私人行为，视同国家权力对基本权利的侵害行为，从而援引宪法的规定提供宪法救济。运用"国家行为"理论来解决新闻自由与公职人员名誉权法律冲突，在1964年著名的沙利文案

---

① 蔡定剑：《中国宪法实施的私法化之路》，《中国社会科学》2004年第2期。

中得到充分体现。在该案中,纽约市警察局警长认为《纽约时报》刊载的广告对其构成诽谤而提起诉讼,并在州法院获得胜诉。在《纽约时报》上诉至美国联邦最高法院时,联邦法院认为,虽然本案诉讼双方都是民事个体,但由于州法院在本案中裁决的法律依据由州制定,由此做出的判决视为"国家行为"。据此,美国联邦法院依据美国宪法第一修正案关于言论自由的规定,推翻了原审判决,认定《纽约时报》不构成诽谤。美国"国家行为"理论将宪法第一修正案运用于民事诽谤诉讼中,为解决新闻自由与公职人员名誉权之间的法律冲突奠定了理论基础。

第二节 媒体变革带来的新问题新挑战

网络舆论监督与传统舆论监督既有区别,又相互联系,二者参与主体不同,监督模式与媒介不同,监督效果各有优缺点。相比传统舆论监督,网络舆论监督权利冲突主体由"一对一"转变为"多对一",监督主体因匿名而具有不确定性,网络舆论监督与名誉权冲突类型繁多,媒介形式多样化,损害后果更加严重。

一 网络舆论监督与传统舆论监督的区别和联系

目前,国内少有研究成果深入阐述网络舆论监督的概念,及其与传统舆论监督的区别和联系。本书尝试作一些理论上的梳理。

(一)参与主体不同

舆论监督的主体包括公民和媒体,舆论监督的构成包括新闻舆论监督和公民舆论监督。[①] 传统舆论监督的参与主体主要是以报纸、期刊、广播、电视为代表的传统媒体。在传统舆论监督下,作为权力来源的人民,将公共权力让渡给政府机构及其公职人员行使,而保留对公共权力的监督权,但由于缺乏组织化的媒体机构和专业媒体人员,更不掌握媒介传播工具,只能依靠新闻媒体作为其代言人,对公权力机关及其工作人员形成新闻舆论压力,督促其纠正不当言行,并对其后续言行和其他公权力行使者构成

---

① 李延枫:《舆论监督:概念辨析与重新认识》,《新闻与传播研究》2017年第4期。

震慑。例如，中央电视台的《焦点访谈》节目就属于典型的传统舆论监督类型，而2003年的孙志刚案，则是典型的传统舆论监督案例。相对而言，网络舆论监督是公民舆论监督的一种表现形式，是传统舆论监督的延伸，其主体是网民。由于互联网所具有的匿名性，网络舆论监督主体的身份具有虚拟性。网民在对公权力机构及其公职人员发表批评言论时，可以使用不同网名、选择不同地址，随时随地发布而不需经过筛选过滤。而评论、转载、跟帖、点赞同样可以匿名进行。网络发言的匿名性大大降低了网络舆论监督的门槛和风险，这是网络舆论监督蓬勃兴起的主要原因。

（二）模式和媒介不同

传统舆论监督高度依赖专业化新闻媒体，主要由公民提供线索，专业媒体人员从事新闻采编活动撰写舆论监督类稿件，并经过严格的"三审三校制度"，才能通过新闻媒体发布传播对公权力的监督言论；或者由新闻采编人员在新闻实践中主动发掘、报道不当使用公共权力的行为和个人。因此，传统舆论监督的媒介是前互联网时代的新闻媒体，包括报纸、期刊、广播、电视等。由于传统媒体所具有的地域性，传统舆论监督的影响范围具有一定的局限性。互联网技术的发展，催生出一种新的舆论监督方式，即网络舆论监督。互联网为公民提供了一个可以直接行使公民监督权的虚拟空间和平台。在网络空间，任何公民可借由电脑或手机，直接越过新闻媒体，发表可瞬间跨越地域让无数网民同时浏览知晓的监督言论。借助于网络的匿名性，网民可以畅所欲言而无须担心被监督对象报复打击；借助于网络的互动性，单个网民的监督言论经过聚合成为网络舆论热点，对公权力机关及其工作人员形成巨大的舆论监督压力。网络舆论监督的媒介是互联网媒体，目前主要包括网站论坛、博客、播客、微博、微信、网络直播、弹幕等新媒体形式。随着信息技术的不断创新发展，新媒体的种类和形式不断增加，网络舆论监督的媒介和手段也将不断趋于多样化。

（三）效果各有优缺点

传统舆论监督的优势在于，拥有专业的新闻采编人员，经过新闻学专业系统培训，具有过硬的业务能力和良好的职业素养，能对舆论监督言论进行去伪存真的筛查，其严格的编校制度也较好地保障了批评性报道的真实性和准确性，能较大程度上减少媒体诽谤的发生。同时，采编人员实名署名和媒体机构承担责任的批评性报道模式，也使得新闻媒体具有主动核查新闻报道的积极性。

但是，随着传播媒介的更新换代，传统媒体的舆论监督功能受多种因素限制，出现了逐步弱化的趋势。一是新闻媒体定位的限制。长期以来，我国新闻媒体以正面宣传为主，对于批判性言论和调查性报道，往往需要从政治、经济、社会影响等方面进行层层把关和筛选，这在一定程度上限制了新闻媒体充分发挥舆论监督功能。二是媒体管理体制的限制。由于高度依赖实体机构和物质传播媒介，传统媒体一般都具有较强的地域属性，在机构设立、年检、办公用地、媒体运营、广告发行，甚至新闻采编等多方面，都需要当地政府部门的支持和配合。一些地方党政部门为了逃避舆论监督，往往利用媒体机构对政府的依赖性，以各种理由阻挠批评性报道的刊发。这使得传统新闻媒体在许多重大突发事件中出现"集体失声"现象。例如，2009年的杭州飙车案、2010年的"我爸是李刚"事件，在当地主流新闻媒体中都难以找到权威信息。三是媒体传播介质的限制。以报纸、杂志、广播、电视为代表的传统媒体，受媒体资源的有限性和媒体设立许可制的影响，传播信息种类和数量、受众范围和传播影响力都较为有限，难以适应信息化时代人们逐渐唤醒的权利意识和日益增长的对公权力运行情况的信息需求。

相比传统的新闻舆论监督，网络舆论监督更灵活、更迅捷，参与主体更加广泛、效果更直接有效。互联网为网络舆论监督提供了无限的媒体资源，不受版面、频道资源所限，不受地域限制，不被出版周期迟滞，批判性言论可瞬间传播给众多网民。同时，网络媒体所具有的聚焦效应，使得舆论监督信息和批评性言论高度聚合，对涉事机构和个人形成强大的网络舆论压力，倒逼相关主管机构介入调查。近年来，特别是2010年后，作为网络舆论监督重要表现形式的网络反腐呈蓬勃发展之势。有学者统计，"仅2010年的网络反腐事件数量比2004年至2009年6年的总数还要多。2010年至2014年，每年网络反腐事件都在45起以上，而2013年前两个月网络反腐事件就已达到10起，接近2008年全年网络反腐事件总数"。①

　　当然，网络舆论监督的缺陷也同样明显。在众声喧哗的网络舆论场，大量未经核实的信息迅速传播，导致网络舆论监督言论中也充斥着大量网络谣言和恶意中伤诽谤他人、宣泄社会不满情绪的言论。例如，2013 年，《新快报》记者刘虎微博爆料陕西公安厅长杜航伟接受会所老板的性贿赂，后陕西省纪委调查后公布这一爆料失实。再如，2012 年，一组不雅照在国内主要微博网站和论坛大肆传播，有帖子称其中一名男子是安徽省合肥市庐江县县委书记王某，随后以"庐江官员不雅照"为关键词的大量帖子在各大网站论坛刊发，引发众多网民跟帖转发，一时成为网络舆论热点。最后经官方查证，该组照片经过软件合成，与该官员没有任何关系。网络舆论监督主体的泛化和网络发言审查机制的缺失，导致网络谣言泛滥、网络暴力频发，破坏了良好的网络舆论生态。"以微博为例，微博的兴起突破了传统媒体的线性传播和单向传播模式，演变出独特的链状、环状、树状的对话结构，客观上为网络诽谤言论的迅速传播、聚合和裂变带来了可能。"② 而网络媒体的高度市场化，使得政府对媒体运作的行政干预逐渐弱化，也加大了政府对社会舆论的引导和处置难度。

二　网络舆论监督视角下名誉权法律冲突的特点

（一）传统媒体时代的冲突特点

　　由于舆论监督的内容是对违法违纪言行的揭露、批评和建议，不当行使舆论监督权有可能滋生谣言和诽谤，损及公职人员的个人名誉权。在传统媒体时代，主要是错误、失实的新闻报道损害他人名誉权，一般称为新闻诽谤或媒体诽谤。

　　其具有以下特点：一是诽谤主体易于认定。传统媒体下，公职人员如果认为批评性报道失实，损害其个人名誉权，可通过刊载媒介认定该报道的记者编辑及其所属媒体机构。在提起名誉权诉讼时，较易确定被告，也可顺利送达诉讼文书。二是媒体诽谤具有一定可控性、影响范围也有自限

---

①　杜治洲、李鑫：《我国网络反腐的主要特征——基于 217 个案例的实证分析》，《中国行政管理》2014 年第 4 期。

②　薛国林：《微博时代谣言"传染"路线图》，《人民论坛》2011 年第 4 期。

性。由于新闻媒体具有属地性，媒体机构所在地的国家机关及其公职人员对媒体具有较强影响力。因此，在批评性报道刊发前后，政府机构及其公职人员都可能向媒体施压，阻止批评性报道的刊发，从而也减少了媒体诽谤发生的概率。三是公职人员的名誉权受到克减。传统舆论监督下，由于新闻媒体对行政权力的高度依赖性，公职人员被认为比普通公民掌握更多的媒体资源，对于诽谤言论有更多的机会运用媒体手段予以澄清，如召开新闻发布会、发布公告等。同时，公职人员所具有的公职身份，使其更易引起新闻媒体的关注，享有更多利用媒介资源进行自我澄清的机会。因此，在公职人员名誉权侵权诉讼中，一般认为公职人员应该对诽谤事实的真伪和被告的故意和过失承担更多的举证责任。

（二）网络媒体时代冲突的新特点

如前所述，相比传统的新闻舆论监督，网络舆论监督导致舆论监督权和名誉权之间的冲突更加尖锐复杂，呈现出新特点。

1. 权利冲突主体由"一对一"转变为"多对一"。在传统媒体时代，舆论监督与名誉权冲突双方都是单一确定主体，即新闻媒体和公职人员。其中，新闻媒体既是批评性言论的发布者，也是传播者。在网络时代，尤其是进入自媒体时代，公职人员一方并未发生变化，但是舆论监督主体却日益多元化和复杂化，大致可分为以下几类。

一是信息发布者。在网络空间，诽谤公职人员的舆论监督言论可能是由网民个人发布，也可能是由网络内容提供商自主采编撰写并发布，还有可能是在传播诽谤性言论过程中又发布的新信息。二是信息传播者。这类主体主要对已经在网络空间发布的诽谤性信息进行转载、评论、设置链接而可能侵犯公职人员的名誉权。三是互联网服务提供商，即向信息发布者和传播者提供互联网接入服务并提供信息发布平台，导致诽谤言论得以在互联网迅速大范围传播的互联网企业。互联网服务提供商又可分为互联网内容提供商、互联网接入服务商和互联网平台提供商。

2. 网络舆论监督主体因匿名而具有不确定性。互联网的技术特点决定了在网络空间可以匿名发表言论，这使网络舆论监督具有较强的隐蔽性。监督主体的匿名性使得一方诉讼当事人难以确定，也给传统的名誉侵权案件的诉讼管辖原则提出了巨大挑战。根据 1993 年最高人民法院《关于审理名誉权案件若干问题的解答》，名誉权案件适用《民事诉讼法》第二十九条的规定，由侵权行为地或者被告住所地人民法院管辖。侵权行为地包括侵权行为实施地和侵权结果发生地。但名誉权侵权主体的匿名性使得被告住所地无法确定，互联网所具有的无边界性，使得侵权行为实施地和结果发生地都无法指向物理性的地域，这都给网络名誉侵权纠纷的诉讼管辖带来很大的难度。

虽然1998年最高人民法院又颁布《关于审理名誉权案件若干问题的解释》，规定"受侵权的公民、法人和其他组织的住所地，可以认定为侵权结果发生地"，在一定程度上解决了网络名誉权纠纷的司法管辖问题，但这个规定的出台仍立足于传统媒体时代下新闻侵权纠纷的特点，无法有效回应网络名誉权纠纷对诉讼管辖制度提出的改革要求。

直到2014年，最高人民法院才在《关于审理利用信息网络侵害人身权益民事纠纷案件适用法律若干问题的规定》中规定，利用信息网络侵害人身权益提起的诉讼，由侵权行为地或者被告住所地人民法院管辖。侵权行为实施地包括实施被诉侵权行为的计算机等终端设备所在地。这初步解决了网络名誉权纠纷的司法管辖问题，但随着移动终端设备的普及，终端设备所在地难以确定，这一条款的适应性已略显不足。

3. 网络舆论监督与名誉权冲突类型繁多，媒介形式多样化，损害后果更加严重。在传统媒体时代，侵犯公职人员名誉权的主要形式是新闻报道。而网络媒介技术的不断更迭创新，使得这种权利冲突的表现形式更加趋于多样化。除了传统的文字形式，还可能通过视频、音频、图片等形式侵犯公职人员的名誉权。同时，网络舆论监督与公职人员名誉权冲突的类型也日益繁多。例如，网络反腐是近年来网络舆论监督的主要表现形式。有学者对2003年至2013年发生的217个网络反腐案件进行分析发现，论坛贴吧、微博、专门举报网站是网络反腐最主要的途径，[①] 而这也成为网络舆论监督与公职人员名誉权冲突的新类型。

在传统媒体时代，新闻舆论监督如果侵犯公职人员名誉权，其侵权结

[①] 杜治洲、李鑫：《我国网络反腐的主要特征——基于217个案例的实证分析》，《中国行政管理》2014年第4期。

果一般是固定的,其侵权范围和速度都具有一定局限性。在网络环境下,网民既是受众,又是传播者,信息传播的时间被大大缩短,加上互联网具有跨地域和无国界性,名誉侵权的影响范围更加广泛,给被侵权人造成的损害更加严重。

第三节 网络时代民法调整的变革之需

从民事立法看,我国当前部分名誉权民事立法,其立法依据和背景仍然是传统媒体时代的传播特质,规制的仅为以纸质媒体为载体的书面言论。而随着信息传播技术的不断发展,传播媒介不断创新和多样化,相关规定已落后于社会发展实际。从司法实践看,我国司法判决在引入公众人物理论解决舆论监督和公职人员名誉权法律纠纷时,并没有将之应用于限制公职人员提起名誉权侵权诉讼,而是主要应用于演艺、学术和体育领域内的社会名流的名誉权纠纷。而在公职人员提起的名誉权侵权诉讼中,则给予公职人员无差别甚至倾向性保护。公众人物理论在我国适用出现异化具有多重原因,包括理论理解偏差、法律文化传统差异、法律制度偏向等。

一 名誉权民事立法在网络条件下适应性不足

名誉是社会对公民品德、才能等各方面的综合评价,是公民进行社会交往的前提。名誉权作为人格权的一部分,是公民享有的基本人权。名誉权的权利主体包括一切自然人和法人,其中也包含公职人员;名誉权的侵犯主体也包括自然人和法人,其中包含舆论监督主体,即公民和媒体。由于我国尚未就舆论监督进行专门立法,舆论监督权与名誉权之间的权利冲突主要通过普通民事立法进行调整。但是舆论监督是人民行使当家作主权利、参与国家社会管理、监督公权力行使的重要手段,舆论监督权作为人民委托的权力,具有民主性、政治性和公共性,因此舆论监督权与名誉权之间的权利冲突不仅是两种民事权利之间的冲突,而是公权与私权之间的冲突。具有公法性质的权利冲突纳入普通民事立法中予以调整,必将忽视其特殊性而难以达成符合法治和民主原理的平衡。

诚然，任何自由和权利都要在法律限定的范围内行使，不能侵犯公共利益和他人的合法权益。舆论监督权也不例外，即使在将"言论自由"和"新闻自由"奉为圭臬的西方国家，也对其有严格限定，禁止滥用公民言论自由和媒体新闻自由侵害他人人格权。公职人员作为自然人，理应享有名誉权不受侵犯的权利。但是，"基于'权力'能力平衡与权义结构对称、权力关系、权源属性和'公共法益'等几个方面"，[①] 公职人员无关私益的名誉权在与舆论监督权发生冲突时，应予以必要、合理、正当的克减，也就是说，在舆论监督权和公职人员名誉权发生冲突时，要在合理限度内适当向舆论监督权倾斜。但是我国重名誉、轻言论的法制传统已经使民事立法向名誉权倾斜，民事法律不仅难以践行公职人员之名誉权克减理论，反而成为部分公职人员逃避监督、打压批评性言论的法律手段。他们往往抹杀其公职身份所具有的公共属性，以普通公民身份，依据普通民事立法提起名誉权侵权诉讼，借此打压、威慑有关其履职行为的批评性言论，对公民和媒体的舆论监督形成寒蝉效应。

从现有名誉权民事立法看，无论是名誉权侵权的构成、过错责任、举证规则、还是抗辩事由的规定，都难以在合理限定舆论监督权范围的基础上，倾向于保护具有重要民主政治价值的舆论监督权。最高人民法院于20世纪末颁布的司法解释、批复、解答仍然构成我国现行名誉权法律制度的主体。

《最高人民法院公报》1992年第2期指出，人民法院审理名誉权案件，要严格区分侵害名誉权与正当的舆论监督的界线，既保护当事人的权利，又支持正当的舆论监督。但判定正当的舆论监督的具体标准是什么，该公报及之后的解答和解释均未做出明确的规定。1993年《最高人民法院关于审理名誉权案件若干问题的解答》（以下简称《解答》）第七条第一款明确将名誉权侵权认定为一般侵权行为，适用一般侵权行为的构成要件，即有名誉被损害的事实、行为人行为违法、违法行为与损害后果之间有因果关系、行为人主观上有过错。第四款规定因新闻报道严重失实致他人名誉受损的，应按照侵害他人名誉权处理。有学者将该条规定

---

① 郑刚：《论公职人员人权克减之理据》，《云南行政学院学报》2012年第3期。

解释为，因新闻报道严重失实致他人名誉受损的，即认定名誉侵权成立，并认为该条规定放弃了名誉侵权构成的过错要件，是虚化过错要件的制度安排。①

但本书认为这是对该条规定的误读。该《解答》第七条第四款的立法原意似为列举名誉侵权的特殊情形。该款规定因新闻报道严重失实致他人名誉受损的，应按照侵害他人名誉权处理，应理解为按照第七条规定的构成要件来认定是否构成名誉侵权。当然，此处司法解释措辞确有模糊之处，但"按照侵害他人名誉权处理"与"名誉侵权成立"或"应认定为名誉侵权"之间，还是不能直接画等号。此款虽为新闻侵害名誉权的侵权责任提供了认定要件和真实抗辩事由，但是未能为舆论监督与名誉权划定法律界限，因为严重失实新闻报道可能侵害一般公民的名誉权，也可能侵害作为舆论监督对象的公职人员的名誉权。而且，在网络表达自由空前发展的互联网时代，舆论监督与名誉权的冲突不仅体现在媒体报道自由与公职人员名誉权之间，而且体现在公民公共言论自由与公职人员名誉权之间。

《解答》第八条关于批评性文章的规定，可以说较接近舆论监督与名誉权冲突的解决规范。② 因为批评性文章泛指对于一切社会不良现象的批评，包括对公职人员的批评。该条规定旨在解决批评性文章与名誉损害之间的冲突，其关键问题是内容是否真实、是否属于侮辱性言辞。从该条规定看，与西方国家将真实性作为新闻名誉侵权的独立抗辩事由不同，在我国，因批评性文章侵犯他人名誉时，仅以真实性不足以成立侵权抗辩，必须同时满足不含有侮辱性言辞的条件。这表明，我国并未确立公正评论的名誉侵权抗辩事由。虽然后来1998年《最高人民法院关于审理名誉权案件若干问题的解释》（以下简称《解释》）规定了消费者和新闻单位可以

---

① 靳羽：《名誉侵权"过错"要件的比较研究——基于我国大陆和台湾地区典型判例的分析》，《比较法研究》2015年第6期。
② 《最高人民法院关于审理名誉权案件若干问题的解答》第八条规定，因撰写、发表批评文章引起的名誉权纠纷，人民法院应根据不同情况处理：文章反映的问题基本真实，没有侮辱他人人格的内容的，不应认定为侵害他人名誉权。文章反映的问题虽基本属实，但有侮辱他人人格的内容，使他人名誉受到侵害的，应认定为侵害他人名誉权。文章的基本内容失实，使他人名誉受到损害的，应认定为侵害他人名誉权。

对产品质量或服务质量进行批评、评论，但同样规定评论不得带有侮辱性内容。而法律并未界定侮辱性言辞的定义和判定标准，某种言辞是否构成侮辱主要由法官依据自由心证进行认定。

1993年《解答》和1998年《解释》虽可为舆论监督与名誉权冲突的解决提供一定法律依据，但尚存在不足。一是仅确认保护对产品质量或服务质量的公正评论抗辩事由，对于公民和媒体就社会公共事务进行的公共讨论，未从正面予以保护，反而用侮辱性言辞从反向对公共事务讨论进行了限制，易导致司法实践中被监督对象将真实的批评性言论，纳入侮辱性言辞而提起名誉权侵权诉讼。二是从这两个司法解释的措辞看，其立法依据和背景仍然是传统媒体时代的传播特质，规制的仅为以纸质媒体为载体的书面言论。而随着信息传播技术的不断发展，传播媒介不断创新和多样化，相关规定已落后于社会发展实际。

我国2020年5月颁布、2021年1月1日正式实施的《民法典》人格权编和侵权责任编首次以法典规范的形式就调整舆论监督行为和民事主体名誉权关系做出体系化的规定，为解决舆论监督与民事主体名誉法律冲突提供了法律依据。首先，《民法典》第九百九十九条确立了新闻报道、舆论监督行为与民事主体人格权之间利益平衡的基准性原则。其次，《民法典》第一千〇二十五条确立了新闻报道、舆论监督行为名誉侵权的公共利益抗辩原则，即为公共利益实施舆论监督行为时，除法定情形外，不承担名誉权侵权责任。最后，贯彻权利义务对等的法治原则，《民法典》既充分保障媒体行为和舆论监督行为出于公共利益考虑对民事主体人格权的合理使用，也要求行为人承担维护他人人格权的注意义务，否则就需承担法定的侵权责任。为此，《民法典》第一千〇二十五条详细列举了新闻报道、舆论监督不合理使用他人人格权益，需承担侵权责任的具体情形及应考虑的因素。

同时，网络时代舆论监督与名誉权冲突的一个重要特点是出现了冲突的第三方，即网络服务提供商。在传统媒体时代，由于公民并不掌握媒体工具，舆论监督与名誉权冲突主要发生在传统新闻媒体和被批评的公职人员这二元主体之间（新闻从业人员撰写的批评性文章由于属于职务行为，其法律责任归之于任职的媒体机构）。公民撰写的关于政府机构及其公职人员的批评性文章，由于新闻媒体机构受限于所在地公权力，很少获得刊登。而在网络时代，互联网独有的自由开放特性，使得网络言论具有即时性、便捷性、匿名性，原有新闻媒体所具有的言论者和发表媒体的双重身份，分别由网民和网络服务提供商承担。无论是对网络言论编辑把关的互联网内容服务商，还是仅提供网络接入服务和网络平台的网络中介服务提供商，在网络名誉侵权纠纷中，都可能成为一方当事人。

互联网内容服务商通过自己的采编人员采写并发布信息，①或对他人撰写信息进行编辑加工整理后发布时，其身份和作用类似于传统新闻媒体，属于言论者一方。对于网络中介服务提供商而言，其虽不是言论者，却是言论的传播者，应对信息服务网站或平台发布的信息尽到合理的审查义务。另外，即使网络中介服务提供商尽到了合理的审查义务，主观上没有侵犯他人名誉权的过错，其仍然负有留存资料的义务，以及应司法机关要求，提供涉嫌侵权的匿名发言人的身份资料信息的义务。因此，网络条件下的名誉权侵权纠纷，涉及名誉权人、网络服务提供商和侵权人三方当事人之间的权利义务关系，比传统的新闻侵权纠纷更加复杂，需要对名誉权法制进行相应调整。

从现行立法看，我国《民法典》侵权责任编第一千一百九十四条和第一千一百九十五条是确认网络服务提供商网络名誉侵权责任的主要法律依据。根据该条规定，网络服务提供商在两种情形下要与网络用户承担侵权的连带责任：一是在接到被侵权人通知后未采取及时必要措施的，对损害的扩大部分与该网络用户承担连带责任；二是网络服务提供者知道网络用户利用其网络服务侵害他人民事权益，未采取必要措施的，与该网络用户承担连带责任。但这条规定仅是关于网络服务提供商侵犯他人民事权益的侵权责任的一般规定，对于一般规定如何适用于网络名誉侵权纠纷，并未出台专门的司法解释，我国现行立法也没有关于网络服务提供商侵犯名誉权责任的直接法律依据。已出台的关于网络服务提供商侵权责任的司法解释，如《最高人民法院关于审理侵害信息网络传播权民事纠纷案件适用法律若干问题的规定》，主要应用于知识产权范畴，难以直接适用于网络名

---

① 此处信息取广义含义，包括文字、语音、视频、图片、动画等媒介形式。

誉侵权纠纷。

二 网络时代公众人物理论解决舆论监督与名誉权法律冲突的错位

在传统媒体时代，由于公民不掌握媒介工具，无法直接行使舆论监督权，新闻媒体承担着代表人民对公权力进行舆论监督的职责，因而常常成为名誉权侵权纠纷的被告。由于我国法律不对名誉权侵权诉讼的原告身份进行区分，无论是公职人员、公众人物，还是普通公民，都毫无区别地适用关于名誉权审理的两个司法解释规定。

随着我国公民参与公共事务的权利意识觉醒和民主法治建设的不断完善，加强公民言论自由的法律保障已经成为理论界和实务界的共识。越来越多学者呼吁在以公众人物为原告的名誉权侵权纠纷中，引入美国公众人物理论和真实恶意原则，克减对公众人物名誉权的法律保护，赋予公共事务新闻报道更大的呼吸空间。在理论界的呼吁和推动下，我国司法界也逐步接受这一理论和原则，并在不少司法判例中直接将公众人物理论作为判决理由。

有学者对公众人物理论在我国司法实践中的运用进行了实证和定量研究。如新闻法学者魏永征在2007年指出，有20起司法案例在判决书中使用了"公众人物"的字眼。关于我国司法实践运用公众人物理论的几点规律，魏永征指出，公众人物概念于20世纪末引入我国司法审判实践，但相关理论和规则被简单化处理和运用，司法实践将公众人物等同于公职人员和名人，将"真实恶意"简化为公众人物人格权益应克减的模糊解释。此外，在2007年所收集的案例中，没有一例案件的原告是公职人员，有一半案件的原告是演艺界名人，其余包括学术界名人和体育界名人，而且不同法院对这一理论认可度不一。[①]

有学者认为，公众人物理论的应用是以真实恶意的举证规则为保障，而我国司法实践往往脱离真实恶意规则，单独适用公众人物理论，仅提出公众人物的名誉权应予以一定克减，但如何克减又往往语焉不详。而且法

---

① 魏永征：《公众人物权益"克减"论可以休矣》，《新闻记者》2015年第3期。

院在适用公众人物理论时,还存在绝对化的倾向和自由裁量权过大的问题。① 还有学者认为,我国司法实践对公众人物概念的适用,与公众人物理论和真实恶意原则的本意发生了很大偏移。我国学者建议借鉴该理论的初衷是,通过对作为原告的公职人员科以更重的举证责任,限制其滥用名誉权侵权诉讼来威慑和阻却对其履职行为提出批评的公民,保障公民对政府及其公职人员的舆论监督。②

从司法实践看,诸多学者认为公众人物理论被"移花接木",用于解决公民言论自由或媒体新闻自由与社会名人的名誉权之间的权利冲突,而不是用于限制公职人员提起名誉权侵权诉讼,保障舆论监督。那么反向来看,对于公职人员作为原告提起的名誉权诉讼中,法院在不适用公众人物理论的情况下如何判决,本书通过为数不多的司法判例进行初步分析。

在传统媒体时代,诽谤公职人员引发的民事诉讼数量很少。在1996年至2010年涉嫌诽谤公职人员的案件中,被诽谤公职人员采取法律措施维护其名誉权的有28起,其中仅有1起(2%)案例的公职人员选择采取名誉权侵权民事诉讼,有17起(38%)案件的公职人员选择采取行政措施,高达27起(60%)案件的公职人员提起刑事诉讼。③ 在这一起公职人员名誉权侵权诉讼(2001年浙江省天台县诽谤法官案)中,浙江省天台县法院一名法官认为,其主审案件当事人及律师向天台县法院立案庭提交的"控告申诉书",诽谤其枉法裁判,损害了其名誉权,遂提起名誉权民事诉讼。法院最终判决被告败诉,令其承担了向该名法官书面赔礼道歉和赔偿精神损失5000元的法律责任。此外,2003年湖北省枣阳市原市长尹冬桂诉《长江日报》社名誉侵权案中,④ 法院最终判决尹冬桂获名誉权精

---

① 郑晓剑:《公众人物理论与真实恶意规则之检讨》,《比较法研究》2015年第5期。
② 刘迎霜:《名誉权中"公众人物理论"省思——以司法裁判实证分析为视角》,《社会科学》2014年第6期。
③ 宁文卓:《中国大陆诽官案实证考察》,硕士学位论文,湖南大学,2011年,第24页。
④ 2003年1月10日,湖北省枣阳市原市长尹冬桂因涉嫌受贿,被湖北省人民检察院立案侦查。当年9月9日,法院一审判决尹冬桂有期徒刑5年。在法院判决前,武汉某报发表了题为《收受贿赂万元,人称女张二江》和《与多位男性有染 霸占司机长达6年》的两篇关于本案的报道,其后,尹冬桂认为这两篇报道严重侵害了其名誉权。尹冬桂的刑事判决作出后,其委托丈夫向报社索赔精神损害抚慰金41万元,另索赔经济损失8万元。转引自姚泽金《公共批评与名誉保护》,博士学位论文,中国政法大学,2014年,第75页。

神损害赔偿 20 万元。

由于这两个案例均发生在传统媒体时代，笔者考察了网络时代涉公职人员名誉权民事诉讼的新发展，在北大法宝数据库搜索 2011 年至 2020 年以公职人员为原告的、与公职行为相关的案例共 39 起。在这些案例中，作为原告的公职人员大多获得了胜诉，且法院都判决被告承担赔礼道歉、恢复名誉和消除影响的侵权责任，其中 3 个案例中的原告公务员还分别获得数额不等的精神损害赔偿金。从这些案例的裁判文书看，法院的裁判依据主要是：公民名誉权受法律保护，禁止用侮辱、诽谤等方式损害公民的名誉；公民名誉权受到侵害的，有权要求停止侵害、恢复名誉、消除影响、赔礼道歉，并可以要求赔偿损失。只有 2015 年的一个案例中，判决书提到公职人员应对社会公众评论适度容忍。[1] 这表明，涉公职人员的名誉权诉讼中，公职人员享有与普通公民无差别、甚至更多的名誉权法律保护。

公众人物理论的核心内容是，公民或媒体对政府官员公职行为的批评，不能认定为诽谤，除非政府官员能证明被告存在"真实恶意"。而我国学界建议引入公众人物理论的本意是限制公众人物的人格权，对公民和新闻工作者从事的正当舆论监督实行特殊保护，鼓励其大胆对公权力运行行使舆论监督权。但对我国司法判例的研究分析可以发现，本应用来限制公职人员提起名誉侵权民事诉讼的公众人物理论，被有选择性地应用于演艺、学术和体育领域内的社会名流的名誉权纠纷。在以公职人员为原告的名誉权侵权诉讼中，本应对公职人员的名誉权在其履职范围内进行适当克减，却不仅将其视为普通公民对其名誉权进行无区别的保护，有的案例中甚至给予公职人员的名誉权以倾向性的额外保护。[2]

三 公众人物理论在我国适用出现异化的原因

（一）对公众人物理论适用范围的理解存在一定偏差

美国公众人物理论起源于对政府官员名誉权的限制，虽后来适用范围

---

[1] 参见湖北省宜都市人民法院（2015）鄂宜都民初字第 01002 号民事判决书。
[2] 如尹冬桂案中，法院最后判决给予尹冬桂高达 20 万元的精神损害赔偿金，明显高于普通公民名誉权侵权纠纷的赔偿标准。

拓展至公众人物，但并未将政府官员纳入公众人物的范畴，而是作为与公众人物相对应的概念。在将公众人物理论适用范围拓展到公众人物的1974年格茨案中，沃伦大法官指出，那些因成就卓著和高社会活跃度或因臭名昭著而引起社会公众关注的人，都应划分为公众人物。公众人物和担任政府职务的公共官员要想恢复其受损的名誉，必须提供清晰且具有说服力的证据，证明虚假的诽谤性陈述是在明知其虚假或完全漠视其真假的情况下做出的。①

可见，在公众人物理论和真实恶意原则的适用范围上，公众人物与公共官员之间并不是包容与被包容的关系，而是并列关系。美国一些正式法律文件，如美国职业记者协会的道德行为准则，也将公众人物和公共官员作为并列的概念来使用。② 我国学者往往将政府官员纳入公众人物的范畴加以研究，在提及公众人物概念的司法判例中，对原告为公职人员的案例关注不够，对真正由公职人员作为原告提起的名誉权侵权诉讼重视不足。

（二）对政府公职人员和公众人物名誉权进行适当限制的原因具有差别性

政府公职人员由人民选举产生或经合法任命产生，代表人民行使国家公权力，其权力来源于人民。公职人员行使公共权力的行为对人民的权利义务产生重大影响，因此应置于人民监督之下。人民有权了解、评论和批评公职人员的履职行为，以及可能对其履职产生影响的私益事项，如品行、能力等，公职人员也因此要容忍人民更多的批评，适当地克减其名誉权和隐私权。而公众人物源于公众关注，形成于公共舆论，因社会关注而得到某种利益，反过来又会影响公共事务。公职人员克减其名誉权的范围取决于其掌握行政权力的大小，与其社会知名度无关；而公众人物名誉权的克减程度，主要取决于其社会知名度，及建立在知名度之上的对公共事务的影响力。对公职人员名誉权进行克减是为了保护表达自由权、保障公众监督权和知政、议政权，不能与公众人物不加区别地适用于同一法律规则。

---

① *Gertz v. Robert Welch, Inc.*, 418 U.S. 323 (1974).
② 洪波、李轶：《公众人物的判断标准、类型及其名誉权的限制——以媒体侵害公众人物名誉权为中心》，《当代法学》2006年7月。

（三）中西法律文化传统存在差异

公众人物理论具有鲜明的美国法律传统色彩。美国作为年轻的移民国家，建立在反对英国封建专制主义的革命和斗争之上，具有深厚的自由主义传统。著名法学家庞德指出："美国法律思想的独特之处在于自由主义的极端性，对个人利益和财产采取不妥协的坚持态度而成为法理学的焦点。"① 美国联邦宪法将国会不得制定剥夺言论及出版自由的法律作为第一修正案，即可见美国对言论自由的尊崇。公众人物理论是美国为言论自由提供近乎绝对性保护的直观体现。而根据我国传统自由观，任何权利都不是绝对的，都要受到不能侵害他人合法权益和公共利益的限制。而且，从我国宪法的相关条款看，我国并未从根本法的角度赋予言论自由更高的法律地位，言论自由与名誉权同属于宪法规定的基本权利，具有完全平等的法律地位，公众人物理论认为应给予言论自由高于名誉权的法律保护的立场，不符合我国的文化传统，也与我国宪法对这两项基本权利的宪法定位不相符。②

（四）我国现行名誉权法律制度并未就公职人员名誉权做出特殊规定

作为《民法典》颁布之前审理名誉权侵权纠纷的主要法律依据，最高人民法院的两个司法解释确立了名誉权侵权的过错责任原则。从侵权法的一般原理看，侵害名誉权的行为适用过错责任，能较好地平衡公民言论自由和媒体新闻自由与公民个人名誉权之间的关系。因为过错推定和无过错责任属于加重责任，仅适用于法律明确规定的特殊情形，如物件损害责任、产品缺陷责任、从事高度危险作业造成他人损害等。名誉损害行为不具有上述特殊情形，不需要适用过错推定和无过错责任。但是，在公民因批评公职人员的履职行为而被其提起的名誉侵权诉讼中，如果适用过错责任原则，将使因疏忽和过失而发表了错误监督言论的公民承担过重的法律责任，因而产生寒蝉效应，难以发挥舆论监督对权力的制约作用。因此，表面上平等保护一切公民名誉权的法律规定，反而成为给予公职人员名誉权倾向性保护的合法武器。在以新闻媒体为被告的涉公职人员名誉权诉讼

---

① ［美］罗斯科·庞德：《普通法的精神》，唐前宏译，法律出版社2001年版，第25页。
② 靳羽：《"公众人物"理论实证考察与名誉侵权过错判断路径检讨》，《政治与法律》2013年第8期。

中，由于法律没有特别规定过错的举证责任，法官往往基于新闻媒体对其刊发的稿件具有审查核实义务，要求媒体对新闻报道的真实性和过错承担举证责任，导致新闻媒体在名誉权侵权诉讼中的败诉率居高不下。有学者研究发现，我国新闻媒体在新闻诽谤诉讼中的败诉率高达 63%。[①]

第四节　新时代我国民法调整的发展趋向

舆论监督与公职人员名誉权冲突，涉及的是新闻媒体的新闻自由与公民名誉权之间、公民言论自由与名誉权之间的权利冲突，其本质是作为公权力的行政权力、作为私权的公职人员的个人名誉权、作为社会权力的媒体和公民的舆论监督权之间的合理平衡。达致这几种权力（利）的大体平衡，需要多措并举、多方参与、多元互动，既要达成法律内的平衡，也要实现法律外的平衡。

就法律外的平衡而言，一是需完善公民政治参与机制，形成官民良性互动的"诉求—回应"机制，建立民众开放参与、协商民主、规则治理的行政决策机制。二是坚持程序正当原则，完善包括行政听证、专家咨询论证、团体（群体）协商、公民质询、政府信息公开等，让权力在阳光下运行，[②]从源头上抑制涉政府、涉公职人员的虚假信息形成和传播。三是加强网络舆论引导，完善网络信息发布机制，健全网络舆情收集、分析和快速反应机制，准确把握、切实尊重网络民意，主动回应网民关切；提升全民网络素质，促进网络行为自律，倡导整个网络社会的道德自律和公民素养，营造风清气正的网络文化。四是培养领导干部的媒介素养，使其形成正确的媒体认知，提高其接受和应对舆论监督尤其是网络舆论监督的能力。

就法律内的平衡而言，在《民法典》人格权编为舆论监督与他人名誉权之间法律冲突确立公共利益抗辩原则后，在立法上对名誉权法制上公共利益的具体内涵和适用标准进行具体、明晰地界定，在司法审判实践中，

---

① 陈志武：《媒体、法律与市场》，中国政法大学出版社 2005 年版，第 75—94 页。
② ［日］加藤雅信：《日本人格权论的展开与最近的立法提案》，杨东译，《华东政法大学学报》2011 年第 1 期。

从责任认定规则、举证责任等方面确立涉公共利益名誉权纠纷中公共利益原则的具体适用规则,从而使舆论监督,尤其是网络舆论监督与名誉权冲突在法律制度框架内实现大致平衡。

一 确立公共利益规则取代公众人物理论的理由

(一) 主要法治国家的基本经验

当前,许多国家越来越重视保护表达自由,在表达自由与名誉权发生冲突而诉之民事诉讼时,越来越倾向于保护表达自由。各国在名誉权民事诉讼法中给予表达自由的特别保护可分为两种类型:一种是间接类型,根据提起诽谤诉讼的原告身份设定不同的注意义务和过错责任,通过适度克减具有公共身份的原告的名誉权,拓展公共言论空间。这种类型以美国诽谤法上的公众人物理论及其真实恶意规则为代表,该理论始于1964年沙利文案,于1974年格茨案成型。虽然公众人物理论具有鲜明美国特色,但仍有许多国家深受这一理论影响,并在实体法或程序法上加以借鉴,在公共言论自由与名誉权发生冲突时,给予公共言论更大的呼吸空间。这些国家包括印度、菲律宾、阿根廷、匈牙利、巴基斯坦等。[1]

另一种给予表达自由特殊保护的是直接类型,即根据言论的内容和事项是否涉及"公众关切"来决定是否应该限制原告提起名誉权诉讼维护其个人名誉权,确立了公共利益特殊规则,以此扩大表达自由的空间。这一类型以英国为代表,其公共利益原则起源于20世纪90年代的雷诺兹特权,即如果涉诽谤新闻报道涉及公共利益,且媒体已尽到负责任报道之要求,则即使报道存在错误也可以免责。2013年英国修订《诽谤法》时,废除了雷诺兹特权,直接改为"公共利益"抗辩。除了英国,直接以公共利益作为抗辩事由给予公共言论特殊保护的国家还包括英美法系的澳大利亚、新西兰、加拿大等和大陆法系的日本、韩国、德国等。虽然这些国家关于公共利益的具体内容和范围不尽相同,但都确认基于公共利益而对涉诽谤的公共言论进行倾向性保护的特殊规则。

---

[1] Kyu Ho Youm, "Actual Malice in U. S. Defamation Law: The Minority of One Doctrine in the World?" *Journal of International Entertainment & Media Law*, Vol. 4, 2012, pp. 4 – 8.

随着公民借由信息技术的发展逐步掌握信息发布和传播权,公民言论自由在网络空间获得极大拓展,这两种对公共言论的不同保护进路开始出现融合。在作为公众人物理论发源地的美国,理论界开始对网络条件下公众人物理论的适用性进行反思,认为公众人物理论的两大正当性基础,即公众人物自愿成为公众关注焦点和掌握有效传播手段,在互联网时代已不具适用性。以约翰·罗伯茨为首席大法官的美国最高法院也逐步认识到新的传播手段和传播模式对公众人物理论提出的挑战,近年来在司法判例中逐渐将诽谤法的主要审查对象从原告身份延伸至言论本身内容是否与公众关切事务相关。

(二) 公众人物理论在我国适用错位

公众人物理论在我国名誉权诉讼中出现适用异化和公众人物理论调整网络公共言论的不适应性,都要求我国摈弃公众人物理论,确立公共利益的特殊抗辩规则。由于我国名誉权法制并未给予公共言论特殊保护,面对民众权利意识的觉醒和参与公共事务的热情,不少学者呼吁在名誉权纠纷中引入公众人物理论,要求公职人员及公众人物对于批评和监督性言论给予更大的容忍和宽容。司法实务界也积极回应学界的呼吁,在名誉权诉讼中引用公众人物理论作为公职人员和公众人物适度容忍批评言论的重要理由。但是,司法审判实践对这一理论的适用与该理论的本意及我国学界希望引入该理论的初衷之间出现了错位。

另外,在网络时代,尤其是在自媒体时代,人人都可能出于自愿或非自愿而被网络舆论广泛关注,成为传统意义上的公众人物。而传统媒体条件下,处于强势地位并掌握媒介资源的公职人员和公众人物与作为弱者的个体公民,在网络时代发生强弱逆转。网络时代的公职人员和公众人物在被诽谤后,其救济名誉权的手段和途径都大大受限,甚至有口难辩。[1] 可以说,传统公众人物理论的两大理论前提和正当性基础,即(1)公众人物自愿进入公众视野受到社会关注,和(2)公众人物处于强势地位并掌握强大的媒介资源来挽回其受损名誉,上述前提在网络尤其是自媒体条件下,已经被逐渐瓦解。我国在新的媒体条件下顺应高涨的网络表达需求,

---

[1] 郭春镇:《公共人物理论视角下网络谣言的规制》,《法学研究》2014 年第 4 期。

发挥网络舆论监督对公权力的直接监督和制约功能，重新建立公共言论的特殊保护规则，应摈弃传统的公众人物理论，基于言论内容是否涉及公共利益来确立名誉权侵权的抗辩事由。

实际上，在名誉权案件的受理阶段，公共利益原则就作为案件受理的重要条件之一。2001年《最高人民法院关于确定民事侵权精神损害赔偿责任若干问题的解释》第一条就规定，违反社会公共利益、社会公德侵害他人隐私或者其他人格利益，受害人以侵权为由向人民法院起诉请求赔偿精神损害的，人民法院应当依法予以受理。虽然并没有作为法院裁判依据的法律规定确立名誉权诉讼中的公共利益原则，但在审判实践中，我国法院开始引入公共利益原则为公共言论提供倾斜保护。例如，2015年最高人民法院公报案例"施某某、张某某、桂某某诉徐某某肖像权、名誉权、隐私权纠纷案"中，法院认为，被告徐某某在原告施某某受伤害后，为保护未成年人利益和揭露可能存在的犯罪行为，依法在其微博中发表未成年人受伤害信息，符合社会公共利益原则和儿童利益最大化原则。徐某某的网络举报行为未侵犯施某某的肖像权、名誉权、隐私权，未侵犯原告张某某、桂某某的名誉权、隐私权。又如，在备受社会关注的"方舟子与崔永元名誉权纠纷案"中，法院认为，关于转基因食品安全问题的争论，属于学术自由以及对涉及公共利益的议题的讨论范畴，法律上要求当事人对相关讨论保持适当宽容度。该案一审承办法官在对这一案件进行解析时也指出，公共利益原则实际是公众人物概念背后更深层次的理论支撑。公众人物概念更多是作为公共利益目的之下的一种工具性概念，便于法官识别媒体的行为是否基于社会公共利益。[①]

二　名誉权法制上公共利益的具体内涵和适用标准

"公共利益"概念在诸多学科，如法学、政治学、社会学中都有运用，在法学领域更是一个出现频率很高的术语，在不同部门法和不同层级法律法规中均有体现。虽然公共利益基于自身特性很难进行清晰、明确的界定，但也绝不是一个难以捉摸的法律概念，关键是要在具体的法律体系

[①] 李颖、马泉福：《公众人物网络互骂的侵权认定》，《人民司法》2016年第2期。

下,结合具体的法律情境进行适时、有针对性的界定。

衡量名誉权诉讼中公共利益的重要原则之一应是所涉言论是否有助于促进公共言论的自由表达、是否有助于鼓励公众和媒体对公共权力开展舆论监督、是否有助于推动公民对社会事务的公共参与。如前所述,各国为了增加诽谤法上公共利益原则在司法上的确定性和可适用性,不断通过立法和司法判例,试图厘清诽谤法上公共利益的具体内涵和标准。这些立法经验和司法判例对我国建立涉公共利益名誉权法制具有重要参考价值。

结合我国立法和司法实际,参考其他国家经验,将公共利益的主观要素和客观要素相结合,可把名誉权诉讼中的公共利益抗辩要件确定为:一是所诉言论或其中的一部分事关公共利益,此为客观要素;二是被告有理由相信发表这一言论符合公共利益,此为主观要素。

对于诽谤法上公共利益的客观要件,即言论所涉公共利益的具体事项,可采取列举加兜底条款的方式进行界定。可列为涉及公共利益的言论包括但不限于以下事项:(1)有关政府或公职人员履职行为的舆论监督言论。(2)对履行公共职能的社会团体、社会组织,如工会、妇联、文联、残联等,或公益性法人和团体,如中华慈善总会、中国红十字会等,及其负责人履职行为的批评和监督性言论。[1](3)就有关犯罪及司法审判发表的评论。(4)就社会大众关心的事项进行的评论,如运动员、著名演艺人员等社会名流的言行、上市公司的运营、环保公益等公共议题的报道、评论,或内容涉及科学、艺术和经营活动的批评性判断。(5)可能影响公民健康和人身安全、财产安全的重大事项的言论。(6)基于其他公共利益事项发表的言论。设置涉公共利益言论范围兜底条款,是因为公共利益是具有很强扩展性的法律概念,随着社会发展变迁,会不断有新事项可纳入。为了体现包容性,应允许法官根据具体案例,运用法官自由裁量权裁定所诉言论是否涉及公共利益。

对于公共利益的主观要件,即被告有理由相信发表这一言论符合公共利益,为了增加其客观性、确定性和可预期性,也应确立一定的衡量标准。在这方面,英国在1999年雷诺兹案中确立了媒体是否履行负责任报

---

[1] 张鸿霞:《涉及公共利益的名誉权诉讼研究》,《学术探索》2016年1月。

道义务的十大考量因素。这些考量因素虽然是基于传统媒体条件制定的，但在网络时代仍具有参考价值。这十大考量因素包括：[①]（1）批评和指控的严重程度；（2）言论的性质及其所涉事务事关公众关注的程度；（3）言论信息的来源，言论者对言论主题是否有直接的了解；（4）批评性言论的状态，是否已经进入公共视野或成为调查对象；（5）是否采取措施验证信息；（6）所涉事务的紧迫性；（7）原告是否主动寻求获得评论；（8）所涉言论是否包含原告一方对所涉问题的看法；（9）文章的基调；（10）出版的情境，包括出版的时机。

三 名誉权法制上公共利益原则的具体适用规则

涉公共利益名誉权纠纷因其所具有的社会公共性，在责任认定规则、举证责任上应有别于涉及私人利益的名誉权纠纷。

（一）确立具有公共利益属性的公共言论的真实抗辩事由

从最高人民法院关于审理名誉权纠纷的两大司法解释看，我国名誉权立法针对部分言论，如撰写、发表批评文章，新闻单位对生产者、经营者、销售者的产品质量或者服务质量进行批评、评论，公民依法向有关部门检举、控告他人的违法违纪行为，设置了"内容基本真实"和"公正评论"的抗辩事由；为新闻单位报道国家机关的公开文书和职权行为，设置了"权威信息来源"抗辩事由。

但从这些获得法律特殊保护的言论类型划分看，存在公益言论和私益言论不分的问题。例如，撰写、发表批评文章，在没有侮辱他人人格内容的前提下，可基于"内容基本真实"免于承担名誉权侵权责任。这一规定并未限定批评的对象，可以理解为既包括国家机关和国家公职人员履职行为的公益言论，也包括评论普通公民德行操守的私益言论。这类公益言论因牵涉政府清明和官员清廉，具有鲜明的权利监督权力的民主性，与平等公民间的名誉权纠纷具有本质区别，法律应给予更大限度的容忍和更高程度的保护。如果不加区别地与私益言论适用同一法律规范，基于法律规范

[①] Jideofor Adibe, *Freedom of Speech v. Protection of Reputation – Public Interest Defence in American and English Law of Defamation*, London：Adonis & Abbey Publishers Ltd.，2010，p. 83.

对人们行为的指引作用，将极大压抑公众对公权力运行开展舆论监督的积极性。

从因检举、控告他人违法违纪行为引发名誉权纠纷的规定看，如果借检举、控告之名侮辱、诽谤他人，造成他人名誉损害，当事人以其名誉权受到侵害为由向人民法院提起诉讼的，人民法院应当受理。这里的立法原意实际上表明了只有检举、控告言论虚假的情况下，检举人和控告人才可能承担名誉权侵权责任，也即检举和控告言论具有完全的真实抗辩事由，只要检举控告真实，就可以免于承担名誉权侵权责任。新闻单位对生产者、经营者、销售者的产品质量或者服务质量进行的批评、评论，也适用没有侮辱他人人格内容的前提下的"内容基本真实"抗辩。总的来看，我国名誉权法制对诽谤性言论的特殊保护规定较为混乱，除了检举控告言论，对涉及公共利益的公共言论未实行彻底的真实抗辩原则，且对言论类型的划分基于传统媒体条件，脱离网络时代公共言论主体、对象和传播媒介日新月异的实际。

为回应网络空间表达高涨导致的网络人身权益侵权纠纷的不断增加，最高人民法院于2014年6月23日颁布《关于审理利用信息网络侵害人身权益民事纠纷案件适用法律若干问题的规定》。但这一"规定"并未就网络名誉侵权纠纷做出专门规定，更没有对现行作为名誉权法制主要渊源的两个司法解释进行与时俱进的修正。为鼓励公民运用网络舆论监督手段加强对公权力运行的监督和制约，满足公民网络公共参与的需求，应为明显具有公共利益属性的公共言论，包括运用各种传媒手段发表、传播的关于国家机关、履行公共职能的社会团体和社会组织及其国家公职人员的公务行为的事实和评论，可能影响公民健康和人身安全、财产安全的重大事项的言论，设置真实抗辩事由，即在明显属于公共利益范畴的言论引发的名誉权侵权纠纷中，如果所涉言论主要事实真实，且未使用侮辱性言辞贬损他人名誉的情形下，可免于承担名誉权侵权责任。

2021年1月1日生效的《民法典》将两大司法解释为批评性文章，检举、控告言论，对产品质量和服务质量的批评、评论设置的"内容基本真实"和"公正评论"的抗辩事由吸收作为基于公共利益的新闻报道和舆论监督的免责事由。其中，原则上不承担民事责任，除非存在捏造、歪曲事实的情形，实际上就为涉及公共利益的监督言论设置了真实抗辩事由；对他人提供的严重失实内容未尽到合理核实义务，其实质是为新闻报道和舆论监督提供了公正评论的抗辩事由。《民法典》的这一规定，回应了日益活跃的网络表达自由和公民日益强烈的公共参与意愿，既对网络公共表达给予充分的宽容和保护，有效发挥其正向效应，又为其划定清晰的法律界限，防止其无序发展损害个人、社会甚至国家的利益，是我国名誉权法制的重大立法进步。

（二）涉公共利益名誉权纠纷应采故意或重大过失的归责原则

从我国立法和司法实践看，我国在认定名誉权侵害责任时，采取了过错责任的归责原则。过错分为故意和过失，其中故意的含义较明确，指行为人明知自己的行为会侵害他人名誉，却希望或放任损害的发生。名誉侵权上的过失，是指行为人应当预见自己的行为可能损害他人名誉，却因疏忽大意而没有预见，或虽预见却轻信能够避免，导致侵害后果的发生。[①] 对于过失，我国法律体系进行了层次划分，不同层次的过失对应不同程度的法律责任。例如，《关于审理人身损害赔偿案件适用法律若干问题的解释》就将过失区分为重大过失和一般过失，并以此为依据确定赔偿责任的成立或减免。但我国现行法并未对重大过失和一般过失的具体内涵加以界定，相关学术研究也甚少论及。[②]

从比较法的角度看，大陆法系国家如德国，根据侵权人的主观心理状态，将过失区分为主观过失和客观过失。主观过失是指行为人虽然不希望违法结果发生，但是意识到损害可能发生或有意忽视损害发生的可能性；客观过失指行为人从主观心理状态上未意识到损害结果发生的可能性且不希望损害结果的发生。从过失的类型划分看，德国侵权法上的主观过失应类似于我国现行法的重大过失，客观过失则基本等同于一般过失。而英美法系则主要围绕"注意义务"来建构过错责任认定规则。

相比较大陆法系侧重于行为人主观心理状态的过失认定标准，英美法系更注重过失的客观化，认为如果行为人违反法定义务或偏离一般理性人

[①] 王利明、杨立新主编：《人格权与新闻侵权》，中国方正出版社2010年版，第326页。

[②] 靳羽：《英国诽谤法归责原则的二元化变革》，博士学位论文，西南政法大学，2016年，第127页。

应有的注意义务进行作为或不作为，则认定行为人具有过失。[①] 行为人违反善良理性人的注意义务，构成重大过失；行为人违反一般人的注意义务，则构成一般过失。

从我国名誉权法制看，作为名誉权法律主要渊源的两个司法解释，仅规定了文章真实性、是否对他人构成侮辱和是否具有过错三个认定名誉权侵权的考量因素，对于过失并未进行层次划分。根据我国其他法律规定和各国立法，可推定既包含重大过失，也包含一般过失，即不论行为人主观状态如何，只要违反了一般性的注意义务侵犯他人名誉权，则侵权责任成立。

对于私主体公民之间或媒体和公民之间的名誉权纠纷，基于私权平等原则，适用一般过失的过错责任即可较好地平衡新闻自由或言论自由与名誉权之间的权利冲突。但是，公众对可能影响其切身利益的公共事务和社会广泛关注的公共议题享有知情权、对公权力运行享有舆论监督权，如果对公众发表涉公共利益言论科以较高的注意义务，则会抑制公共信息的自由流动和传播，助长公权力的恣意，难以彰显表达自由的价值和功能。

因此，对于具有公共利益属性的言论，应给予更高的容忍度，如果对公职人员和社会公众人物的名誉造成损害，只有在言论者具有侵害名誉权故意和重大过失时，才能令其承担侵权责任。侵害名誉权之故意即捏造事实或散布明知虚假的信息，侵害名誉权之重大过失可综合借鉴大陆法系的主观过失标准和英美法系的注意义务标准，即只有言论者意识到名誉权侵害结果可能发生，且未尽到善良理性人的注意义务时，才构成名誉权的侵权责任。

《民法典》第一千〇二十五条在规定行为人为公共利益实施新闻报道、舆论监督等行为影响他人名誉，应承担民事责任的情形时，确立涉公共利益名誉权侵权的过错责任原则。其中，捏造、歪曲事实的情形实际上要求行为人承担名誉权侵权责任必须具有损害他人名誉的主观故意；对他人提供的严重失实内容未尽到合理核实义务的情形要求行为人存在重大过失造成他人名誉损失。《民法典》的该条规定实际上表明，行为人因一般过失，即在尽到一般注意义务后仍有部分事实失实的情形下，不承担民事侵权责

[①] 叶名怡：《侵权法上故意与过失的区分及其意义》，《法律科学》2010 年第 4 期。

任。这一规定充分体现了相较于私人言论,《民法典》给予公共言论更高法律保护的立法态度。

(三) 减轻公民和媒体在涉公共利益名誉权纠纷中的举证责任

我国民事诉讼法在举证责任上实行"谁主张谁举证"的原则,除了法律规定的特殊情形,原告承担首要的举证责任。我国关于名誉权审理的两个司法解释只规定了四大构成要件,但对举证责任的分担未作特殊规定。从立法的角度看,在涉公共利益的名誉权纠纷中,应由认为公共言论侵犯其名誉权的公职人员或公众人物承担举证责任,否则将面临不利的诉讼后果。但在传统诽谤法上,原告仅需证明存在诽谤言论、诽谤言论指向原告且向第三人传播这些初步证据,无须证明诽谤言论的真假,而被告则需对诽谤性言论的真实性承担举证责任。

因此,在名誉权案件中适用"谁主张、谁举证"的举证规则,往往加重被告的举证负担,导致举证责任配置的失衡。"原告举证证明的对象是'消极事实'(陈述虚假),多数情况下因无从证明而实际上不承担举证责任;被告举证证明的对象是'积极事实'(陈述真实),不仅举证责任更重,而且在事关原告私生活领域时,这一举证负担往往是被告'无法承受之重'。"[1] 而且在传统媒体时代,基于对新闻从业人员的职业要求,对新闻诽谤案件实行的是"谁报道,谁举证"。最高人民法院在法(民)复(1988) 11号批复中规定,报刊社对其发表的稿件负有审查核实的义务。该批复虽然在1996年失效,但有关新闻的部门规章和政策文件中仍有新闻媒体核实义务的规定。

司法实践中,原告只要证明了侵权事实的存在,举证责任便转到了作为被告的新闻媒体一方,如果不能证明其出版或转载消息的真实性,法院就会认定其有过错而承担侵权责任。这种司法实践中对新闻媒体自我审查的要求,导致媒体常常在新闻诽谤案件中败诉。[2] 在援引公众人物理论审

---

[1] 靳羽:《"公众人物"理论实证考察与名誉侵权过错判断路径检讨》,《政治与法律》2013年第8期。

[2] 有国外中国法学者对 1994—2004 年我国法院审理的民事诽谤案件进行统计分析显示,以新闻媒体为被告的民事诽谤案件中,新闻媒体败诉率高达 68%。详见郑文明《诽谤的法律规制——兼论媒体诽谤》,法律出版社 2011 年版,第 306 页。

理涉公共利益的名誉权诉讼中，仅在认定过错时降低了公民和媒体的核实义务，要求作为原告的公职人员和公众人物对舆论监督言论给予更多容忍，但并未基于被告具有故意的诽谤成立要件，要求原告就被告的"真实恶意"进行举证。公益性言论在名誉权纠纷中应享有相对免责特权，在世界各国已形成共识。为保证公众的知情权和公民及媒体的舆论监督权，在名誉权纠纷中举证责任分配已经偏向原告的条件下，更应减轻作为被告的公民和媒体的举证责任，要求原告就诽谤性言论真实性和被告是否具有侵权的故意和重大过失进行举证，从而提高名誉权侵权责任成立的"门槛"，在程序上加大对涉公共利益言论的保护。

四　名誉权诉讼中公共利益原则确立方式：案例指导制度

如前所述，在《民法典》颁布之前，我国名誉权法制未就涉及公共利益的言论设置特殊的法律规则，在网络空间表达日益活跃，尤其是在其他正式渠道被压抑的公民利益诉求在网络空间得到极大释放的网络时代，网络诽谤、网络名誉权纠纷急剧增加，传统名誉权法制，在立法和制度供给上更显不足。

传统公众人物理论下公众人物的概念和范围已经具有不确定性，新媒体时代名誉权法制上的公共利益更加难以把握，难以形成能定分止争的裁判规则。英美法系国家作为判例法国家，主要通过司法判例逐渐形成诽谤法上公共利益原则的先例，直接为后来的审判实践提供具体裁判规则；大陆法系国家作为成文法国家，在相对稳定的制定法无法周延抽象且不断发展的公共利益概念时，主要依靠独立公正、具有较高法律素养的法官运用自由裁量权裁定涉案言论是否具有公共利益的属性，从而在过错归责和举证责任分配等方面适用特殊保护规则。我国属于大陆法系国家，法官审判案件只能依据成文的制定法，同时正在不断推进司法体制改革的法院系统中，法官的法律素质和独立公正性有待进一步提升。因此，无论是运用英美法系的判例法，还是大陆法系的法官自由裁量权，来将名誉权法制上的公共利益原则适用于具体案件中，在我国现有国情下都不具可行性。

为了充分吸收两大法系的优点、同时克服二者的固有缺陷，近年来，我国司法系统开始探索建立案例指导制度。2010年7月9日，最高人民检察院颁布《关于案例指导工作的规定》，建立刑事司法案例指导制度；2010年11月26日，最高人民法院颁布《关于案例指导工作的规定》，建立民事司法案例指导制度。自此案例指导制度在我国正式确立。案例指导制度具有与时俱进的特点，在因成文法的相对抽象性和滞后性导致适用规则缺失时，既可解决制定法的抽象、空缺或不明确等问题，又可统一法律适用标准，约束法官的自由裁量权，防止"同案不同判"①。尤其是在实现法律原则的细化方面，案例指导制度具有独特功能，可通过赋予指导性案例一定的法律约束力，使法律原则细化为具有法律规范功能、可作为裁判依据的一系列规则。②

公共利益这一概念即使在法学领域内都是一个宏大、模糊和不确定的概念，虽然将公共利益原则限定于诽谤法视域下可减少其抽象性，增加其确定性，但其仍然是一种法学理论上的概念，既缺少相关立法规定，也因其不断变动不宜采用制定法的形式加以规定。从最高人民法院《关于案例指导工作的规定》看，指导性案例的遴选标准包括：社会广泛关注的；法律规定比较原则的；具有典型性的；疑难复杂或新类型的。从这几项标准看，诽谤法上的公共利益原则无疑非常适合通过案例指导制度，成为保护涉公共利益的公共言论的裁判准则。首先，具有公共利益属性的公共言论常常是公民和媒体针对政府机构及其工作人员履职行为的舆论监督言论，或者是事关人民群众生命、人身和财产安全的公共事务的有关言论，具有非常广泛的社会关注度。其次，诽谤法上的公共利益原则仍然比较抽象，尚需要通过指导性案例进一步转化为可作为审判依据的具体规则。最后，涉及公共利益的名誉权纠纷在我国司法实践中尚未类型化，属于新的案件类型，公共利益原则的具体化需要考量多种因素，平衡言论自由与名誉权两大基本权利，具有相当的复杂性。

可见，在我国现行司法体制框架内，借助案例指导制度确立名誉权法制上的公共利益，加强对涉公共利益言论的特殊保护，在新的媒体条件下达成言论自由与名誉权新的平衡，既具有必要性，又具有可行性。尤其是

---

① 陈兴良：《案例指导制度的法理考察》，《法制与社会发展》2012年第3期。
② 刘迎霜：《名誉权中"公众人物理论"省思——以司法裁判实证分析为视角》，《社会科学》2014年第6期。

针对名誉权法制上公共利益原则的难点，即公共利益的适用范围，通过指导性案例进行类型化，可为后续涉公共利益名誉权纠纷提供统一裁判规则。同时，也可发挥法官作为"规则之治"引导者的作用，根据社会发展变化赋予公共利益的新内涵，借助案例指导制度，与时俱进地调适公共利益的范围，使得名誉权法制上的公共利益原则能真正运用于司法实践。

第六章　舆论监督与名誉权法律冲突的行政法调整

　　舆论监督是作为国家权力主体和来源的人民对公权力机关及其公职人员实施宪法法律情况开展的监督活动，是权利对权力的监督，无疑具有公法性质。而公职人员名誉权虽属私权，但由于权利主体具有行使公权力的职权和职责，因而兼具公法和私法的双重身份。因此，公民因对公职人员履职行为进行舆论监督而与公职人员的名誉权发生冲突时，除了私法手段，也应运用公法手段加以调整和规制。从行政立法角度看，传统媒体时代关于舆论监督的行政立法在数字化、移动化的新媒体条件下，已明显落后于实践。从行政执法看，在传统媒体时代，通过"党管媒体"原则、对媒体组织的行政隶属关系或公司法上的国有控股方式，政府基本能实现对新闻媒体舆论的直接有效管制。但在网络媒体时代，传统舆论监督逐渐延伸出网络舆论监督，网络平台取代传统媒体，成为各类言论表达的主要场域，传统的由行政执法部门行使的传媒监督管理权在网络实践中已经主要由网络平台企业代为行使。网络平台拥有的网络言论把关权，自由裁量空间巨大，且缺乏有力外部监督和司法救济，一旦被滥用，将对用户的言论自由、知情权和舆论监督权构成极大限制和干预，扰乱健康有序的网络生态。因此，对网络平台的内容治理权进行行政法规制是解决网络舆论监督与名誉权冲突的关键所在。

第一节　传统媒体时代名誉权法律冲突的行政法调整

一　名誉权保护的行政立法

从行政立法看，我国在传统媒体时代就制定了与名誉权保护有关的行政法律法规。其中，《治安管理处罚法》有专款规定针对侮辱、诽谤的治安处罚，作为与刑事侮辱、诽谤罪的行政法衔接。该法第四十二条第2款规定，公然侮辱他人或者捏造事实诽谤他人的，处5日以下拘留或者500元以下罚款；情节较重的，处5日以上10日以下拘留，可以并处500元以下罚款。除此之外，一些与新闻出版、广播电视、邮政电讯、音像制品管理等相关的行政法规都规定相关言论和出版物不得载有侮辱和诽谤他人的内容。例如，《广播电视管理条例》第三十二条规定，广播电台、电视台禁止制作、播放载有诽谤、侮辱他人内容的节目；《娱乐场所管理条例》第十三条规定，禁止娱乐场所内的娱乐活动含有侮辱、诽谤他人，侵害他人合法权益的内容；《出版管理条例》第二十五条规定，任何出版物不得含有侮辱或者诽谤他人，侵害他人合法权益的内容。

二　规制舆论监督的行政立法

通过梳理我国现行规范性法律文件可发现，我国尚无以规制舆论监督为立法目的的法律或行政法规，而是在诸多法律文本中，要求新闻媒体对相关违法行为开展舆论监督，如《民法典》《生物安全法》《药品管理法》《疫苗管理法》《监察法》《食品安全法》《野生动物保护法》等法律中均有关于舆论监督的条款。在中央层面、党内法规方面，2005年中共中央办公厅印发了《关于进一步加强和改进舆论监督工作的意见》，表明了支持新闻媒体正确开展舆论监督的立场，并就舆论监督工作的要求、当前舆论监督的重点、新闻媒体在舆论监督工作中的社会责任等做出原则性规定。随后中宣部制定了《加强和改进舆论监督工作的实施办法》。在部门规范性文件方面，原国家安全生产监督管理总局制定了《关于加强安全生产社会监督和舆论监督的指导意见》（以下简称《指导意见》），这是少有的关于舆论监督的文件。该《指导意见》建立舆论监督信息反馈和监督落实机制，包括及时收集、整理和分析社会和舆论对有关重大隐患和事故查处情况的反映和监督；建立完善舆论监督反馈机制。对新闻媒体有关安全生产工作的批评性报道，要在报道后的 2 周内，将整改结果或查处进展情况向有关部门和新闻媒体反馈；对群众举报或新闻媒体监督的事项实行登记制度，落实信息核查责任，并及时反馈查处情况。对经查实的举报事项，要及时按规定给予举报人相应的奖励，并对举报人相关信息严格保密。2005年，国家广播电影电视总局印发《切实加强和改进广播电视舆论监督工作的要求的通知》，提出从建设性监督、科学监督、依法监督三方面改进广播电视舆论监督工作。

与中央层面规制舆论监督的行政立法较少不同，我国各地方政府、党委在规范舆论监督工作方面进行了更为大胆的探索和创新。其中，海南省政府于 2004 年颁布的《中共海南省委关于舆论监督工作的暂行规定》是为数不多的关于舆论监督工作的省级党内法规制度。该"规定"对舆论监督的概念、开展舆论监督工作应遵循的原则进行了总括性规定，同时从支持舆论监督工作和规范舆论监督工作的一体两面进行了较全面、系统的规定。在支持舆论监督工作方面，对舆论监督的领导机制、配套措施、调查核实及处理机制，以及舆论监督保障机制、舆论监督工作协调机制做了具体规定；在规范舆论监督工作方面，对新闻媒体正确履行舆论监督职责提出了诸多要求，包括严格遵守新闻采访报道程序、认真核实舆论监督稿件、及时纠正并公开澄清严重失实新闻报道。同时，该"规定"还对新闻工作者在舆论监督过程中的违纪违法行为，规定了相应的法律责任，增加了这一"规定"的可操作性。

此外，还有多个省级或市级政府部门（党委）颁布了关于舆论监督的专门性的地方规范性文件（党内法规），例如，《宁波市住房和城乡建设委员会关于做好电视舆论监督栏目〈第一聚焦〉工作的通知》《绍兴市人民政府办公室关于主动接受舆论监督助推政府工作的通知》《铁岭市人民政府关于印发加强政府及各部门接受新闻媒体舆论监督工作若干规定的通知》《淮南市人民政府办公室关于印发淮南市城建口新闻舆论监督联动工作制度的通知》《陕西省卫生厅关于正视社会舆论监督切实加强医疗机构行为自律的通知》《宁夏回族自治区党委办公厅印发〈关于进一步加强和改进舆论监督工作的实施意见〉的通知》《昆明市人民政府办公厅关于建立重视和支持新闻舆论监督制度的实施意见》。同时，还有一部分地方党委政府下发了关于舆论监督的地方工作文件，例如，《潍坊市人民政府办公室关于认真接受媒体舆论监督进一步改进和加强城市规划建设管理工作的通知》《中共襄樊市委办公室、襄樊市人民政府办公室关于重视舆论监督加强督查整改的意见》。

三 行政法调整冲突存在的不足

从现有行政法体系看，在公职人员因履行公职行为而遭到诽谤时，行政法并未就如何处理舆论监督与其个人名誉权的冲突进行专门立法或做出专门规定。即使是《国家监察法》《公务员法》《行政机关公务员处分条例》等专门规范、监督公职人员履职行为的行政法律法规，也未就这一问题作出具体规定。只有《行政机关公务员处分条例》第二十五条规定，行政机关公务员压制批评，打击报复，扣押、销毁举报信件，或者向被举报人透露举报情况的，给予记过或记大过处分。但这一规定仅适用于公民或组织在发现违法违纪事实后，向司法机关或其他有关国家机关和组织检举、控告相关国家公职人员的行为。虽然举报方式包括写举报信、电话举报、网络举报等方式，但无论哪种方式，都属于官方、制度化的举报渠道，并不适用于公民和媒体机构通过报纸、电视等传统媒体和网站论坛、"两微一端"等新兴媒体这些非制度化的媒介方式讨论、评价公职人员做出的与公权力运行相关的言行。从舆论监督的专门性的地方规范性文件（党内法规）看，主要调整对象也是传统媒体条件下的新闻媒体机构，对当前数字化、移动化的新媒体条件下公民通过自媒体、社交化媒体开展的日益活跃的网络舆论监督缺乏有效回应，立法明显滞后于实践。

同时，这些专门性的地方规范性文件既规定了支持配合舆论监督的具体措施，也对新闻媒体规范运用舆论监督权提出了具体要求，但其中也掺杂着以"支持配合舆论监督"之名行"限制舆论监督"之实的规定。例如，有的地方规范性文件规定，涉及国家安全、国家利益的突发事件、重大事故、重大案件，一般不做公开批评报道；涉及军队和武警部队的问题，一般不做公开批评报道，确需公开批评报道的，由地区军区会同有关部门审定；涉及民族、宗教问题，一般不做公开批评报道，确需公开批评报道的，由地方党委统战部、民委、宗教事务局等主管部门审定；涉及政法系统的批评报道，由地方党委、政法委审定；涉及金融、证券、农村征地、城镇拆迁、移民、企业改革、军转干部安置，以及重大群体性事件、敏感案件等，不宜进行公开批评报道，确需公开批评报道的，由地方党委、宣传部统一部署；对尚未公开报道，地方、部门已经依法处理、妥善解决的孤立事件或个别问题，一般不再进行公开批评报道。这一规定中，涉及军队和武警部队、民族和宗教等问题的批评性报道牵涉国家安全、国家利益和社会整体利益，如若存在不实或不当内容，可能会形成负面舆论，甚至引发社会恐慌而危及国家安全和社会稳定，理应更为慎重，设置更为严格的审稿程序。但是涉及政法系统的批评报道，由地方党委、政法委审定，有政府部门对于批评性报道"既当运动员又当裁判员"之嫌。而涉及金融、证券、农村征地、城镇拆迁、移民、企业改革、军转干部安置的批评性报道，其中蕴含着许多与人民群众的切身利益息息相关的信息，对这些信息，人民群众享有通过新闻报道得以实现的知情权。对这些信息进行评论、发表意见，是人民行使当家作主权利的重要体现。因此，对这些批评性报道，也不宜设置过多过严的审稿程序。而且，借助网络技术和数字技术的迅猛发展，新闻媒体不再是信息传播与互动的唯一媒介与平台，借助网站论坛、"两微一端"等新媒体平台和手段，个人可以绕过新闻媒体，直接进行信息传播与交流，对批评性报道和信息再进行事前审查已经不合时宜。

第二节 网络媒体时代互联网内容治理的行政立法

在传统媒体时代，通过党管媒体原则，党和国家牢牢掌握了传统媒体的舆论主导权。但随着网络空间表达的空前发展，在传统媒体形成的官方舆论场之外，出现了以网络舆论为主体的民间舆论场，且这两个舆论场的交互作用日益明显。因此，党和国家对意识形态的领导权和舆论主导权也相应延伸至网络媒体，这集中表现为对互联网信息内容的行政执法与行政监管。

一 我国互联网信息内容监管法律框架体系

随着网络媒体技术的快速更迭，网络空间迅速成为信息沟通交流的新渠道。互联网所具有的平台效应和聚合效应，使互联网信息呈现规模海量化、传播高速化和形式多样化的特点。[①] 内涵丰富、外延广泛的互联网信息在实现即时、迅捷、交互式的沟通传播的同时，也夹杂着损害个人权益、危及社会稳定和国家安全的不良信息和违法信息，如网络谣言、网络诈骗、网络黑客、网络黄暴等。为此，我国自1994年联入国际互联网后，在努力为信息技术更迭和互联网创新发展提供法治保障的同时，也高度重视对互联网空间信息内容的法治化治理，并适应网络信息形态的不断创新，逐步形成由法律、行政法规、部门规章和规范性文件组成的相对齐全和完善的法律框架体系。

在法律方面，全国人大常委会分别于2000年和2012年分别颁布《关于维护互联网安全的决定》和《关于加强网络信息保护的决定》。其中，《关于维护互联网安全的决定》规定，利用互联网侮辱他人或者捏造事实诽谤他人，依照刑法、民法和《治安管理处罚条例》有关规定追究法律责任。《关于加强网络信息保护的决定》也做了类似的规定。这两个法律性决定为我国加强网络空间信息内容的法治治理发挥了立法上的指引和规范作用，奠定了未来网络空间治理的立法方向和原则。2017年6月1日正式施行的《网络安全法》，是我国第一部网络空间基础性法律，建立了国家网络安全的一系列基本制度，其中确立了保障网络信息依法有序自由流动，保护公民、法人和其他组织依法使用网络的法律原则，为互联网空间信息内容治理提供了明确的法律依据。同时，《网络安全法》授权国家网信部门和有关部门依法履行网络信息安全监督管理职责，为网信部门和信息化部、公安部、国家保密局等有关部门制定部门规章、规范性文件，对

[①] 刘少华、陈荣昌：《互联网信息内容监管执法的难题及其破解》，《中国行政管理》2018年第12期。

网络不良信息进行清理，对互联网信息内容的制作和传播开展行政执法和监管提供了上位法依据。

在《网络安全法》颁布之前，面对丰富庞杂的网络内容，我国已经开始制定实施大量网络信息内容行政法规和管理规范，如《互联网上网服务营业场所管理条例》《互联网信息服务管理办法》《互联网站从事登载新闻业务管理暂行规定》《互联网电子公告服务管理规定》。自《网络安全法》这一互联网安全的基础性、框架性法律实施以来，网信部门和其他有关部门密集出台了一系列配套规章或规范性文件，将《网络安全法》确立的网络空间治理的基本原则进一步细化为具体规则，基本实现了依法管网。尤其是国家网信办，随着媒体技术手段的快速更迭，针对网络直播、论坛帖子、跟帖评论、微信群组信息服务、公众号信息等，出台了大量的规范性文件，完善了我国的互联网内容治理制度体系。2017年，为了贯彻落实习近平总书记关于网络和信息化工作和新闻舆论工作的重要讲话精神，网信办修订了《互联网新闻信息服务管理规定》，制定了《互联网新闻信息服务许可管理实施细则》《互联网新闻信息服务新技术新应用安全评估管理规定》《互联网新闻信息服务单位内容管理从业人员管理办法》《微博客信息服务管理规定》等部门规章。这些网络空间治理的立法大都规定网络信息不得含有诽谤他人的内容。例如，2019年修订的《互联网上网服务营业场所管理条例》第十四条规定，不得利用互联网上网服务营业场所制作、下载、复制、查阅、发布、传播或者以其他方式使用含有侮辱或者诽谤他人，侵害他人合法权益的信息。又如，2017年9月国家互联网信息办公室颁布的《互联网论坛社区服务管理规定》《互联网群组信息服务管理规定》《互联网用户公众账号信息服务管理规定》《互联网跟帖评论服务管理规定》等，都载明不得发布法律法规和国家有关规定禁止的信息内容，其中也包括侮辱、诽谤他人的信息。这些立法旨在通过互联网行政执法和行政监管工作，积极应对网络名誉侵权等问题，为用好、用足网络舆论监督手段奠定法治基础。

2017年5月，国家网信办颁布了《互联网信息内容管理行政执法程序规定》（以下简称《规定》），以部门规章的形式，确立了互联网信息内容行政执法应遵循的基本原则，对网络信息内容管理的行政执法权限、行政执法办案程序和行政执法监督等进行了具体规定，在规范互联网信息内容管理部门行政执法行为、统一协调互联网信息内容管理执法方面迈出了重要一步。

2019年召开的党的十九届四中全会通过了《中共中央关于坚持和完善中国特色社会主义制度、推进国家治理体系和治理能力现代化若干重大问题的决定》，明确提出，建立健全网络综合治理体系，加强和创新互联网内容建设，落实互联网企业信息管理主体责任，全面提高网络治理能力，营造清朗的网络空间。为贯彻落实党的十九届四中全会精神，2019年12月底，国家网信办发布了《网络信息内容生态治理规定》（以下简称《规定》），这是我国首部关于网络信息内容治理的系统性、综合性和体系化的行政立法，也是我国运用法治方式和互联网思维推进网络空间治理法治化的具有里程碑意义的重要法律制度。该《规定》以"培育和践行社会主义核心价值观"为网络信息内容生态治理的根本准则，一方面正面倡导、鼓励弘扬正能量的网络信息内容的制作、复制和发布；另一方面明确列举违法和不良信息的具体类型，为网络违法和不良信息的惩处、防范和抵制提供了具有可操作性的规范指引。该《规定》抓住"关键少数"（网络信息内容生产者、网络信息内容服务平台、网络信息内容服务使用者、网络行业组织等）、瞄准关键环节（网络信息内容制作、复制和发布），针对不同主体、不同关键节点，体系化地规定了不同管理义务和相应法律责任。

二 我国网络信息内容监管相关立法存在的不足

1. 网络信息内容监管立法尚未在法律的稳定性与适应性之间达至动态平衡。法律作为调整社会关系的行为规范，以国家强制力为保障，对公民和组织的行为发挥着引领、规范和保障作用。法律只有具备一定的稳定性，才能为公民的守法行为提供可预见性、为行政机关的执法行为提供持续稳定的执法依据、为司法机关的司法行为提供前后一致的裁判标准，从而在守法、执法、司法等多个维度形成对法律的尊崇和信仰。因此，保持法律的相对稳定性是我国立法应遵循的重要原则，也是维护法律权威的基本要求。同时，法律所调整的社会关系随着社会发展持续处于变动状态，法律要有效发挥其调整功能并保持其应有权威，必须适时通过法律的立、改、废、释，对调整对象的变化作出及时的回应，这也是法律内涵的本质要求和保持法律权威性的实质要件。法的稳定性和适应性虽存在相互对立，但在维护法律权威上却同等重要，不可或缺。只有通过二者的相互配合、彼此消长来实现动态平衡，才能使法律发挥对人的行为所具有的引导、预测、教育、评价和强制功能。网络信息内容监管立法是规范互联网信息生产、发布、传播等行为，防止不合法的网络行为扰乱正常的网络秩序，并为政府网络监管行为提供执法依据的规范制度。按照我国互联网法专家周汉华的观点，规范互联网信息立法是互联网法的三大组成部分之一，[①] 因此，网络信息内容监管立法理应保持一定的稳定性，不能朝令夕改。而在互联网时代，信息技术发展一日千里，新的信息制造、信息传播方式和媒体新形态层出不穷，新的网络违法行为也随之日新月异。在互联网 2.0 时代，低俗、诽谤、谣言等不良网络信息内容主要存在于网站帖子、跟帖等以文字、图片为主要表现形式的单向信息传播方式。而进入互联网 3.0 时代，用户与互联网之间的多对多的交互性不断增强，微博、微信等社交媒体蓬勃发展，短视频、网络直播、网络播客、虚拟现实、网络教育等多维化和多元化媒体技术不断推陈出新，低俗、恶搞、诈骗等网络不良信息也不断以新的形式出现，如快手、火山等短视频平台不时整蛊恶搞、无下限炒作，"内涵段子"、Uki 等社交软件存在导向不正、低俗博眼球的内容。新的规范对象不断涌现，需要网络信息内容监管立法相应地加以及时调整，纳入规制范围，以持续维护互联网的正常法治秩序。法的稳定性与适应性之间的张力在网络信息内容监管立法中显得格外突出，能否魔高一尺、道高一丈，还是道高一尺、魔高一丈是网络信息内容监管立法需要解决的棘手难题。

调和网络信息内容监管立法的稳定性与适应性之间的张力，需要构建分层次、有梯度的网络信息内容监管法律体系。要制定一部统领以不同类别、不良信息为具体规制对象的各类部门规章和规范性文件的基础性法律，确立网络信息内容监管立法的立法目的、基本原则、适用于各类不良信息的基本规范和法律责任，从而既保障各类部门规章和规范性文件的法

---

① 参见周汉华《论互联网法》，《中国法学》2015 年第 3 期。

制统一性，又可在新的不良信息形式出现、而相应的针对性规范制度尚未出台前，为互联网信息服务商、互联网服务提供商的监管行为和执法机构的执法行为提供基本遵循，防止处于强势地位的企业组织和执法部门侵犯弱势个体的正当权益。而数量众多的关于网络信息内容监管的部门规章和规范性文件，因其极强的针对性和灵活简易的立法程序，可克服高位阶法律因更强的稳定性要求而存在的适应性不足，对新出现的不良网络信息形式进行及时有效的规范，从而迅速弥补因信息传播技术创新而在网络信息内容领域出现的法律真空。从我国现有的网络信息内容监管立法体系看，多元化的立法主体、不良网络信息类型不断迭出造成的法律真空，使得大量网络信息内容监管的部门规章和规范性文件不断出台。不同政府部门和机构的局部利益也推动着网络内容法规的涌现。例如，数量很多的规范网吧和网络游戏的政策，暗示了内容监管项目可能的营利性质，令一些政府部门和私营组织参与到互联网应用和管理的利益集团中。① 同时，全国人大未就网络信息内容监管出台专门性法律，导致立法主体多元、立法层级多样的部门规章和规范性文件之间在横向上和纵向上都存在不同程度的法律冲突或抵触，极大地影响了网络信息内容监管立法体系的内在一致性，难以为网络信息内容监管行为提供统一、权威的法律依据。虽然 2017 年 6 月 1 日正式实施的《网络安全法》，弥补了我国互联网治理领域缺乏框架性法律的空白，但是作为首部互联网基础性法律，需要围绕互联网信息内容管理制度、网络安全等级保护制度、关键信息基础设施安全保护制度、个人信息和重要数据保护制度、网络产品和服务的管理制度、网络安全事件管理制度这些具有全局性、基础性的基本法律制度，全面搭建我国网络安全法律体系的"四梁八柱"。因此，《网络安全法》不宜也难以对各个基本制度做出详细的法律安排，需要分别就这些基本制度制定配套法律法规。其中在网络信息内容管理制度方面，《网络安全法》仅确立了网络信息内容发布和传播应遵循的基本原则，即"任何个人和组织使用网络应当遵守宪法法律，遵守公共秩序，尊重社会公德，不得危害网络安全，不得

---

① 时飞：《网络过滤技术的正当性批判——对美国网络法学界一个理论论证的观察》，《环球法律评论》2011 年第 1 期。

利用网络从事危害国家安全、荣誉和利益，煽动颠覆国家政权、推翻社会主义制度，煽动分裂国家、破坏国家统一，宣扬恐怖主义、极端主义，宣扬民族仇恨、民族歧视，传播暴力、淫秽色情信息，编造、传播虚假信息扰乱经济秩序和社会秩序，以及侵害他人名誉、隐私、知识产权和其他合法权益等活动。"但是，不良网络信息的具体判定标准、互联网信息服务商和网络服务提供商各自的权利义务、网络信息内容监管的立法、执法职责划分、执法程序及相应救济手段等，尚需要通过制定网络信息内容监管方面的基本立法来加以统一规定。虽然2017年颁布的《互联网信息内容管理行政执法程序规定》和2019年颁布的《网络信息内容生态治理规定》，一定程度上弥补了网络信息内容监管立法存在的不足，但这两个规定的立法位阶比较低，尚需要在实施一段时间后，在总结网络信息内容生态治理实践的基础上，将其上升为由全国人大或全国人大常委会制定的法律，以增强网络信息内容治理法律制度的稳定性和权威性。

2. 重网络信息内容监管、轻公民网络表达自由保障的立法倾向仍然存在。网络信息内容监管直接涉及公民的宪法基本权利，具体来说，涉及我国《宪法》第三十五条规定的言论自由权和第四十一条的舆论监督权。在传统媒体时代，由于传媒资源的有限性和媒体所具有的"把关人"作用，公民的表达自由实际上未能直接、充分地得以行使，只能借助传统媒体手段间接并限定在一定范围内表达自己的思想和观点。进入网络媒体时代，信息传播方式发生根本性变革，信息传播手段极大丰富、人人可及，且传播速度迅捷、传播范围无界限，彻底突破传统媒体的资源限制。"传统媒体式微，社交媒体无处不在，每个人都成为总编辑，每个人手里都握有麦克风，传统的表达自由真正得以实现，为社会发展与进步带来了前所未有的机会。"[①] 公民表达自由借助网络媒体获得井喷式的释放后，传统媒体规制体制被重构。一方面，传统媒体对网络信息内容的过滤和自净功能大大被弱化；另一方面，作为网络信息汇集、发布和传播的网络信息内容服务商和互联网服务提供商的网络平台，基于市场私主体的属性，其对网络不良信息的监管既缺乏强制约束性，也缺乏可盈利的动力，甚至因过严的内

---

① 周汉华：《论互联网法》，《中国法学》2015年第3期。

容审查机制可能丧失"流量"而怠于进行内容审查。这导致网络舆论场"众声喧哗",网络谣言、网络色情信息、网络恐怖主义充斥各类自媒体和社交媒体。在这种新的信息传播格局下,我国网络信息内容监管立法通过加强事前审查、强化网络平台的过滤义务,力图弥补传统媒体式微留下的内容审查制度空白,构建健康有序的网络信息传播秩序。这一立法趋势在网络信息内容监管的各项部门规章和规范性文件中往往表现为:对公民网络表达自由的禁止性规范过多、权利保障规范过少;禁止性规范过于抽象、自由裁量空间过大;行政机关的执法权或网络平台的监管权限过多、执法程序及救济手段缺失。以2017年10月8日施行的《互联网用户公众账号信息服务管理规定》为例,总共18条的规章条文中,就有14条属于互联网用户公众账号信息服务提供者和使用者的义务性或禁止性规定,但大多缺乏具体的执法程序和对执法结果产生异议后可诉之的救济手段,一些禁止性规定中还存在"有关规定""相关法律法规"等模糊或抽象概念,留下过大的裁量空间。在当前互联网环境下,网络媒体具有迅捷、匿名、交互和去中心化的特点,有效的事前和事中监管制度是应对传播格局嬗变的必然选择。但是,当前网络媒体已经成为公民信息交流、意见表达和舆论监督的重要手段,并在网络反腐、网络正能量传播等方面发挥了正向的积极作用。可以说,网络表达自由是传统表达自由在网络媒体时代的一种新的表现形式,是传统表达自由的延伸和拓展,蕴含了自由、民主的宪法价值。对网络信息内容进行监管规制,需要干预、限制公民的网络表达自由,以维护国家安全、公共利益和其他公民的合法权益,但这种干预和限制要适度,要遵循公法上的一些基本原则:一是比例原则,即网络信息内容监管要与其所保护的国家安全、社会稳定、公民名誉权、隐私权、知识产权等公共利益或他人合法权益保持合理的平衡;二是法律保留原则,即无论是网络信息监管部门,还是网络信息服务提供商或网络平台,在对公民或组织采取过滤、禁言、删帖、封锁账号、区域断网等网络信息内容监管措施时,要有全国人大制定的法律上的依据,改变当前普遍存在的部门规章和规范性文件在缺乏上位法依据的情况下对公民基本权利进行限制的立法现状;三是遵循正当程序原则,在采取网络信息内容监管措施时,执法机构或互联网企业要履行通知、允许申辩、说明理由、听证等程序，防止其滥用监管权或超越法律授权对公民基本权利进行不正当的限制。这些原则体现在立法中，要求在立法价值理念层面上既要注重网络信息秩序维护，更要尊重互联网发展规律、鼓励互联网创新发展；在规范制度层面上既要重视事前和事中监管，更要重视言论权利的保障；在具体实践层面上，既要注重监管措施的有效性，更要重视规范手段的适度性和合理性。

3. 作为网络信息内容监管义务的主要承担者，网络信息内容服务平台①因避风港原则而在私法上得以豁免的审查责任，被公法要求其承担的内容审查义务逐渐侵蚀，其不得不承担普遍的主动审查义务，需要承担的责任范围日渐宽泛、归责原则日趋严格。网络信息内容服务平台为避免承担法律责任，一是不得不投入大量的人力、物力用于网络信息内容审核，这势必会阻滞互联网的创新发展；二是不得不执行过于宽泛、严格的信息内容审核标准，这必然阻碍网络信息开放、自由的流动，网络言论自由无法得到有效保障。在传统媒体时代，由于媒介资源存在稀缺性，信息传播规模有限、源头可溯，对信息内容的行政监管，行政执法部门尚能有效开展。但随着信息技术实现革命性飞速发展，媒介应用不断推陈出新，信息呈现几何式爆炸式增长且实现匿名性、瞬时性、交互性、跨地域性、去中心化的传播，政府对网络信息内容的行政监管早已力有不逮，网络信息内容监管从政府—个人模式，转变为政府—网络服务提供商—个人模式。可以说，在Web2.0的网络媒体时代，网络信息内容服务平台作为政府与网民之间的桥梁和纽带，在网络信息内容监管中具有双重地位、扮演着双重角色。一方面，网络信息内容服务平台是互联网技术进步和商业模式创新的主体，需要提高市场竞争力和市场占有率，实现商业利益最大化。为保持其市场活力，激励其持续开展互联网技术创新和竞争，有必要在一定程度上减轻或豁免其在网络信息内容监管方面的民事侵权责任，以促进互联

---

① 关于网络服务提供者的分类，我国立法并未做类型化区分。我国部分学者认为网络服务提供者可细分为网络接入服务提供者（ISP）和网络内容服务商（ICP），后者又可细分为网络缓存服务提供者、网络主机服务提供者、网络搜索服务提供者以及网络信息内容服务提供者。本书重点关注网络信息内容的行政监管，因此采用《网络信息内容生态治理规定》中的"网络信息内容服务平台"概念，即指提供网络信息内容传播服务的网络信息服务提供者。

网经济的繁荣发展。另一方面，网络信息内容服务平台在追逐经济利益的同时，也要兼顾保护个人权利和维护公共利益。互联网去中心化的交互式传播模式导致低俗内容、色情信息、诽谤、版权侵权等不良信息在网络媒体中屡禁不止。"互联网不是法外之地，必须置于政府的规制之下。各种网络信息内容服务平台作为信息传播渠道的'把关人'，处于互联网执法的关键位置。"[1] 同时，"网络空间天生具有赋权与控制的双重功能"[2]。网络信息内容服务平台运用自己的技术优势，极大减低信息发布和传播的技术门槛和准入条件，人人都是自媒体、人人都是麦克风，在"两微一端"、社交媒体、直播平台等自媒体蔚然成风，公民的网络言论自由得到极大彰显。但是，凭借技术优势和平台规则形成的技术控制力，网络信息内容服务平台既可以删除、屏蔽某些网络信息和言论，也可以通过置顶、加精、推荐、群发等技术手段，将另一些言论塑造成网络热点，直接或间接地影响网络舆论导向。

因此，网络信息内容服务平台在网络信息内容监管方面，需要平衡经营自主性与信息内容合法合规之间的张力，为此，网络信息内容服务平台的信息内容规制形成了私法上豁免其信息内容的民事侵权责任、公法上强化其信息内容审查义务的公私法并行的法律责任体系。一方面，我国《民法典》在第一千一百九十七条专条规定，网络服务提供者知道或应当知道网络用户利用其网络服务侵害他人民事权益，未采取必要措施的，与该网络用户承担连带责任。从比较法的角度看，该条规定引入了美国版权法上的避风港原则。根据该原则，网络信息内容服务平台无须对全部互联网信息内容进行严格审查，从而鼓励其开展互联网技术和业态创新，是对互联网发展效率与安全进行平衡的产物。这一基础性法律规则的确立，极大促进了我国互联网经济的繁荣发展，推动我国互联网技术达到世界领先水平。但避风港原则在我国实践中并未得到充分的实施。对于避风港原则的适用条件，美国法仅规定了平台商并不"实际知道"侵权行为的主观心态，而实际知道是指依据侵权人的一系列行为事实而推定其已经知晓侵权

---

[1] 魏露露：《互联网创新视角下社交平台内容规制责任》，《东方法学》2020年第1期。
[2] 梅夏英、杨晓娜：《自媒体平台网络权力的形成及规范路径——基于对网络言论自由影响的分析》，《河北法学》2017年第1期。

行为存在的一种主观心态，并不包括"应当知道"。且美国法同时规定了"红旗标准"。根据这一标准，如果侵权人的侵权行为像红旗飘扬一样昭然若揭，即使是一般"理性人"或"善良诚信的人"都能明显感知时，网络服务提供商不能以其"实际不知道"为理由豁免侵权责任。"红旗标准"虽然强调的是网络服务提供商对侵权行为的主观心态，采取的认定标准却是一般"理性人"的客观标准。但我国在对这一原则进行法律移植过程中发生了变异，将避风港原则这一责任排除规则移植为网络信息内容服务平台承担民事侵权责任的构成要件。同时，"红旗标准中网络用户侵权事实是否明显这一重要的客观因素被省略，仅仅被代之以网络服务提供者是否明知或者应知侵权行为存在这种更为宽泛的主观标准"①。网络信息内容服务平台的侵权责任豁免范围因此被大大限缩，一定程度上加重了网络信息内容服务平台的侵权责任，削弱了避风港原则对网络产业发展的保护作用。

　　另一方面，鉴于对网络信息内容开展行政监管的最佳途径是网络信息内容服务平台，我国行政法律法规要求网络信息内容服务平台对网络信息内容负有普遍、积极、主动的审查义务。② 因违反公法上的全面审查义务而导致的行政责任逐步严格化，责任形式逐渐多样化，囊括了行政约谈、警示整改、限制功能、暂停更新、关闭账号、责令改正、罚款、限制从事网络信息服务、网上行为限制、行业禁入等，形成了庞大的信息内容审查责任体系。公法责任的归责原则也越来越严格，对平台承担责任的条件从"实际知道"不良信息的传播扩张为"明知"或"应知"不良信息的传播。而在司法实践中，网络信息内容服务平台常常因为违反公法审查义务，而被认为未尽到私法上的注意义务，不得不承担民事侵权责任。这使得避风港原则为网络信息内容服务平台提供的审查责任豁免失去效用。同时，严格的公法审查义务也使网络信息内容服务平台面临"两难"境地：若不履行现行立法规定的公法审查义务，其需承担行政法甚至刑法上的公法责任；如果其履行公法审查义务，必将实质性地接触到信息内容，而一

---

① 朱冬：《网络服务提供者间接侵权责任的移植与变异》，《中外法学》2019年第5期。
② 详见《网络安全法》《网络信息内容生态治理规定》《互联网新闻信息服务管理规定》《信息网络传播权保护条例》等法律法规。

且出现侵权内容，很容易被认为具备"应知"侵权行为的主观构成要件，在相关民事侵权诉讼中很可能被裁定承担民事侵权责任，让其处于"违反公法义务，承担公法责任"和"履行公法义务，承担民事责任"的两难困境中。[①]

为此，网络信息内容服务平台审查信息内容的公法义务和私法义务应并行不悖且保持合理的比例，防止公法义务不当渗透至私法领域，不当提高平台商的私法注意义务。一方面，为减轻网络信息内容服务平台因对规模巨大、种类多样的信息内容进行全面审查造成的巨大人力、物力和财力负担，应将平台商的公法审查义务定位为技术性审查，允许其在可负担的能力范围内，运用合理的内容过滤技术履行审查义务。目前，内容过滤技术在我国现行立法允许范围内，国内外大型网络信息内容服务平台都有较为成熟的技术审查经验且可以市场方式开放给中小型网络信息内容服务平台，可极大提高不良信息的识别和拦截效率，同时降低网络信息内容服务平台履行审查义务的成本。

但技术措施本身也具有一定局限性，应对其使用范围和标准做出一定限制。在使用范围上，技术审查应将私法上的不良信息排除在外，且应对公法违法内容的判断标准做具体、清晰的界定，保障公法审查能在技术上实现。对于内容过滤技术的有效性标准，"不应再采用'结果主义'模式，而应采用类似于'技术安全港'的模式"[②]，即只要网络信息内容服务平台采取了合理的内容过滤技术措施，就可认为其履行了公法上的审查义务而免于承担民事侵权责任。同时，对于技术性措施导致的审查错误，也要提供内部救济机制和司法救济机制。

当然，对互联网上海量信息中的违法内容进行拦截过滤是一项庞大复杂的任务，仅靠网络信息内容服务平台基于外在法律强制力被动应对是很难完成的，为此，应吸收相关利益主体参与网络信息内容监管体系，形成监管机构、网络信息内容生产者、网络信息内容服务平台、网络信息内容

---

① 姚志伟：《公法阴影下的避风港——以网络服务提供者的审查义务为中心》，《环球法律评论》2018年第1期。

② 姚志伟：《技术性审查：网络服务提供者公法审查义务困境之破解》，《法商研究》2019年第1期。

服务使用者合作治理的信息内容监管体系，更好地实现互联网创新、言论自由和信息内容合法三者间的合理平衡，将网络信息内容审查义务内化为其主动的日常管理职责，形成长效机制。

另一方面，为了避免公法上的审查义务不当提高网络信息内容服务平台私法上的注意义务，保障其获得避风港原则提供的审查责任豁免，还需通过司法解释的方式，在网络侵权领域设置因违反公法规范而承担私法责任的特别条款，规定违反公法上的审查义务而导致私法所保护的法益遭受损害时才可认定其未尽到合理的注意义务而承担私法上的侵权责任。

第三节　互联网平台内容治理的行政法规制

当前，5G技术、大数据、人工智能等互联网技术不断创新发展，不断渗透并深刻改变着人类的经济社会生活。在信息传播方面，互联网技术架构的不断变迁也推动着网络信息传播规模、手段和形态发生颠覆性变革。从网站论坛、博客到微博、微信再到网络视频、网络直播，这些日益丰富发达的网络信息传播技术手段，以开放、平等、协作、分享的技术特点，让每一位网络用户得以实现海量信息无时间间隔、无空间局限的实时交互交流。网络用户不仅成为信息的接收者和传播者，更为重要的是，借助新媒体技术所具有的高度参与性，网络用户还可以自己生产并分享信息内容，实现"点到面"的自主传播。这种技术便利性推动了公民言论自由在网络空间空前活跃和繁荣。

为网络信息传播提供网络架构和技术保障的网络平台，是网络言论自由得以实现的关键节点，其凭借技术和信息优势，既在信息生产与传播方面赋权于网络用户，又在为海量信息提供传输、虚拟主机服务和信息索引服务过程中，对各种形式的言论施加强大的影响力和控制力。随着网络平台在去中心化的网络传播中逐步实现中心化，网络平台对网络言论具有了甚至可以比肩公权部门的主导权、控制权和话语权，对公民基本权利的行使构成直接影响，甚至对政府的网络监管权和舆论引导权构成挑战。

一些大型网络平台凭借技术和信息优势，对网络用户已经具备单方面影响其权利行使和行为选择的能力，产生了具有公权力属性的网络平台权力。但是，网络平台作为市场经济下的私法主体，享有不受公权力不当干预的经营自主权和商业自由。且网络平台权力并不像公权力一般，来源于法律规定或有权机关授权，而是大数据和互联网技术推动下网络服务平台化的结果，因而无法运用立法控制、程序保障和司法审查等防止公权力滥用的行政法手段对其进行法治规制。因此，如何在理论上科学界定网络平台权力的内涵、属性和形态，厘清网络内容治理中个人—平台—国家三元主体的相互关系，并在充分尊重网络平台的经营自由的同时，把网络平台权力关进"制度的笼子"，保证网络平台权力的正确行使，形成多元共治、民主参与的网络内容治理秩序，已经成为网络空间治理甚至是国家治理重中之重的关键问题。

一 网络平台权力的内涵

从字面上看，网络平台权力由"网络"加"平台"加"权力"三个词组成，可采取先拆分再组合的方式试着对其内涵进行概括。网络即计算机网络。平台在现代汉语词典里有4种解释，分别是：晒台；生产和施工过程中，为操作方便而设置的工作台；指计算机硬件或软件的操作环境；泛指进行某项工作所需要的环境或条件。[①] 结合"网络"这个限定词，在网络平台中，平台更多指向其计算机含义，即计算机硬件或软件的操作环境：一种支持特定应用程序的设计和使用的基础技术架构，例如，操作系统、游戏设备、移动设备以及数字光盘格式。

随着数字产业的兴起，新媒体、新业态的不断涌现，用户生产内容形式不断创新，"平台"一词从其严格的计算机含义不断拓展，已经具有了多层含义。互联网技术进入Web2.0时代后，围绕用户自己生成内容，出现了博客、微博、网络视频、流媒体和社交媒体等新媒体形式，相应地出现了博客平台、微博平台、网络照片和视频分享平台、社交媒体平台等为用户自制、传播内容提供手段和工具的技术环境和条件。用户自主生产分享内容的网络传播模式具有用户黏度聚合效应，又推动了数字经济和共享

[①] 中国社科院语言研究所编：《现代汉语词典》（第5版），商务印书馆2010年版，第1053页。

经济的蓬勃发展，催生了电子商务、在线广告、数字媒体营销等网络商业模式，网络平台发展为在网络空间中通过提供技术支持和应用入口，为用户交易、互动和交流提供场所和服务的自组织生态，其本质是连接商品或服务供需端口的中间节点。至此，"网络平台"的内涵已经拓展至"Web 2.0 条件下，网络用户在线表达自己并参与网络空间共享活动的各种信息和通信技术平台"①。而网络商业化不断深化，促进资本与技术的联姻，逐渐形成了以网络设施和现代信息技术为基础，将网络平台进行商业模式运作的互联网平台企业。因此，网络平台又指"21 世纪以来出现的、建立在 Web2.0 基础上、允许用户创建和交换内容的应用程序与资本结合形成的大型商业化组织"②。基于权力的行使主体只能是公民个体或组织，在"网络平台权力"一词中，网络平台宜限定于对各类网络平台进行经营和运作的互联网平台企业。

权力是社会科学研究中的基础和核心概念，社会学、哲学、法学、政治学都对其进行了系统完整的论述。概括起来，社会学、哲学对权力概念的界定较为宽泛，并未将权力的行使主体限定为国家机关及其工作人员。如最早对权力进行明确定义的哲学家罗伯特·罗素认为，权力是某些人对他人产生预期或预见效果的能力。③ 再如，马克斯·韦伯对权力的经典定义："权力意味着在一种社会关系里哪怕遇到反对也能贯彻自己意志的任何机会，不管这种机会是建立在什么基础之上。"④ 社会学家对权力的研究逐渐关注组织中资源与权力之间的复杂联系。例如，美国著名哲学社会科学家詹姆斯·麦格留戈·伯恩斯在《领袖论》中提出，权力等于动机加资源，运用权力就是运用自身资源达到某种目的的过程。⑤ 基于此，有学者提出，权力是"某一主体凭借和利用某种资源能够对个体进行价值控制致

---

① Gillespie Tarleton, "The Politics of Platforms", New Media & Society, Vol. 12, No. 3, 2010, pp. 347 – 364.
② 易前良：《平台中心化：网络传播形态变迁中的权力聚集——兼论互联网赋权研究的平台视角》，《现代传播》2019 年第 9 期。
③ 卢少华、徐万珉：《权力社会学》，黑龙江人民出版社 1989 年版，第 17 页。
④ [德] 马克斯·韦伯：《经济与社会》（下卷），林荣远译，商务印书馆 1997 年版，第 81 页。
⑤ 陆德山：《认识权力》，中国经济出版社 2000 年版，第 10 页。

使客体改变行为服从自己,以实现主体意志、目标或利益的一种社会力量和特殊的影响力"[1]。而在法学、政治学领域,权力是与权利相对应的公法概念,主要指公权力机关所行使的包括立法权、执法权和司法权在内的国家权力、职权、公权力。公法、私法泾渭分明的界限是私主体成为权力行使主体难以逾越的鸿沟。不过,也有学者依据美国法学家霍菲尔德对权力的定义(权力是指人们通过一定行为或不行为而改变某种法律关系的能力)认为,权力在法学概念上也并不完全排除私主体。[2]

基于以上分析,要对"网络平台权力"的内涵进行科学概括,必须将权力概念做一定拓展,而不能将其限定于公法范畴。网络平台权力与国家权力都具有单方面控制客体行为,以实现主体意志的支配力和影响力,二者的本质区别在于权力的来源和权力的实施机制。国家权力来源于法定授权或有权委托,而网络平台权力除少部分由法律授权外(如《互联网用户账号名称管理规定》赋予互联网信息服务提供商对互联网用户提交的账号名称、头像和简介等注册信息进行审核的权力),主要来源于网络平台企业在技术、信息等方面的资源优势。国家权力以国家强制力为实施保障,权力客体无法选择不接受国家权力对其的支配和控制,且若不履行国家权力为其设定的法定义务,将面临人身或财产上的不利后果。而网络平台权力基于私主体的身份,并无国家强制力做后盾,其权力的顺利实施,主要依靠技术和市场垄断形成的权力客体对其技术和平台的高度依赖性,在极端的情况下(如放弃使用该网络平台和技术),权力客体可以选择拒绝网络平台权力对其施加影响。为此,网络平台权力应指对各类网络平台进行经营和运作的互联网平台企业基于用户对其互联网技术和平台的高度依赖性,运用其市场、技术和资源优势单方面对用户行为选择进行约束和控制的能力。

二 网络平台权力的主要形态

综合学者们的相关研究成果,各类网络平台的权力形态主要有三种。

---

[1] 卢少华、徐万珉:《权力社会学》,黑龙江人民出版社1989年版,第20页。
[2] 周辉:《技术、平台与信息:网络空间中私权力的崛起》,《网络信息法学研究》2017年第2期。

一是平台规则制定权,有学者称之为准立法权,[①] 也有学者称为"建制性权力"[②]。网络平台的规则制定权体现在两个方面。一方面,代码是网络空间三大规则之一,网络平台可利用其先天的网络技术优势,将企业意志以代码编程的方式融入平台技术设计框架,在技术设计阶段就把控平台技术规则的"立法权"。基于技术博弈中网络用户的绝对弱势地位,对于平台设计中的技术规则,网络用户几乎集体失语。另一方面,在网络平台运行过程中,平台企业还以"用户协议""服务指引"等形式,主导建立了庞大的网络平台运行规则体系。这些规则虽名为"合同",但实为平台企业单方制定,并未与网络用户协商,即使其会损失个人权利,但基于平台技术依赖性,大多数情况下用户只能接受,否则将被剥夺使用该平台的权利。例如,我国最大的网络交易平台——淘宝就建立了一整套种类齐全、层次分明的网络交易规则体系,既有基础规则,也有管理规范,还有实施细则。社交平台方面,美国脸书的隐私政策被学者戏称"比美国的宪法还要复杂,篇幅还要更长"[③];拥有8亿多用户的我国微信平台也制定有《腾讯服务协议》《腾讯微信软件许可及服务协议》《微信公众平台服务协议》《微信公众平台运营规范》《微信朋友圈使用规范》等使用规范。

二是内部管理权,也称为行为管制权或"准行政权"。网络平台在网络空间中的地位和作用,类似于现实世界中的"集市",平台企业作为"集市"的缔造者和管理者,必然要对在网络平台上的多元主体行为进行约束和管制。这种内部管理权包括对平台各种资源要素分配权、平台秩序维护权和内容审核权。例如,网络交易平台是在网络空间连接产品和服务供需的第三方交易服务平台,需要通过算法对各类生产资源要素进行匹配,对平台经营商资质进行审核,对平台客户进行筛选匹配。又如,各社交媒体、直播平台、视频网站和"两微一端"都制定了系统、完整的平台内容审核流程和机制。在网络用户违反法律法规,或平台企业认为用户行

---

① 解志勇、修青华:《互联网治理视域中的平台责任研究》,《国家行政学院学报》2017年第5期。

② 易前良:《平台中心化:网络传播形态变迁中的权力聚集——兼论互联网赋权研究的平台视角》,《现代传播》2019年第9期。

③ [荷]何塞·范·戴克:《互联文化:社交媒体批判史》,赵文丹译,中国传媒大学出版社2018年版,第34页。

为不符合法律、平台规则甚至社会道德时，平台还可采取技术措施加以管制和惩罚。在网络交易平台方面，京东网上商城围绕 22 种违规行为制定了管理细则。这些行为包括不当使用他人权利、违背承诺、不正当牟利等。针对这些违规行为，京东设置了警告、商品下架、删除链接、限制广告投放、店铺降权等技术惩处措施。在网络直播平台方面，2019 年 5 月，国内四大网络直播平台——今日头条、抖音短视频、西瓜视频和火山小视频联合发布了《平台直播自律白皮书》，对网络直播平台中出现的违法违规和违反社会公序良俗的直播行为，规定了不通过、内容警告、封禁 1 至 30 天、永久封禁的分级处罚机制。

  三是纠纷裁决权，也称为准司法权或争议处置权。网络空间是现实世界的延伸，现实世界中出现的纠纷争议，除涉及部分人身权外，都可能在网络空间发生。例如，网络交易平台企业作为"集市"管理者，需要对网络商户之间因市场竞争产生的侵权、恶性竞争等纠纷争议，对商户与平台之间因内部管理产生的纠纷，以及消费者对商户的投诉意见进行裁决处置。对于网络交易中产生的争议和纠纷，网络平台主要依据事先制定的"用户协议"或"服务指引"进行内部裁决处理。社交平台和网络内容生产传播平台为了符合法律法规和自治规范对网络内容的审核要求，大多建立了网络投诉举报渠道，并安排专门的运营人员处理投诉举报。例如，美国脸书公司就在全球范围内拥有上万人规模的内容审核团队，专门处理网络用户关于侵犯知识产权、传播暴力犯罪和仇恨言论的投诉举报。网络平台通过行使内部纠纷裁判权，在争议和纠纷尚未进入司法诉讼环节时就予以化解，极大地节约了国家司法资源，符合多渠道化解社会纠纷矛盾的国家治理思路。但另一方面，基于技术、信息等资源的不对称性，网络平台的纠纷裁判权缺乏有效的法律监督，易被滥用。虽然网络平台行使的纠纷裁决权本质上不具有法律上的终局性效力，对其做出的争议裁定不服的，可到法院提起司法诉讼。但由于互联网巨头企业对平台渠道具有垄断地位，用户往往出于对平台服务的依赖性，即使不服网络平台的准司法行为，也极少诉至法院。这使网络平台事实上对网络平台纠纷争议具有终局的裁决权。

三 网络言论自由视角下网络平台权力形态

进入互联网时代，网络平台取代传统媒体，成为各类言论表达的主要场域，开辟了言论自由的新渠道。互联网所具有的迅捷、低成本、隐匿、开放、互动的技术特点，极大地降低了言论表达的门槛，大为拓展了言论自由的广度和深度，促进了网络表达的空前活跃。但是，网络平台在为网络言论自由赋权的同时，基于其技术和资源优势，出于获取商业利益、降低违法成本、规避违法责任等目的，也可以采取各种技术措施，对网络信息内容进行直接规制，对网络言论自由加以单方面的限制。因此，网络平台权力在网络言论自由领域具有赋权和控制两种既相互对立，又共生在同一网络平台主体中的两种权力形态。

网络平台在网络言论自由方面的赋权形态可分为三个方面。一是互联网帮助个人言论摆脱对传统媒体的依赖，直接传播至其受众，并以由点及面的传播方式大幅增加个人言论可及的受众规模，从而极大增强个人言论的传播力和影响力。有了互联网这个强大的传播"放大器"和"扩音器"，单个个体的能动性能转化为集体行动，从而为网络上甚至现实中的社会运动提供巨大的动员力和行动力。尤其是活跃于各大社交平台的网络意见领袖，掌握着更大的网络话语权和影响力，其个人言论能够掀起并左右网络舆论事件的走向，如2016年的"魏则西事件"和"雷洋事件"在网络空间引发网民热烈讨论，其背后就有网络意见领袖的推动作用。网络意见领袖不仅影响网络舆论，还能引领新的网络消费方式和新经济模式，如"粉丝经济"。在特殊情况下，聚合起来的网络言论甚至可能引发国家政权的动荡，如2010年在西亚北非发生的政治动荡，就起源于通过社交媒体脸书和推特发起的政治动员"阿拉伯之春"。

二是网络平台，尤其是网络社交平台通常提供用户友好型的技术设计模式，以确保具有较低或中等技术素养水平的用户能够参与网络公共讨论。4G技术的广泛应用，使得互联网技术与移动通信技术相结合，推动传统互联网向移动互联网发展。移动互联网具有移动便捷性，用户可随时随地接入互联网获取信息、创造信息并分享信息。移动互联网的蓬勃发展，还大为增加了社交平台间的交互性，用户获取或自己生产的信息内容可以在微博、微信等多个社交平台与好友分享、评论。同时，社交平台还不断改进社交媒体技术，如增加语音、手写输入模式，引入带记忆功能的拼音输入法等，尽量降低用户使用社交平台所需的技术门槛，增加社交平台的可及性。

三是个人在网络内容生产中扮演着越来越重要的关键角色。传统媒体下，新闻内容主要由拥有大量新闻工作者的专业新闻机构提供，小型业余文化产品，如照片、视频、自拍等，尚无法得到体系化传播和共享。进入自媒体时代，用户既是内容传播者，也是内容生产者，而微博、今日头条、抖音、推特等社交平台，不光发挥着平台媒体功能，还是可以自由进行内容生产、编辑、共享、评论等以用户为中心的自媒体聚合平台。而且，这些网络平台利用自媒体内容的巨大关注度和不断增加的用户黏度和忠诚度，对自媒体平台进行商业化运营，如嵌入网络广告、向客户推送商业信息等，保证平台免费使用模式可持续。

表面上来看，网络平台借助信息传播技术极大地彰显和释放了网络用户的言论自由，但是，这种促进网络表达的推动力也容易转化为对网络言论的审查。有学者甚至称，网络平台"也许天生就是用户言论的审查者"[1]。

言论自由作为宪法上的一项基本权利，属于消极的防御性权利，以防范政府公权力的干预和侵犯为首要任务。在传统媒体时代，"街头发言者"式的言论自由在个人——政府的二元对立模式中得以实现。而互联网出现后，公民言论和表达的主渠道和主平台已经转到以自媒体为代表的网络平台，个人——政府的二元主体模式中出现了第三主体——网络平台。政府因不掌握网络信息传播技术、渠道和用户数据，无法运用现实世界的法律直接对网络空间表达进行规制，只能借助掌握着网络空间规制工具——代码的网络平台进行间接规制。有学者把这种网络内容治理称为"委托治理"（Delegated Governance）[2]。

---

[1] 陈道英：《ICP对用户言论的法律责任——以表达自由为视角》，《交大法学》2015年第1期。

[2] Jonathan Peters and Brett Johnson, "Conceptualizing Private Governance in A Networked Society", *North Carolina Journal of Law & Technology*, Vol. 18, October 2016, p. 32.

在这种"委托治理"中,政府虽退居网络信息审查的幕后,但为了强化其对网络空间表达的治理角色,通过大量的法律法规为网络平台设置网络信息审查责任,对网络信息服务实行行政许可制,甚至直接对网络平台发布行政命令,要求其屏蔽政府禁止访问的网站、过滤政府认定的敏感词汇、协助政府确认违法信息发布者身份信息、协助删除违法信息并对信息发布者采取技术惩罚措施。可以说,以网络平台为中介进行网络表达的政府规制,可以避免政府与言论发布者之间的直接冲突,缓解官民矛盾,具有简便、高效、隐蔽等优势,可达到事半功倍的治理效果。

而网络平台成为网络信息审查的直接承担者,为了继续从事需政府许可的互联网服务、避免因违反法律法规对其设定的信息审查义务而承担法律责任,也为了获得与政府合作带来的经济利益,其对网络信息审查兼具压力和动力。运用网络平台对网络表达所具有的先天技术控制权,其能够轻易地帮助国家实现对网络空间舆论场的全景式治理。有学者认为,网络信息内容的公私法混合治理已经成为控制公共话语的新规范。在自媒体时代,对言论自由最大的威胁不是政府试图对用户生产的内容进行审查和过滤,而是政府与商业网络平台合作进行用户内容管理。[①]

2010年的维基解密事件就是政府借助网络平台对网络表达进行规制的典型案例。2011年1月,美国司法部组建大陪审团调查维基解密事件,要求著名社交平台推特提供与维基解密相关的"所有记录"和"通信记录",并不准向任何人泄露此次调查活动。推特虽然成功拒绝了执行关于维基解密的联邦禁言令。但在穷尽所有上诉途径后,推特最终被迫将维基解密的有关数据提交美国司法部。在我国,《网络安全法》和大量关于网络信息内容的行政法规和部门规章中,有关网络平台企业网络内容审查义务及其法律责任的规定,占有相当大的比重。而近年来互联网信息内容监管执法部门开展的多次整治网络不良信息的"净网"专项行动,也主要依靠网络平台企业采取删除、封号、屏蔽等技术手段和措施予以配合。

---

① Jonathan Peters and Brett Johnson, "Conceptualizing Private Governance in A Networked Society", *North Carolina Journal of Law & Technology*, Vol. 18, October 2016, p. 33.

网络平台对网络空间表达拥有绝对技术控制权,既能决定某些信息能被网络受众接收,也能让另一些信息无法传达至受众,从而左右网络舆论的走向。一方面,网络平台所具有的算法推荐、置顶、加精、热榜、热搜、搜索排名等技术权限,可以将某些特定信息从互联网海量信息中脱颖而出,获得用户的优先浏览权,从而占据用户先入为主的思维资源,并传达网络平台认可并意图传输的价值共识和观念体系。例如,网站论坛管理员可将关注度高、回帖量大的帖子设置为精华帖,置于所有帖子之前;各个新闻客户端也将其认定的重要新闻置顶,放在各类新闻之首;用户在使用搜索引擎搜索信息后,通过大数据算法,自动向用户推送与其搜索内容相关的信息。舆论影响力巨大的社交平台和搜索引擎,如微博和百度搜索,都设置了热榜或热搜板块,将一定时间内用户搜索的热词和热点事件,按照搜索量进行排序并频繁更新,成为网络平台设置议程、影响舆论关注点的重要技术手段。网络平台在引导用户关注点方面所具有的技术垄断权因缺乏有力的外部监督制约,易成为平台谋取不正当利益的寻租工具。例如,滥用各种技术权限,生产、传播、强化有利于相关利益主体的网络内容,类似于传统媒体下的有偿新闻,但具有更大的隐秘性和更广泛的传播影响力。再如,部分搜索引擎平台利用网络用户对自然搜索结果客观公正性的信赖利益,对付费搜索广告不加以显著标识,而是混同于自然搜索结果,甚至置于自然搜索结果之上,给虚假广告以可乘之机。2016年成为网络舆论热点的"魏则西事件"中,21岁的大学生魏则西被百度搜索结果误导,前往一家非正规医院就诊导致死亡。直到2016年国家网信办颁布《互联网信息搜索服务管理规定》后,搜索引擎平台才醒目区分自然搜索结果与付费搜索信息,并对付费搜索信息加以显著标识。

另一方面,网络平台还可利用其对注册用户言论所具有的后台管理和编辑权限,有选择性地过滤、删除某些网络信息,对用户投诉和举报的处置也具有极大的自由裁量权。网络平台屏蔽、删除用户言论所依据的用户服务协议属于"标准"而不是"规则"。规则相对简便易执行,几乎没有自由裁量权,虽然规则本身也存在分歧和冲突,但司法救济可在一定程度上弥合这些冲突。而标准通常含混不清且具有开放性,决策者执行标准时易任意妄为或带有偏见。① 网络平台拥有的网络言论把关权自由裁量空间巨大，且缺乏有力外部监督和司法救济，一旦被滥用，将对用户的言论自由、知情权和舆论监督权构成极大限制和干预，扰乱健康有序的网络生态。网络平台的删帖行为可分为三种类型。一种是出于维护公共利益的需要，依据网络安全方面的法律法规或行政规章的规定，删除不符合"七条底线"和"九不准"的网络信息。这种类型的删帖行为具有明确的法律规则依据，具有维护公共利益和互联网健康秩序的正当性。另一种删帖行为出于行政利益的需要。在网络空间出现涉及公权力部门及其公职人员的负面评论时，为维护所谓"政府形象"和公职人员的名誉，对网络平台施加行政压力，对涉及公权力的批评性言论进行屏蔽、过滤。这种类型的删帖行为如果将网民正常的意见表达进行不当删除，网民的负面情绪无法得到合理释放，易激化官民矛盾，危及社会和谐稳定。同时，批评建议言论在网络空间被压制，也阻碍了网民对公权力的行使开展舆论监督，将使权力滥用和贪污腐败变得有恃无恐。还有一种删帖行为是受商业利益的驱动。如一些网络公关公司将部分企业、个人维护良好的网络声誉的需求和网络平台具有的言论控制权视为商机，运用网络舆论监测软件和人工搜索，检测出有关客户公司的负面言论，并应其要求，联系具有删帖权限的网络平台工作人员对相关负面言论进行屏蔽，以此牟利或达到其他目的。网络有偿删帖造成网络信息传播扭曲而失真，一些事关公众利益的真相被掩盖，有可能给公众人身、财产造成损害，同时也易造成企业间的不正当竞争，扰乱正常的市场经济秩序。

四 内嵌于"服务协议"中的网络平台权力难以规制

自言论自由被确认为宪法基本权利后，政府就被视为言论自由的最大威胁。在以街头、广场为媒介的言论自由早期阶段，政府通过对辖区自上而下的行政管理权即可对有物理界限的舆论环境实现最大限度的管控，形成了政府—公民的言论治理二元结构。进入以报纸、广播、电视为传播载

---

① Kate Klonick, "The New Governors: the People, Rules, and Processes Governing Online Speech", *Harvard Law Review*, Vol. 131, 2018, p. 1598.

体的传统媒体时代，信息传播渠道和资源为传统媒体所掌握，但政府通过对媒体组织的行政隶属关系或公司法上的国有控股方式，可直接要求媒体组织过滤、删除违法或不良信息，甚至运用行政、刑事等国家强制手段，对言论发表单位和个人进行制裁。正因为在传统媒体时代政府对言论表达具有强大的把控权力，为了保护这一具有重要宪法价值的基本权利，世界各国都从实体法和程序法上限制政府对言论自由的不当干预和限制。在实体法上，绝大多数国家都在具有国家根本法地位的宪法中为言论自由提供宪法保障，许多国家还制定了言论自由方面的专门法。在程序法上，各国法律均规定，政府执法部门在做出可能影响公民言论自由权行使的行政决定之前，都要履行及时告知、说明理由、举行听证、听取申辩等行政程序。为保证行政决定的合法性和合理性，还提供了行政复议和行政诉讼两种救济手段。

进入网络媒体时代，互联网在个人和网络平台企业之间实现了双向赋权。一方面，互联网带来信息传播和言论表达便利化、多样化，网络言论自由基本实现了自主意愿下的渠道自由、方式自由。但是，网络的去中心化、匿名性、即时互动性、信息传播快速性，加上"网络的草根化、个性化及反主流化"[①]，网络虚拟社会出现大量网络表达失序问题，如网络违法信息和不良信息大肆传播，侵犯公民个人信息权和隐私权；网络大V操控网络舆论走向，影响、解构主流意识形态和社会主义核心价值观在网络生态中的主体地位；网络泄密危及国家安全；网络表达的无序、失范倾向凸显网络信息内容生态治理的必要性和紧迫性。

另一方面，部分网络平台企业利用网络信息技术优势，在网络平台通过特定应用拥有黏度极高的海量互联网用户，掌握了大量个人信息和个人数据。凭借技术、平台和信息，具备了影响和支配用户行为的能力。[②] 这

[①] 罗楚湘：《网络空间的表达自由及其限制——兼论政府对互联网内容的管理》，《法学评论》2012年第4期。

[②] 对于网络平台的这种能力，学界说法不一。有的称为网络"私权力"（参见周辉《变革与选择：私权力视角下的网络治理》，北京大学出版社2016年版），有的称为网络平台权力（参见郭渐强、陈荣昌《网络平台权力治理：法治困境与现实出路》，《理论与探索》2019年第4期），还有的称为平台的网络权力（参见梅夏英、杨晓娜《自媒体平台网络权力的形成及规范路径——基于对网络言论自由影响的分析》，《河北法学》2017年第1期）。

种能力在言论自由领域表现为对用户言论具有后台编辑和管理的权力，包括过滤、屏蔽、删除、封号等权限。借助平台的力量，政府对网络信息内容进行审查可获得事半功倍的效果。

网络舆论生态治理任务复杂严峻而政府力有不逮，网络平台企业却能对网络言论自由施加巨大影响力，这成为政府寻求网络平台商协助规制网络信息内容的重要驱动力。但与传统媒体时代不同，作为信息生产和传播"管道"掌握者的网络平台企业是私主体，与网络监管和执法部门并不存在行政隶属关系或经济控股关系，网络监管和执法部门无法通过事前许可加事后审查的行政手段，对网络空间中的有害内容进行直接高效的监督和治理。

因此，在网络媒体时代，传统的由行政执法部门行使的传媒监督管理权在网络实践中已经主要由网络平台企业代为行使。在理论上，有学者将这种私主体行使公权力的行为称为"私人规制"，即"虽然在性质上是私主体，但是其制定规则、标准，实施监督和惩戒的行为，具有客观'公权力'的效果"[1]。但在法律上，这种"权力代为行使"行为尚无法找到正当性依据。网络平台商既未获得法律的明确授权，直接取得行政主体的法律资格行使网络内容审查权，也未获得行政机关的授权或委托，以其名义行使相应网络信息内容管理权限。

法律实践的超前发展倒逼立法进行变革。为了更好地利用网络平台加强网络信息内容审查，为网络平台行使相应监管权提供法律正当性基础，各国纷纷致力于通过立法的形式给网络平台商设定网络信息内容审查的法定义务。即使是奉行"网络中立"原则多年的美国，也形成了由宪法第一修正案、联邦成文法、专门法、司法判例、州立法、国际法等组成的完备的网络内容监管和治理法律体系，其中网络运营商和网络平台服务商的信息审查义务始终贯穿其整个网络法律体系。[2] 其他国家的网络立法，无论是采取统一立法模式还是分散立法的方式，网络服务提供商的信息审查过滤义务和责任都构成其立法的重要组成部分。

---

[1] 胡斌：《私人规制的行政法治逻辑：理念与路径》，《法制与社会发展》2017 年第 1 期。
[2] 刘恩东：《美国网络内容监管与治理的政策体系》，《治理研究》2019 年第 3 期。

我国为了充分利用网络平台高效、便利识别、过滤和处理不良信息方面的优势，以《网络安全法》为基本法，根据互联网平台不同业态的特点，构建了以平台义务为主体的互联网法律规制体系。在这一规制体系中，平台信息内容审查的行政法义务从事后协助义务不断扩充至事前审查和事中监管义务。如果网络平台商未按照相关法律法规要求履行法定义务，就需要承担相应的法律责任。

以立法形式课以网络平台商普遍、主动的网络信息内容审查义务，实现了将网络内容的行政规制职责从公权力主体向私权力主体转移。但与行政职责对等统一的内容审查行政职权，仍然无法通过有效的法律机制赋予网络平台商。传统行政法下的行政授权、行政委托、行政民营化都不足以适用平等主体一方以自己的名义对另一平等主体行使行政职权并承担相应责任的特殊情形。对于政府与网络平台商在信息内容监管方面的合作规制实践，有国外研究者称之为新型的公私合营（PPP）。[1]

在自媒体时代，网络平台商也无法如传统媒体机构一般，借助雇佣关系或媒介资源的垄断地位，对所聘记者或使用其媒体平台发表言论的作者，进行"三审三校"的信息把关。对于这种公法义务压力下、私主体对独立的言论发布者进行的信息审查，国外不少研究者称为"附属审查"（Collateral Censorship）。[2] 未被赋予行政职权的网络平台商在信息内容审查方面与网络用户发生权利义务关系的法律载体，只有其与用户签订的"服务协议""用户协议"，这些协议在法律性质上是平等主体之间签订的互联网服务合同，属于私法调整的范畴。为了履行相关互联网立法施加于网络平台企业的行政义务，避免承担相应的公法责任，网络平台商只有将其应承担的内容监管义务，直接规定在与用户签订的表现为"服务协议"的格式合同条款中，才能为平台商对用户信息实施监管提供法律依据。仅通过

---

[1] 相关研究参见 Niva E. Koren and Eldar Haber, "Governance by Proxy: Cyber Challenges to Civil Libeties", *Brooklyn Law Review*, Vol. 82, 2016, pp. 105–149.

[2] 相关研究可参见 Jack. M. Balkin, "Free Speech and Hostile Environments", *Columbia Law Review*, Vol. 99, 1999, pp. 2296–2305; Jack M. Balkin, "Virtual Liberty: Freedom to Design and Freedom to Play in Virtual Worlds", *Virginia Law Review*, Vol. 90, 2004, pp. 2095–2098; Felix T. Wu, "Collateral Censorship and the Limits of Intermediary Immunity", *Notre Dame Law Review*, Vol. 87, 2013, pp. 293–350.

浏览或点击"用户协议"或"服务协议",用户与网络平台商之间的互联网信息服务合同即视为生效,由此产生的一切争议纠纷将依据这一民事合同予以解决。民事合同应遵循意思自治原则,基于双方真实意思表示而成立,但在互联网信息服务合同中,用户无法就合同条款与网络平台商进行协商,只能全盘接受,否则将无法使用网络信息服务。

通过互联网服务格式合同,网络平台商将其承担的网络监管行政义务转化为合同义务,从而突破公私法之间的传统藩篱,以私主体的身份,对公民网络言论自由这一宪法性权利进行直接规制。在这种由私主体通过民事合同执行行政管制义务的网络内容监管新格局中,用户处于明显的相对弱势地位,网络平台行使公法权力,却披着私法的外衣,逃逸了与公权力相伴相生的权力监督体系,由此产生权力的肆意性,如对政府网络信息监管行为缺乏有效法律制约,对网络平台过度限制公民网络表达自由而缺乏合理救济等。

(一)政府网络信息内容监管行为缺乏充分的法律制约

政府网络信息内容监管在行政立法和具体行政行为方面都面临着一定的监督制约困境。

1. 网络信息内容监管多头立法,下位法常常突破上位法,随意扩大网络平台商的审查义务。目前,我国网络信息服务领域缺乏全国人大及其常委会制定的综合性的基础法律,2000年实施、2011年修订的《互联网信息服务管理办法》(以下简称《办法》)作为行政法规,已是网络信息服务领域的最高位阶立法。与网络信息内容监管相关的职能部门颁布的大量部门规章和规范性文件,构成了网络信息内容监管规范体系的主体部分。从作为基础法的《办法》看,其本身已经就网络平台的审查监管义务做出了许多明确具体的禁止性规定和审批审核要求。按照《立法法》的有关规定,其他网络监管部门在制定有关规章时,其规定的事项应属于执行行政法规的事项。但由于作为上位法的《办法》位阶不高,规章备案审查制度尚不完善,加上各类"专项整治行动"带来的强规制压力,有关规章和规范性文件常常突破《办法》确立的平台义务法律框架,规定更加概括、宽泛的平台审查义务。例如,要求网络信息内容服务平台制定本平台网络信息内容生态治理细则,健全用户注册、账号管理、信息发布审核、跟帖评论审核、版面页面生态管理、实时巡查、应急处置和网络谣言、黑色产业链信息处置等制度。如对随意拓展平台义务的立法倾向不加以及时调整，有可能会抑制互联网内容产业的创新发展。

2. 网络行政监管行为缺乏行政法的程序性保障。根据行政法的程序正当原则，网络行政监管部门在对网络违法信息作出行政处罚时，一般应经过调查、认定、听取相对人申辩、说明理由等行政程序。在行政处罚程序存在瑕疵时，相对人可据此提起行政复议或（和）行政诉讼寻求行政或司法救济。但在网络媒体时代政府—平台—个人的三元网络内容监管模式中，行政监管部门与用户并不发生直接的行政管理关系，而是"退居幕后"，由作为"监管代理人"的网络平台商，在互联网信息服务合同中嵌入公法义务并借此获得网络内容监管职权，对用户表达自由进行实际处分。无论是按照相关立法确定的违法违规信息类型，还是根据网络监管部门的行政命令、行政指导建议执行网络信息审核、过滤、删除等法定审查义务，都是对用户的网络言论表达进行的单方面实质性处置，如果用户对这些监管措施产生异议，却无法依据行政法提起行政复议和行政诉讼，而只能依据仅具有形式意义自治的网络信息服务合同提起民事诉讼。不少美国学者也发现了"网络服务协议"在网络行政监管行为和用户之间的"隔离"效果，有的认为，"互联网协议合同有效地保护了政府的删除信息请求免于受到宪法审查"[1]，还有的认为，"私主体开展网络审查并不受宪法限制，其也没有责任尊重言论自由和其他基本权利，因此，政府和网络服务商之间非正式的公私合作，使得政府绕开了宪法的约束"[2]。网络监管部门不直接面对行政相对人实施内容审查，规避了公民权利的相关保护机制，使其行使网络信息监管之公权却无对应之责任，导致权力因监督缺位而易被滥用。

（二）网络平台单方面处分公民基本权利而缺乏合理救济

在网络信息内容三元规制模式下，网络信息审查标准由政府监管部门

---

[1] Jacquelyn E. Fradette, "Online Terms of Service: A Shield for First Amendment Scrutiny of Government Action", *Notre Dame Law Review*, Vol. 89, February 2014, p. 947.

[2] Niva E. Koren and Eldar Haber, "Governance by Proxy: Cyber Challenges to Civil Liberties", *Brooklyn Law Review*, Vol. 82, No. 1, 2016, p. 106.

制定，由作为私主体的网络平台执行。掌权者与受权者之间形成法理上的代理人与委托人关系，因信息不对称、授权不明确等因素，可能诱发代理人风险，并导致双方都不信任的"囚徒困境"。甚至是越强化政府干预，违法犯罪现象就越严重，越是开展"严打"活动或"专项治理"，越可能发生代理人风险或逆向选择。① 在网络信息内容监管方面，由于政府无法直接对网络用户生产、传播的消息进行监管，只能假以网络平台之手，为了实现其在信息传播领域的行政监管职能，政府倾向于在立法层面不断强化网络平台审查监管的行政义务，抽象、模糊的信息审查标准，叠加日益趋严的平台注意义务，使得网络平台不得不秉持"宁可失之过严、不可失之过宽"的原则从严执行信息审查标准，以避免因违反法定行政义务而承担相应的法律责任。而网络平台对用户信息的审查，无论是过滤、屏蔽等的事前审查，还是删除、封号等的事后审查，都是在单方面处分公民基本权利而脱离公法规则的约束。

1. 网络平台趋严审查公民网络表达自由具有多重动机。要求网络平台承担主动、全面的信息审查注意义务，并为此承担无过错责任，由此产生网络平台对用户表达内容的附带审查，是网络平台采用高于法定标准进行网络信息审查的首要原因。一方面，网络平台面对海量的网络信息，即使不断加大人工审查力度，穷尽所有过滤技术，也难以识别、过滤、删除所有违法信息。而且，不断增加内容审查人员、更新过滤技术，还将极大增加网络平台企业的运营成本，消解内容创新投入，这也成为平台转向更低成本的严格审查标准的重要因素之一。

另一方面，网络平台既不是信息审查标准的制定者，也不具备对信息违法违规性进行事实与价值判断的专业能力。目前网络信息审查的法定范围和标准，散见于以《网络安全法》为基本法律、以《互联网信息服务管理办法》为行政法规的一系列互联网法律体系中。其中，《网络安全法》对违法网络信息的范围进行了大致划分，《互联网信息服务管理办法》基本对《网络安全法》所列违法信息进行了重复列举。更具可操作性的《网络信息内容生态治理规定》增加了网络不良信息的认定范围和标准，但对

---

① 唐清利：《公权与私权共治的法律机制》，《中国社会科学》2016 年第 11 期。

第六章　舆论监督与名誉权法律冲突的行政法调整　　181

违法信息仅做了有限的扩充和具体化。其中,"谣言""色情""低俗""庸俗"的认定需要复杂的事实认定和逻辑推理过程,"经济秩序""社会秩序"具有抽象概括性,加上兜底条款的设定,都让不具备专业执法技术和能力的网络平台在进行信息审查时困难重重。且网络平台不仅要对明显的违法信息进行主动审查,还要对"苗头性、倾向性"的信息进行预防性审查,加上结果主义的归责标准,为了减少承担行政法律责任的风险,网络平台只能执行宽泛的网络信息审查标准。除了来自政府的压力,网络平台还基于其他动机,致力于建立并执行平台内部的网络信息内容治理制度,这些动机包括保持持续的盈利能力,满足现有和潜在的业务合作伙伴对标记、过滤、删除网络信息的需求,维护社交媒体平台社区秩序以吸引新用户等。

2. 网络平台单方面处分公民基本权利却脱离公法规则的约束。网络平台与用户签订的互联网信息服务协议,虽然在法律性质上属于民事法律合同,但事实上确立的却是以处分公民基本权利为内容的行政管理与被管理关系。网络平台实际享有了规制网络表达自由的规则制定权和实施权,以及与基本权利有关的争议裁决权,但却脱离了行政法基本原则,如信息公开透明、公众参与、说明理由和公法审查等的制约。为此,有学者甚至认为,平台经营商的行为可能类似于专制君主,他们声称要善意地行使权力,但是他们在规制网络言论时会做出任意的排除和判断。[①] 网络平台对网络信息内容的规制可以分为事前预防性审查、事中举报投诉处理和事后处置三个阶段。以行政法律关系应遵循的基本原则为参照系可以发现,在以网络平台为主体的网络信息内容规制的各个阶段,都对公民网络表达权进行实际处分而未以行政法基本原则为遵循。

在事前预防性审查阶段,大部分网络平台在网络服务协议中列举不得发布和传播的网络负面信息类型,同时建立以关键词过滤为手段的技术性审查机制,从源头上防止违法违规信息的生产和传播。在这一阶段,网络平台实际行使了类似行政立法的网络内容审查规则制定权,应符合行政立

---

① Jack M. Balkin, "Free Speech in the Algorithmic Society: Big Data, Private Governance, and New School Speech Regulation", *U. C. Davis Law Review*, Vol. 51, February 2018, p. 1197.

法的民主立法原则并具有确定力。而网络用户无法参与违法违规信息的范围和认定标准的规定，即使由网络平台单方制定的规则有损于其个人权利，普遍不具有修改异议权，且因对平台信息服务的依赖性，一般都选择全盘接受。而对于基于关键词的技术性过滤机制，也因关键词笼统、模糊，或实践中未建立统一的标准体系而缺乏明确清晰的认定标准。

在事中举报投诉处理阶段，网络平台依据法律法规或事前与用户订立的服务协议规定的用户投诉举报机制，对用户提出的举报投诉进行内部处置。"虽然网络平台具有的争议处置权本质上是诉前的内部争议裁决，并非终局性争议判定"①，但鉴于网络服务协议的民事法律合同性质和巨大的诉讼成本，网络平台对网络内容争议纠纷的裁决实践中往往是终局的。也就是说，网络平台实际上行使了准司法权，应履行公开透明、说明理由的正当程序。比如，投诉举报的数量和类型、投诉举报处理过程和结果等信息，应对广大用户进行公开；对每一项投诉举报，应就处理结果对举报投诉双方当事人逐一说明理由，而不是提供格式化的处理决定。

在事后处置阶段，网络平台根据主动调查或用户举报投诉，对其认定的网络负面信息采取删除、屏蔽、断开链接、禁言、关闭账号等直接影响用户网络表达自由权行使的处理手段。网络平台对网络负面信息的处理方式类似行政处罚，根据《行政处罚法》的规定，行政处罚的依据、种类、幅度必须对外公布，行政相对人对行政处罚有权陈述、申辩，对行政处罚不满可提起行政复议和（或）行政诉讼。从网络平台的事后制裁措施看，其程度轻重不一，但各措施的适用标准及其之间的关系，并未在网络服务协议或用户协议中做明确说明。在救济方式方面，虽然大多数网络平台都规定用户因发布违法不良信息被制裁后，可以提起申诉复核，但与投诉举报处理决定一样，这种申诉复核程序属于平台内部机制，只能依据网络协议提起民事诉讼而不能诉之行政复议和（或）行政诉讼，而前者对公民基本权利的保护力度明显弱于后者。

---

① 郭渐强、陈荣昌：《网络平台权力治理：法治困境与现实出路》，《理论探索》2019年第4期。

五　网络平台权力公法规制的理论进路

2021年1月8日，时任美国总统特朗普因不满美国大选结果、煽动一批支持者暴力冲击美国国会大厦，随后美国社交网站推特以"担心进一步煽动暴力的风险"为由，宣布永久封禁特朗普的个人账号，在全球引发了网络巨头企业对言论自由的巨大影响力的担忧。德国总理默克尔表示，言论自由这一基本权利可以被干预，但要根据法律和立法者定义的框架，而不是根据社交媒体平台管理层的决定。[①] 言论自由在世界各国都属于依据宪法予以保护的基本权利，对于网络平台在与用户的私人法律关系中处分基本权利的行为，能否纳入宪法的调整范围，可从"国家行为"理论和基本权利第三人效力理论两个宪法性理论中寻找法理依据。

（一）"国家行为"理论

对于宪法如何在私人关系中产生效力，学界较有代表性的理论主要是美国的"国家行为"理论和德国的基本权利第三人效力理论。在"国家行为"原则下，宪法规范只约束国家行为，私人行为不受宪法限制。只有其具有国家行为因素，如承担公共职能、国家超越职权、国家不作为等，私人行为才适用宪法的基本权利规范。从表面上看，网络平台对网络表达的审查监管行为实际承担了国家为保护公民基本权利履行的公共职能，具有国家行为因素，可以直接将其网络审查行为转化为国家行为进行约束。但是，"国家行为"理论建立在公法和私法截然不同的区别的基础上，如果直接运用这一理论约束网络平台对用户基本权利的不当影响，与言论相关的利益冲突将当然地被视为言论者与政府间平衡的二元关系，这与言论者和言论监管者均具有多重性的网络信息时代不相契合。"国家行为"理论可能会过度简化网络条件下实际上更为复杂的各种权利冲突。对于"国家行为"理论在互联网言论自由领域的不适应性，美国学者也进行了反思，认为其不适应性具有三重原因：一是在电子化生态系统中，政府显然并没有损害个人权利的独特权力；二是网络信息技术条件下，国家和网络平台

[①] 环球网快讯：《德国总理默克尔：推特封禁特朗普账号的决定是"有问题的"》，https://world.huanqiu.com/article/41TbjRFF4CK，2021年1月14日。

公司所发挥的作用及其行为的后果已经趋于一致,以公私法的根本对立为主要内容的"国家行为"理论已经不适用;三是即使视网络中间商拥有与网络用户一样的言论自主权和自由,这一理论仍会破坏这些价值,因为与禁止和操控受害者的言论自由相比,这一理论一贯更倾向于保护加害人的言论自由。[1]

(二)"基本权利第三人效力"理论

关于宪法规范是否约束平等主体之间的法律关系,另一个重要理论是以德国为代表的"基本权利第三人效力"学说。"基本权利第三人效力"是指传统上针对国家权力的基本权利效力及于国家与公民关系之外的第三人,即拘束私人与私人之间的关系。[2] 根据宪法的基本权利规范是否可直接适用于民事法律行为,基本权利第三人效力又分为基本权利对第三人的直接效力和间接效力。基本权利直接第三人效力说认为,宪法基本权利规范可作为法院裁决民事争议的法律依据,在私人法律关系中直接适用。由于这一学说存在模糊的公私法界限,导致公权力过多干预、甚至侵犯私人自治权等问题,有学者提出基本权利间接第三人效力说,认为基本权利不能对私人法律关系产生直接效力,基本权利规范只有转化为具体法律,才能约束私法关系当事人。

连作为"国家行为"理论发源地的美国,也有部分学者建议借鉴德国基本权利第三人效力理论,约束网络平台权力、维护用户言论自由。例如,美国网络法之父莱斯格教授就对德国基本法的第三人间接效力学说表示赞同,他认为在网络时代,对于来自私人的言论自由威胁,美国宪法无能为力,但在德国,不需要将私人行为转化为政府行为即可适用宪法,在这一理论下,用户的网络言论自由能够得到宪法保障。[3] 还有美国学者在探讨对网络平台删除用户内容的决定进行司法审查时,不无羡慕地提到 2018 年德国法院运用基本权利第三人效力理论,在至少 3 个案例

---

[1] Moran Yemini, "Missing in 'State Action': Toward a Pluralist Conception of the First Amendment", Lewis & Clark Law Review, Vol. 23, 2020, pp. 1149 – 1220.

[2] 陈新民:《德国公法学基础理论》(上卷),法律出版社 2010 年版,第 330—386 页。

[3] [美] 劳伦斯·莱斯格:《代码 2.0:网络空间中的法律》,李旭、沈伟伟译,清华大学出版社 2009 年版,第 343—344 页。

中要求，脸书公司在根据服务条款决定是否删除网络内容时，必须遵守基本权利规范。①

（三）我国对网络平台权力进行公法约束的理论可行性

无论是"国家行为"理论，还是"基本权利第三人效力"理论，要阐释的问题都是，传统上规范国家和公民间关系的宪法基本权利规范，能否在私人间法律关系中产生效力。从我国学者对这两种理论的态度看，主流观点认为应该借鉴德国"基本权利第三人间接效力"理论，处理基本权利对民事法律行为的效力问题。鉴于网络平台依据与用户签订的具有民事合同性质的网络用户协议或服务协议，对用户言论自由这一宪法基本权利进行处分时，有可能侵犯用户的基本权利，部分学者建议借鉴"基本权利第三人间接效力"理论，寻求运用公法规范拘束网络平台对网络言论自由的规制权力。②

我国法院对宪法基本权利条款在互联网领域私人间法律关系中是否具有直接效力持肯定态度。司法实践中已经出现"金山安全公司诉周鸿祎案""余丽诉新浪公司案""方是民与崔永元名誉权纠纷案"等平等主体之间的网络言论自由纠纷。在这些案例中，法院直接援引宪法的基本权利规范作为裁判依据，也就是法院认为，公民个人可以向第三人主张言论自由。但对于网络用户因网络平台侵犯其言论自由而引发的民事法律纠纷，法院的态度却很模糊。最高人民法院甚至在 2009 年发布《关于涉及互联网管理案件立案审查工作的通知》，要求各级法院不予受理因互联网监管审查引发的民事、行政纠纷。③ 而在 2018 年我国成立首家互联网法院后，最高人民法院在《关于互联网法院审理案件若干问题的规定》中列举的互联网法院受案范围则基本都是民事纠纷，唯一提到的行政纠纷仅指因行政机关作出互联网信息服务管理、互联网商品交易及有关服务管理等行政行为而产生的行政纠纷，将网络平台做出的互联网服务管理行为引发的纠纷

---

① Hannah B. Wehba, "Global Platform Governance: Private Power in the Shadow of the State", *SMU Law Review*, Vol. 72, 2019, p. 77.

② 参见陈道英《互联网条件下对我国〈宪法〉第 35 条的解释》，《中国宪法年刊》2015 年第 13 卷；孔祥稳《网络平台信息内容规制结构的公法反思》，《环球法律评论》2020 年第 2 期。

③ 陈道英：《互联网条件下对我国〈宪法〉第 35 条的解释》，《中国宪法年刊》2015 年第 13 卷。

排除在外。"余丽诉新浪公司案"虽然是一起因网络平台单方面禁止用户的网络信息服务而引发的基本权利纠纷，但受理法院仍将其视为合同纠纷，根据双方签订的网络服务合同加以裁决。

对于运用基本权利第三人效力理论将网络平台限制言论自由行为进行公法约束的具体方式，有学者提出，运用宪法对第三人的间接效力处理网络言论自由案例具有可行性，"因为宪法对第三人间接效力从本质上而言并不是宪法的司法适用，而是法院对法律进行的合宪性解释，而由法院进行合宪性解释却是完全能够被我国的宪法制度所包容的"[①]。另有学者提出，可将基本权利的保护要求，在互联网立法中，以制定法的形式在私人间法律关系中实现具体化。[②]

虽然基本权利第三人间接效力理论近年来也受到了一些学者质疑。曾完全接受德国基本权利第三人理论的日本公法界，近年来对这一理论进行了完全否定。我国也有学者对基本权利第三人间接理论进行彻底批判，[③]有的学者甚至直接认为，基本权利对第三人无效。[④]

但与"国家行为"理论相比，基本权利第三人间接效力理论更适合作为将公法引入网络平台与用户间内容监管法律关系的理论依据。从将这一理论应用于对网络平台权力进行公法约束的具体方式来看，在互联网立法中增加网络平台对用户基本权利的保护要求，或在审理网络平台涉嫌侵犯用户言论自由的民事法律纠纷时，通过对民法的转介条款进行合宪性解释，从而为用户的言论自由提供司法救济，均可弥补公法在涉及言论自由的网络平台与用户间民事法律纠纷中的缺位。除此之外，对于确认网络平台与用户间涉言论自由的权利义务关系具有决定性作用的互联网服务协议，也应引入公法的实体正义价值和程序正义价值，这样既可对网络平台行为进行公法约束，又可防止公法对私法的不当干预，在我国当前法律制度实践下，更具有现实性和可操作性。

---

① 陈道英：《互联网条件下对我国〈宪法〉第35条的解释》，《中国宪法年刊》2015年第13卷。
② 孔祥稳：《网络平台信息内容规制结构的公法反思》，《环球法律评论》2020年第2期。
③ 李海平：《基本权利间接效力理论批判》，《当代法学》2016年第4期。
④ 黄宇骁：《论宪法基本权利对第三人无效力》，《清华法学》2018年第3期。

六　网络信息服务协议的实体性和程序性要求

网络服务协议或用户协议决定了网络平台和用户间的权利义务关系，是网络平台实施互联网内容规制的权力来源和主要依据。网络平台具有的公共属性和对网络公共领域所具有的强大治理权力，决定了网络服务协议不能被视为普通的民事合同，而应嵌入公法的实体性和程序性价值。

（一）网络信息服务协议的实体性要求——比例原则

比例原则起源于德国，是德国宪法与行政法领域的基本原则，后来不但逐渐被许多国家接受，而且突破公法领域，开始影响至刑法、诉讼法等领域，甚至传播至法律性质截然不同的私法领域。[①] 不过，也有学者对比例原则的普遍化进行了反思，主张"比例原则应该寄生于一种'限制公权力滥用'的观念"，"在对其优势和限度作出双重承诺的前提下，积极主张它对保护公民权利和限制公权力滥用所具有的普遍意义"[②]。还有学者认为，"比例原则具有实现国家权力结构的平衡，实现权力与权利、权利与权利的平衡，实现政府与市场的平衡等多种功能"，"比例原则应当成为权力与权利行使的基本准则"[③]。

在行政法领域，比例原则是指行政权力的行使要具有法律依据，而且实现行政目标所使用的行政手段要与行政目标达到最佳匹配，因达到行政目标而采取的行政行为导致的损害要降到最低程度。[④] 网络信息服务协议是网络平台借以执行具有公法性质的网络信息监管任务的民事格式合同，是公法与私法相互交融的中间地带。在网络信息服务协议条款中适用比例原则，就是要在厘清网络平台保护基本权利的公法义务和平台自主经营的私法自治之间达成恰当的比例，为网络平台过度干预公民网络言论自由划定公法的防火墙，同时强调和保障协议的私法本质，防止公法义务对契约自由的不当侵蚀，保证网络平台的经营自由和交易秩序，保护并推动互联网产业的内容创新。

[①] 陈景辉：《比例原则的普遍化与基本权利的性质》，《中国法学》2017年第5期。
[②] 蔡宏伟：《作为限制公权力滥用的比例原则》，《法制与社会发展》2019年第6期。
[③] 刘权、应亮亮：《比例原则适用的跨学科审视与反思》，《财经法学》2017年第5期。
[④] 刘权、应亮亮：《比例原则适用的跨学科审视与反思》，《财经法学》2017年第5期。

一般认为，广义的比例原则包含适当性原则、必要性原则和狭义比例原则三个子原则，但不少国家法院在适用比例原则时，开始重视审查行政行为目的的正当性，从而将比例原则的三个子原则扩充为四个。有学者考察英文文献后认为，"完整的比例原则或合比例性审查包含正当目的、适当性、必要性、狭义合比例性四个方面应是理论共识"①。为此，拟按照比例原则的四阶子原则，对网络信息服务协议的实体性要求进行逐一阐释。

1. 目的正当性原则

指行为者采取的限制权利行为是否具有正当性，是否违反宪法、法律精神。这要求网络平台在对网络信息采取过滤、删除、屏蔽等可能影响用户网络言论自由的技术措施时，具有履行法律法规规定的信息审查义务、遵守网络平台公约或用户协议、维护良好网络信息内容生态的正当性。如果因用户身份、终端软件环境或出于不正当竞争的目的而采取限制权利的行为，则视为不符合目的正当性原则。

2. 适当性原则

指行为者采取的限制权利措施与其所要实现的目标具有合理的因果关系，能够促进法律目标的实现，如果措施的使用不能有助于法律目的的实现或与目的根本没有联系，那么这种措施的使用就不合乎比例。② 在网络服务协议的实体性要求上，比例原则的适当性子原则具有两个面向。一方面，法律法规为加强网络空间公共治理而要求网络平台承担的信息审查义务应具有适当性。鉴于网络平台并不是信息审查标准的制定者，也不具备信息判断的专业能力，如果要求网络平台承担主动、全面的审查义务，将会产生信息审查的"避险效应"，导致网络平台采取的信息监管措施超过合理限度，妨碍了正常的信息传播和交流，也会因不断加大的信息审查成本而限制网络平台的经营自主。另一方面，网络平台对用户采取的信息监管措施也要有助于净化网络生态、维护良好网络秩序，不能为了规避承担信息审查责任而对网络信息矫枉过正，对用户的网络言论自由造成不当限制。

---

① 蔡宏伟：《作为限制公权力滥用的比例原则》，《法制与社会发展》2019 年第 6 期。
② 范进学：《论宪法比例原则》，《比较法研究》2018 年第 5 期。

3. 必要性原则

这一原则要求行为者采取限制权利措施是必要的，且在两个以上的措施中选择对权利造成损害最小的措施。"必要性原则包括两个要素：一是存在着两个以上的可选择的、能够达到限制权利目的的措施；二是可选择的措施中应当使用最低限度的限制宪法权利的措施"。① 这要求网络平台在对违法违规信息进行处理时，在过滤、删除、禁言、短期封停账户、永久封停账户等众多信息监管措施中进行恰当选择。如果删除就能净化网络空间，就不需要采取禁言措施。如果删除不良信息后，同一用户又反复生产或传播类似信息，则采取禁言的措施就显得有必要。

4. 均衡原则，即狭义比例原则

这一原则要求"行政权力所追求的公共利益与被限制权利的损害之间需要合乎比例，并且相称"②。网络平台通过网络信息服务协议进行网络内容规制时，为了实现网络空间治理目标，必然会对公民的言论自由、隐私权进行一定限制。在网络内容创业不断蓬勃发展的当下，网络内容规制还可能对用户的财产权利产生不利影响。同时，网络内容规制还可能造成不同用户间的权利冲突，如言论自由与隐私权的冲突、信息权与财产权利的冲突。网络信息服务协议要在实体上符合均衡原则，需要规定平台在对违法信息进行处理时，要根据信息的内容、性质和不同社会危害程度，决定采取哪一种措施对用户言论自由带来的损害和影响最小，权利冲突下哪一种权利在具体情境中处于更重要的、需要优先保护的地位。同时，均衡原则还体现在，网络内容规制措施要与平台技术审查能力、运营成本成比例，不能突破平台过滤技术或不当增加企业成本。

(二) 网络信息服务协议的程序性要求——正当程序

正当程序起源于英国法上的"自然正义原则"，通过美国宪法修正案第 5 条、第 14 条实现了正当程序的实在法化。③ 在英美普通法上，它包括两个最基本的程序规则，"自己不做自己的法官"和"对他人做出不利行

---

① 范进学：《论宪法比例原则》，《比较法研究》2018 年第 5 期。
② 赖文俊、王振民：《比例原则在香港法中的发展及演化》，《河北师范大学学报》（哲学社会科学版）2020 年第 5 期。
③ 许春晖：《行政诉讼法修改草案应增设正当程序规则》，《东方法学》2014 年第 3 期。

为要事先告知、说明理由和听取申辩"①。正当程序作为司法审判和公权力行使的基本要求,是败诉或遭受不利影响一方得以挑战裁判权威的重要工具。从行政决策的角度看,正当程序的主要价值在于,对于被剥夺利益的一方,公正的程序可化解其失去利益的不满,也使其抵制不利决定缺乏合法借口。任何实体公正只能是相对公正,而程序公正是结果公正的重要保障,也是确认和判断结果是否公正的重要标准。正当程序引入我国后,在我国立法、执法、司法等领域得到全面应用。在基本权利保障方面坚持正当程序原则,意味着一切国家公权力只有经过正当程序,才能对基本权利进行限制。正当法律程序最初的主要形式和途径是告知、说明理由、听取申辩和公职人员在与所处理事务有利害关系时回避。② 20世纪中期以后,公开、透明、公众参与也构成了现代正当程序原则不可或缺的内容。

网络信息服务协议作为公私法关系汇集地,对其提出实体正义要求需要防止公法对契约自由和意思自治等私法原则的侵蚀和破坏,需要法官通过"自由心证"加以裁量,其尺度不易把握。而网络内容监管从国家—言论者的二元模式,向国家—私人规制者—言论者三元模式的转变,使得程序性规则对于保护用户基本权利的价值和作用尤为突出。正当程序原则在网络信息服务协议中的应用,可以对平台权力进行程序性约束,有效防止权力的肆意性,为网络平台处分用户基本权利行为的结果公平提供过程保障。网络平台对网络信息内容具有单方面运营、监管、制定并实施治理规则政策并对违法信息进行处置的权力,其行为性质已具备行政主体行使的行政行为的特征,行政主体做出行政行为应遵循的行政法程序也应体现在规定平台和用户权利义务关系的网络服务合同中。

1. 公开透明原则

在行政法领域,信息公开是权力的"防腐剂"。网络平台凭借技术、信息和平台优势,在网络内容规制方面与用户间存在明显的信息不对称。首先,网络平台是互联网架构的搭建者、维护者和网络内容过滤技

---

① 姜明安:《正当法律程序:扼制腐败的屏障》,《中国法学》2008年第3期。
② 姜明安:《正当法律程序:扼制腐败的屏障》,《中国法学》2008年第3期。

术的掌握者；其次，网络平台是法定违法违规信息标准的执行者和平台网络社区内部监管标准的制定者；最后，网络平台规制网络内容的流程缺乏用户实质性互动参与，处于"秘而不宣"的状态。为此，需要在网络信息服务协议中贯穿公开透明原则，以弥合平台与用户间的信息鸿沟，对网络平台在内容规制方面的强势有利地位进行合理限制。一是在服务协议中清晰、明确地载明平台采取信息监管措施的具体依据，包括法律、法规规定的违法信息种类和平台内部违法内容标准。二是在协议中公开说明实施内容规制的平台内部机构、信息过滤的各种技术手段、所适用的具体办法、环节和步骤。三是在协议中确定关于用户信息披露和删除的透明度报告机制，定期向用户公开平台依法、自主或根据举报进行过滤、删除的信息数量、种类，针对不同种类信息采取不同监管措施的具体标准等。目前，世界主要互联网巨头，如谷歌、脸书和油管等，都建立了年度透明度报告制度。我国国内互联网平台也应建立类似透明度报告机制，以信息公开促使平台严格限制对用户言论表达的不当干预，也为互联网用户的网络表达行为提供预期和指导。我国于2021年8月20日颁布的《个人信息保护法》中，已经规定网络平台要定期发布个人信息保护社会责任报告，这标志着建立信息公开机制已经成为网络平台的法定义务。

2. 说明理由

行政程序中的说明理由制度是指，行政主体在对行政相对人做出可能不利于其合法利益的行政行为时，除法律有特殊规定外，应当向行政相对人说明包括事实、法律和裁量上的依据。说明理由制度的作用在于：一是促使行政主体做出行政决定时具有充分的依据，约束其行政裁量权，做到执法公开公正，减少行政决定的专横、武断或偏差；二是有利于增加行政行为的可预测性，增加行政主体对行政决定的接受度，减少行政纠纷。网络平台对用户内容做出的处理决定，无论是删除、屏蔽还是封禁账号，都会对用户的网络表达自由构成不利影响，应比照行政程序的说明理由制度，提供充分的理由说明。"如果平台未能发布有关他们如何，何时以及为何对网络内容采取措施的信息，只会让人怀疑他们正在以任意或毫无根据的方式应用自己的（秘密）规则。"① 当然，鉴于网络服务协议的格式合同性质和网络平台需要审核的海量信息内容，在处理每一条违法违规信息时都逐一说明理由，既不现实也不经济。可能的解决办法是，根据违法违规信息的不同种类，分别为用户提供不同的处理依据。在用户对某一类处理依据提出异议时，再根据所涉信息的具体内容提供更细化和特殊的理由说明。

3. 公众参与

行政法上的公众参与制度是指，"在行政立法和决策过程中，政府相关主体通过允许、鼓励利害关系人和一般社会公众，就立法和决策所涉及的与利益相关或者涉及公共利益的重大问题，以提供信息、表达意见、发表评论、阐述利益诉求等方式参与立法和决策过程，并进而提升行政立法和决策公正性、正当性和合理性的一系列制度和机制"②。"公众参与所强调的是决策者与受决策影响的利益相关人员双向沟通和协商对话。"③ 网络平台私主体的性质和互联网即时性、全球性和交互性的特征，决定了对网络平台的规制是以自我规制为主、政府规制为辅的合作规制，或称为"受规制的自我规制"。从平台经济的角度看，自我规制为主的平台规制模式，对于释放网络平台数字经济活力，鼓励互联网新技术、新业态创新具有不可替代的价值。但在网络内容治理领域，网络平台的网络内容治理实际上履行了公法上的网络监管权，对用户的基本权利构成实际处分，因此，网络平台的自我规制也应以开放的态度，吸收用户等利益相关主体参与网络内容治理措施的制定和实施全过程。当然，面对即时、海量、多样化的网络表达内容，在网络内容治理中加强公众参与需契合互联网自身规律，体现便利和高效的原则。例如，可着力加强违规标准制定的公众参与，在对平台隐私政策、服务条款和网络社区标准进行修改时，除了对用户尽到通知义务外，应设置专门评论发表、收集、反馈机制，让用户实际参与内容规制标准的制定。又如，可引入第三方评估机制，加强对网络平台内容规制的外部监督。

---

① Hannah B. Wehba，"Global Platform Governance: Private Power in the Shadow of the State", *SMU Law Review*, Vol. 72, 2019, p. 79.
② 王锡锌：《行政过程中公众参与的制度实践》，中国法制出版社2008年版，第2页。
③ 蔡定剑：《公众参与与风险社会的制度建设》，法律出版社2009年版，第5页。

2018年11月，互联网巨头公司脸书宣布将成立一个独立的内容监督机构，对用户发布的内容进行上诉审查并向脸书提出内容审核的政策建议。脸书监督委员会的设置在为用户参与网络平台治理和网络内容审核方面开了先河。从我国的角度看，正式颁布的《个人信息保护法》已规定网络平台应成立个人信息处理活动的外部监督机构，对网络平台的网络内容规制引入公民参与和外部监督机制，也有望提上立法日程。

4. 申诉救济

对于网络平台行使的可比肩公权力的网络内容审核监管权来说，申诉救济制度的重要性自不必赘述。实践中，网络平台主动发现违法违规信息而采取删除、屏蔽、注销账号等审查措施时，主要基于平台自身判断单方面做出处理决定，受处理用户一般缺乏申诉救济渠道。对于因其他用户举报而发起的内容审查，一些服务协议，如《微信软件许可及服务协议》甚至规定可不经通知随时对相关内容进行删除、屏蔽，申诉处理依据、过程的透明度都不足。网络平台与用户间因内容监管行为引发的纠纷具有海量、轻微的特点，不适宜运用仲裁或诉讼等解决重大纠纷的救济手段，也不宜采取行政法上正式的行政裁决或行政听证制度，这些公法上的正式救济渠道都存在救济成本高、耗时长的问题，难以适应互联网自身规律和网络平台自身运营需要。较为可行的方式是由网络平台在网络信息服务协议中设定非正式的内部申诉程序，允许用户就违法违规信息标准、处理结果的合法性和正当性提出辩解和申诉。该内部申诉程序具体设计可由平台根据自身特点和运营需要自行决定，但要以用户需求为导向，易于识别、便于使用，并提供投诉处理的程序保障和组织保障。在程序方面，要规定网络平台将被禁止信息的处理结果及时告知投诉人或其他相关人员并提供理由说明。如2021年2月22日施行的《互联网用户公众账号信息服务管理规定》首次对网络信息服务平台的申诉救济机制进行具体规定，要求公众账号信息服务平台应当在显著位置设置便捷的投诉举报入口和申诉渠道，公布投诉举报和申诉方式，健全受理、甄别、处置、反馈等机制，明确处理流程和反馈时限，及时处理公众投诉举报和生产运营者申诉。在组织保障方面，可参考2017年通过的德国《网络执行法》，要求网络平台对申诉情况进行定期检查，对申诉处理人员定期进行培训。

　　总之，网络信息传播技术的变革催生了政府—平台—个人的三元网络内容监管模式，作为网络信息传播关键节点的网络平台，既在网络言论自由方面极大赋权于网络用户，又因其强大的信息和技术优势而成为网络言论"天生的审查者"。对于以"私法"之名行"公法"之实的网络平台权力，在理论进路上可纳入"基本权利第三人效力"的宪法性理论框架中寻求公法约束与私法自治之间的法律平衡。在法律实践上，鉴于网络服务协议或用户协议是网络平台实施内容规制的主要依据，应对其提出公法上的实体性和程序性要求，从而将"基本权利第三人效力"理论有效应用于网络信息内容的公私法混合治理，力求既对网络平台的网络内容规制权施加公法上的约束，防止其对公民的基本权利的不当限制，又尊重其作为私主体的经营自由，维护并激发互联网内容产业创新的动力和活力。

第七章　舆论监督与名誉权法律冲突的刑法调整

诽谤罪是舆论监督权和名誉权这两种基本权利产生的权利冲突在刑法领域的主要表现。刑事诽谤法律制度构建之初的主要功能是保护专制统治者的名誉权，维护公共秩序，实现统治阶级的长治久安。随着现代民主法治观念的确立和公民权利意识的增强，刑事诽谤法面临除罪化的问题。在传统媒体条件下，诽谤罪具有除罪化的正当理由。进入网络媒体时代，网络诽谤传播的快速性、广泛性、匿名性、参与性和传播媒介及模式的多元化，使得网络诽谤的危害性明显增加。网络诽谤的这些新特点阻却了诽谤的彻底除罪化。对以公职人员为诽谤对象的刑事诽谤罪，在传统媒体时代就应取消诽谤公职人员刑事公诉。随着互联网为公民提供了一个可以直接行使公民监督权的虚拟空间和平台，"诽谤官员"事件呈高发态势，网络舆论监督信息和批评性言论高度聚合，对涉事机构和个人形成强大的网络舆论压力。为了消解网络舆论监督带来的舆论压力，部分公职人员越来越倾向于诉诸刑事诽谤罪来追究言论者的刑事责任。从维护和保障公民的正当监督权和坚持刑法的谦抑性原则出发，应严格控制刑事诽谤罪的公诉范围，将是否启动诽谤罪公诉程序的主动权交由被害人自主选择，从而从根本上杜绝司法权被"公器私用"于阻塞民意诉求表达和沟通渠道。

第一节　传统媒体时代冲突的刑法调整

刑法规定在平衡舆论监督与名誉权保护冲突方面存在的问题，主要表现在刑事诽谤罪条款设置了诽谤罪由自诉转为公诉的"但书"条款。该"但书"

条款扩大了公权力介入诽谤案件的范围,易导致公权力部门降低诽谤罪的入罪门槛,将对公职人员的监督言论视为诽谤罪言论,打击报复监督者。虽然为了限制这一条款的使用,部门规范性文件和司法解释都就刑事诽谤罪提起公诉的范围进行详细规定,但这些规定在学界和实务界都存在不少争议。

一 我国关于诽谤公职人员的刑事立法

我国《刑法》只是在两款罪中,规定诽谤公职人员构成该罪的客观方面要件,如诽谤正在执行国家安全工作任务的国安或公安人员可能构成妨碍公务罪,在法庭上诽谤司法工作人员可能构成扰乱法庭秩序罪。除此之外,我国《刑法》并未设置专门针对公职人员的诽谤罪,而是将公职人员的名誉权等同于普通公民的名誉权加以刑事保护,根据2015年修订的《刑法》第二百四十六条关于侮辱罪、诽谤罪的规定,以暴力或者其他方法公然侮辱他人或者捏造事实诽谤他人,情节严重的,处3年以下有期徒刑、拘役、管制或者剥夺政治权利。前款罪,告诉的才处理,但是严重危害社会秩序和国家利益的除外。通过信息网络实施第一款规定的行为,被害人向人民法院告诉,但提供证据确有困难的,人民法院可以要求公安机关提供协助。关于严重危害社会秩序和国家利益的具体情形,公安部2009年4月3日下发的《关于严格依法办理侮辱诽谤案件的通知》做了具体规定。[①] 2013年9月,最高人民法院、最高人民检察院公布的《关于办理利用信息网络实施诽谤等刑事案件适用法律若干问题的解释》,对利用信息网络诽谤他人致严重危害社会秩序和国家利益的情形做出了司法解释。[②]

---

① 公安部2009年3月9日下发《关于严格依法办理侮辱诽谤案件的通知》,规定:"对于具有下列情形之一的侮辱、诽谤行为,应当认定为'严重危害社会秩序和国家利益',以侮辱罪、诽谤罪立案侦查,作为公诉案件办理:(一)因侮辱、诽谤行为导致群体性事件,严重影响社会秩序的;(二)因侮辱、诽谤外交使节、来访的外国国家元首、政府首脑等人员,造成恶劣国际影响的;(三)因侮辱、诽谤行为给国家利益造成严重危害的其他情形"。

② 最高人民法院、最高人民检察院《关于办理利用信息网络实施诽谤等刑事案件适用法律若干问题的解释》第三条规定:利用信息网络诽谤他人,具有下列情形之一的,应当认定为刑法第二百四十六条第二款规定的"严重危害社会秩序和国家利益":(一)引发群体性事件的;(二)引发公共秩序混乱的;(三)引发民族、宗教冲突的;(四)诽谤多人,造成恶劣社会影响的;(五)损害国家形象,严重危害国家利益的;(六)造成恶劣国际影响的;(七)其他严重危害社会秩序和国家利益的情形。

按照犯罪构成理论，诽谤罪的犯罪主体是达到刑事责任年龄、具备刑事责任能力的自然人；犯罪客体是他人作为自然人应享有的名誉权。从犯罪的主观方面看，具备主观故意并以诽谤为目的，是构成犯罪的主观方面要件，即行为人明知自己捏造、散布的虚假事实会对他人名誉造成损害而积极追求或放纵这种结果发生的心理状态。如果"行为人将虚假事实误认为是真实事实加以扩散，或者把某种虚假事实进行扩散却无损害他人名誉的目的，不构成诽谤罪"①。从犯罪的客观方面看，包括三个方面：一是需有捏造并散布虚假事实的行为，如果行为人散布的不是凭空捏造的事实，而是客观存在的事实，即使损害他人名誉，也不构成诽谤罪；二是诽谤行为需指向被害人，并严重损害了被害人的名誉权；三是捏造事实诽谤他人的行为需达到情节严重的程度。

二　其他国家关于诽谤公职人员的刑事立法

美国作为曾经的英国殖民地，在美国建国初期承袭了英国煽动诽谤法的刑法规制传统。直到1925年吉特洛诉纽约州案后，刑事诽谤诉讼才开始大幅减少。在1964年加里森诉路易斯安那州案中，美国联邦最高法院裁定，除非在刑事诽谤法"超越合理怀疑"之外符合"真实恶意"标准，否则诽谤官员入罪是违反美国宪法的。布莱克大法官认为："因批评公共官员而将言论者判处监禁，不仅会危害宪法保障的自由、公开的公共讨论，而且会令其窒息。我迫不及待地想宣告，英国星座法院制定的臭名昭著的煽动诽谤法在我国宪法中不可能有一席之地。"② 英国通过2009年《死因裁判官及正义法》(*Coroners and Justice Act*) 在英格兰和威尔士彻底取消刑事诽谤罪。英国还通过2013年的《诽谤法》，加强被告的抗辩权，引入"严重伤害"原则，打击"诽谤旅游"③。

根据2015年1月的数据，欧盟国家中，除了英国，爱尔兰、马其顿、黑山和罗马尼亚也取消了刑事诽谤罪和侮辱罪。还有一些国家在诽谤除罪

---

① 张明楷：《刑法学》，法律出版社2007年版，第688页。
② Peter N Amponsah, *Libel Law, Political Criticism and Defamation of Public Figures*, New York: LFB Scholarly Publishing LLC, 2004, p.53.
③ 指诽谤案件原告随意挑选辖区法院，以确保有利的审判结果。

化中已经取得实质进展，如法国、拉脱维亚、波兰、塞尔维亚。意大利、立陶宛也在酝酿取消诽谤罪的法案。① 有学者分别从英美法系、大陆法系、斯堪的纳维亚法系、社会主义法系和伊斯兰法系抽取共68个国家进行比较后发现，77.2%的英美法系国家保留着刑事诽谤罪，而高达97.4%的大陆法系国家和所选取的所有斯堪的纳维亚法系、社会主义法系和伊斯兰法系国家都保留了刑事诽谤罪。② 可见，在诽谤除罪化进程中，英美法系国家走在了前列。

在仍将诽谤入罪的国家中，部分国家将官员分为皇室成员、高层官员和普通官员，对诽谤官员的刑事责任做出特殊规定。在君主立宪制国家，皇室成员被视为形式上的国家元首，诽谤皇室成员作为单独罪名予以规定，且法定刑显著高于诽谤普通公民，如西班牙、挪威、瑞典、荷兰、丹麦、日本、泰国与所罗门群岛。此外，还有一些国家将正副总统、总理、国会议长等高层官员的名誉权在诽谤法上做特殊保护，这些国家包括德国、意大利、葡萄牙、冰岛、希腊、波兰、土耳其、爱沙尼亚、委内瑞拉、巴西、古巴、马其他、印度尼西亚、印度、阿尔及利亚、喀麦隆等。③ 在这些国家中，如果诽谤对象为高层官员，对此设有专门的罪名和法定刑。例如，《意大利刑法典》第278条专门规定诽谤总统罪，规定侵犯意大利总统名誉和声望的行为构成刑事犯罪，将被判处1至5年的监禁刑。又如，《德国刑法典》第90条对诽谤德国总统罪做了详细规定，公开或通过媒体诽谤德国总统的犯罪行为，可能被判处3个月至5年的监禁。如果诽谤是故意行为，且旨在损害总统的声誉，或"故意支持危及联邦德国长治久安或其宪法原则的不端行径"，最低监禁刑将增加到6个月。此外，法院有权行使自由裁量权，自行决定禁止犯罪人从事其职业，暂停其某些公

---

① Scott Griffen, "Out of Balance: Defamation Law in the European Union", International Press Institute, http://www.freemedia.at/fileadmin/user_upload/OOB_Final_Jan2015.pdf. 2018年3月20日。
② 蔡曦蕾:《论毁誉犯罪的特殊对象——从死者和官员名誉保护视角的分析》,《环球法律评论》2016年第3期。
③ 蔡曦蕾:《论毁誉犯罪的特殊对象——从死者和官员名誉保护视角的分析》,《环球法律评论》2016年第3期。

民权利，包括担任公职的权利、选举权和被选举权。①

除了高层官员，有些国家还将立法、司法、行政机关的公务员等一般官员作为诽谤罪的特殊对象作出特别规定，如中国澳门地区、德国、法国、葡萄牙、意大利、荷兰、比利时、土耳其、丹麦、波兰、爱沙尼亚、阿联酋、巴西、古巴、埃及、埃塞俄比亚。在这些国家和地区中，诽谤一般官员与普通诽谤的不同，主要体现在量刑幅度上。例如，在我国澳门地区，公务员因公务被诽谤时，行为人应判处的法定最低刑和最高刑均提高二分之一。《土耳其刑法》第 125 条也有类似规定。从整体上看，除了日本、韩国、马其他与肯尼亚未对诽谤官员罪设置比普通诽谤罪更高的量刑，大多数设有诽谤官员罪的国家，都为诽谤官员罪设置了远高于普通诽谤的法定最高刑。②

还有相当多诽谤入罪的国家并未针对官员的名誉权提供特殊的刑事保护，如中国、加拿大、澳大利亚、印度、巴基斯坦、新加坡、马来西亚、奥地利、捷克、尼日利亚、阿根廷、卢森堡、芬兰、匈牙利、智利、哥伦比亚、南非、以色列、斯洛伐克、菲律宾、立陶宛、拉脱维亚、朝鲜等。③

三 刑法规定在平衡舆论监督与名誉权保护冲突方面存在的问题

从规定诽谤罪的《刑法》第二百四十六条看，诽谤罪原则上属于自诉案件，被害人告诉才处理。但是，该条第二款规定了例外情形，即严重危害社会秩序和国家利益的诽谤行为，检察机关可依法提起公诉。这条"但书"规定为诽谤罪由自诉转为公诉设定了两个条件：一是诽谤行为危害社会秩序和国家利益；二是诽谤行为危害社会秩序和国家利益达到入罪标准的情节严重程度。但由于社会秩序和国家利益均无法律上的明确标准，严重程度也未设定法律上可操作的量化标准，该"但书"条款扩大了公权力介入诽谤案件的范围，易导致公权力部门降低诽谤罪的入罪门槛，将对公

---

① 参见《德国刑法典》，http：//legaldb. freemedia. at/legal - database/germany/？target = criminal - defamation，2017 年 3 月 20 日。
② 蔡曦蕾：《论毁誉犯罪的特殊对象——从死者和官员名誉保护视角的分析》，《环球法律评论》2016 年第 3 期。
③ 蔡曦蕾：《论毁誉犯罪的特殊对象——从死者和官员名誉保护视角的分析》，《环球法律评论》2016 年第 3 期。

职人员的监督言论视为诽谤罪言论，打击报复监督者。

为了进一步明确"严重危害社会秩序和国家利益"的具体含义，公安部曾于 2009 年 4 月发布《关于严格依法办理侮辱诽谤案件的通知》（以下简称《通知》），对于可以侮辱、诽谤罪立案侦查，作为公诉案件处理的情形做了列举。但从该《通知》文本看，所列举的"严重危害社会秩序和国家利益"的情形在司法实践中可以准确适用的只有两种，① 其第三种情形实际上是对"严重危害社会秩序和国家利益"的同一重复。为了加大对网络谣言的刑事惩治力度，2013 年 9 月，最高人民法院和最高人民检察院联合发布关于《办理利用信息网络实施诽谤等刑事案件适用法律若干问题的解释》，以司法解释的方式对"严重危害社会秩序和国家利益"的标准做了进一步的细化规定，列举了七种可提起侮辱、诽谤罪公诉的情形。但只有前四种情形具有司法实务上的可衡量标准，即群体性事件、公共秩序混乱、民族和宗教冲突，以及诽谤多人。第五、第六种情形中的国家形象和国际影响都不具有法律上的确切含义。其中 2009 年公安部《通知》本对"造成恶劣国际影响"的侮辱诽谤行为做了具体界定，即侮辱、诽谤外交使节、来访的外国国家元首、政府首脑等人员，但该司法解释却未予以沿用。第七种情形实际上属于兜底条款。

同时，该司法解释还对利用信息网络诽谤他人构成侮辱诽谤罪的"情节严重"要件进行了列举式规定。该条规定的立法原意是为认定利用信息网络实施的诽谤犯罪，提供具体、客观的构罪标准，但刑法学者对此规定的解读各异，引发了刑法学界的激烈争论。有学者认为，以信息被他人浏览、点击和转发的实际次数作为是否构成诽谤罪的标准，将导致一个人是否犯罪，不是由其自身行为来决定，而是由他人行为决定，由此将产生刑法上的客观归罪问题。而且，由他人行为决定是否构成诽谤罪，易被恶意第三人钻空子，人为促成诽谤罪成立。② 还有学者认为，诽谤罪的定量入罪标准，应以网络言论是否突破虚拟社会范畴，在现实社会中造成实际危

---

① 即因侮辱、诽谤行为导致群体性事件，严重影响社会秩序的；因侮辱、诽谤外交使节、来访的外国国家元首、政府首脑等人员，造成恶劣国际影响的。

② 李晓明：《诽谤行为是否构罪不应由他人的行为来决定》，《政法论坛》2014 年第 1 期。

害为主要考量因素。转发或浏览次数与诽谤言论的危害性并不成正比。①也有学者认为，行为人在网络上散布诽谤信息，就明知他人会点击、浏览和转发，就具有侵害被害人名誉权的直接故意，其结果应归属于行为人的诽谤行为。② 本书认为，立法的确定性和灵活性是立法过程中不可避免且此消彼长的一对矛盾。相对概括、抽象的立法规定有助于灵活应对不断变化的法律实践，但又因缺乏确定具体的适用标准而引发司法和守法的不确定性；具体、量化的立法规定便于司法适用，增加法律的可预期性，但也可能流于简单和僵化，容易顾此失彼、挂一漏万。要达至二者的平衡，需要进一步深刻把握规制对象的客观规律，努力使司法解释细化、补充法律的规定，尽力避免引发司法适用上的混乱。

四　诽谤公职人员除罪化的理由

随着现代民主法治观念的确立和公民权利意识的增强，刑事诽谤法面临除罪化的问题。自20世纪80年代开始，在联合国人权机构③的支持和协调下，一些保护和促进表达自由的国际民间人权组织④发起了诽谤除罪化运动。这些组织通过援助被各国政府以诽谤罪或侮辱罪起诉的新闻工作者或异议者、举办推动诽谤法制改革的国际论坛、汇集诽谤除罪化方面信息、发布针对诽谤除罪化方面的研究成果等活动，在全球范围内推行诽谤除罪化。

诽谤除罪化运动的倡导者们提出取消刑事诽谤罪的理由包括：一是刑事处罚的严厉性和威慑力会使公民或新闻媒体产生寒蝉效应，导致其自我审查，从而影响民主原则的确立与表达自由的充分实现；二是政府机构、公职人员或其他处于强势地位的组织和个人，以保护自己的名誉或公共利益为借口，滥用刑事诽谤法打压批判性言论；三是民事诽谤法已能够为名

---

① 李会彬：《网络言论的刑法规制范围——兼评两高〈关于办理利用信息网络实施诽谤等刑事案件适用法律若干问题的解释〉》，《法治研究》2014年第4期。
② 张明楷：《网络诽谤的争议问题探究》，《中国法学》2015年第3期。
③ 联合国教育、科学及文化组织、联合国人权事务委员会、联合国意见与表达自由特别报告人办公室。
④ 这些组织包括"第十九条"组织、世界新闻自由委员会、国际新闻记者联合会等。

誉权提供足够保护。① 诽谤除罪化运动虽然对于推动许多国家的诽谤法改革发挥了积极作用，但也因其组织者作为新闻媒体的特殊身份限制、浓厚的政治性色彩和理论基石的不牢固等原因遭到质疑，难以在全球范围内取得预期效果。尤其是其主张诽谤的全面除罪化，在表达自由和名誉保护的平衡上完全偏向表达自由，而忽略对名誉权的保护，是诽谤除罪化运动受挫的重要理论原因。

五　取消诽谤公职人员刑事公诉的正当性

虽然诽谤全面除罪化面临疏于名誉权保护的正当性挑战，但是，针对诽谤公职人员排除适用刑事公诉，则具有完全的正当性。第一，诽谤公职人员去公诉化具有理论上的正当性。允许公职人员动用最严厉的国家机器对批评者进行惩罚，会严重钳制公民的言论自由，阻塞公民表达渠道。言论自由的功能和价值，客观上要求政府机构及其公职人员对于过激的批评性建议，负有更高的容忍义务。同时，诽谤公职人员公诉化，还将阻碍人民行使民主权利对公权力行为进行监督。现代民主法治社会中，人民行使当家作主权利的重要方式是，保证作为国家权力主人的人民就权力运行情况自由发表意见、表达诉求、传播披露信息，在充分保障执政权的基础上，参与国家事务管理，规范和促进公权力合法合理使用。公职人员名誉权包含了对公职人员从事公务行为形成的评价，鉴于其因公职获得一定收益，享有更多的权利，其名誉权应根据权责对等原则，较普通公民的名誉权有所克减，尤其是不宜动用国家暴力机器进行过度保护，从而动摇民主社会的根基。

第二，诽谤公职人员公诉化有违刑法的谦抑性原则。刑法的谦抑性要求，刑罚是规范违法行为的最后手段，只有在运用民事、行政的手段仍不足以规制和预防违法行为的发生，才能运用刑罚的手段。刑法保护的法益是国家安全、公共秩序和个人合法权益。对于危害国家安全和社会公共秩序的犯罪行为，基于其损害利益的广泛性和公益性，宜由司法机关代表全体公民采取刑事公诉的手段加以惩罚。而对于侵害个人合法权益的社会危

---

① 郑文明：《诽谤的法律规制——兼论媒体诽谤》，法律出版社2011年版，第183—192页。

害性小的犯罪，则应尊重被害人意愿，实行告诉才理的原则。诽谤罪侵犯的是公民的名誉权，一般社会危害性较小，不宜采用刑事公诉的手段进行规制，而将诽谤公职人员公诉化，更有以公法责任钳制言论自由之嫌，不仅违背刑法的谦抑性原则，也不符合现代法治要求。

第三，诽谤公职人员公诉化与诽谤罪所保护的法益不相符。诽谤罪所保护的法益是名誉权，而针对名誉权的刑法保护是刑事自诉机制。对诽谤公职人员行为提起刑事公诉，其保护的法益已不是名誉权，而是社会秩序和国家利益。但是，对于因诽谤正在执行公务的公职人员或对涉公职行为进行诽谤，造成危害国家安全和社会秩序的严重后果的违法行为，刑法已经规定了危害国家安全罪和妨害社会管理秩序罪的相关罪名进行定罪处罚。而且，危害国家安全和社会秩序有关罪名的构成要件中，诽谤公职人员仅是犯罪构成的客观要件之一，公职人员的名誉权并不是其终极保护法益。此外，诽谤罪本质上属于侵犯私权的犯罪，很多情况下涉及个人隐私，因此刑法对名誉权的保护采用刑事自诉方式，意在尊重告诉权人的选择权。

第二节 媒体变革带来的主要问题

传统媒体条件下，诽谤罪具有除罪化的正当理由。但网络诽谤显著增加的行为危害性，要求保留刑法手段，以便在民法规定尚不足以对情节极其恶劣的诽谤行为形成有效法律震慑时，引入诽谤法的刑法规制。

一 传统媒体条件下诽谤罪具有除罪化的正当理由

1. 刑法对私权的调整应谦抑。诽谤罪是言论自由与名誉权冲突的刑法调适手段，是对侵犯名誉权行为最严厉的法律制裁。诽谤罪的犯罪客体是公民个人的人格尊严和名誉权，属于公民个人私权，一般宜由私法予以调整，不宜轻易动用公权干预平等公民间基于私法的权利冲突，以最大限度尊重公民处分个人私权的自由度和选择权。而且，从合宪性的角度看，言论自由与名誉权同属宪法规定的公民基本权利，在我国宪法中并无高低之分，如果单方面给予名誉权以更严密的法律保护，极有可能压抑公民的言论自由，有损民主根基。因此，在平衡言论自由与名誉权冲突方面，刑法应发挥被动性的补充功能，只有在民法不足以保护公民名誉权，不足以抑制诽谤行为对名誉权的严重危害时；只有在诽谤行为达到法定的严重情节时，才能适用刑法这一最后社会防卫手段。①

2. 在传统媒体条件下，对公民名誉权的损害不足以达到需要刑法介入的情节严重情形且难以界定。在以报刊、电视、广播为主要传播手段的传统媒体时代，信息传播受制于物化媒介及媒体设施的地域性特征，往往传播范围有限，即使存在诽谤性言论，其影响也仅限于所载媒体的覆盖范围。而且，与侵犯公民人身权利、民主权利罪其他罪名相比，作为诽谤罪所保护法益的公民个人名誉权，主要指社会对个人的外部评价，缺乏可衡量的客观标准，在法律上难以确定入刑应达到的情节严重要求。

3. 社会秩序和国家利益不应成为诽谤罪所保护的法益。世界各国及我国的经验表明，利用诽谤罪维护社会秩序和国家利益不能达成立法者初衷，反而造成诽谤罪滥用。如前所述，诽谤罪保护的法益是名誉权，捏造事实诽谤他人既是手段又是目的。而以严重危害社会秩序和国家利益作为诽谤罪的加重情节，实际上让诽谤罪承担了保护社会秩序和国家利益的刑法功能，从而使诽谤罪保护的法益超出了个人名誉权，而不属于侵犯公民人身权利、民主权利罪。而从严重危害社会秩序和国家利益的言论型犯罪看，其犯罪客体都是社会公共秩序和国家安全利益，采取煽动、造谣、诽谤手段仅是其犯罪的客观方面之一。如《刑法》第一百〇五条煽动颠覆国家政权罪，该罪侵犯的客体是国家政权安全和社会主义制度的稳固，犯罪的客观方面即犯罪手段为通过造谣、诽谤等方式鼓动颠覆国家政权、推翻社会主义制度。因此，危害社会秩序和国家利益的言论型犯罪，其犯罪目的不是损害他人的名誉权，不应构成诽谤罪。也就是说，从刑法的整体立法设计看，如果诽谤行为达到严重危害国家利益和社会秩序的严重情节，就不应由诽谤罪来规制，而应根据不同的犯罪目的，由相应的危害国家利益和社会秩序的言论型犯罪加以规制。② 而且，从司法实践看，运用诽谤

---

① 蒋毅、梁经顺：《试论诽谤罪的立法完善》，《西南政法大学学报》2010年第6期。
② 蒋毅、梁经顺：《试论诽谤罪的立法完善》，《西南政法大学学报》2010年第6期。

罪维护社会秩序和国家利益，不仅难以达到预期效果，而且还可能妨碍公民言论自由的行使，使之沦为公权力行使者打击报复监督言论的"口袋"罪名，反过来损害政府及其公职人员的威信和公信力。①

4. 民法为名誉权提供的法律保护和救济方式更为周全，更有利于为诽谤受害人提供名誉恢复和精神抚慰。名誉权是指公民享有的凭借其德行获得社会评价不受他人侵犯的权利。② 公民名誉权因侮辱诽谤行为被毁损时，对行为人处以刑罚无助于公民恢复其良好的社会评价。而我国《民法典》和关于名誉权案件审理的两个司法解释，在责任形式和责任范围上为名誉权毁损提供了较全面、充分、有效的救济方式。

在责任形式上，民法规定了名誉权侵权人应承担停止侵害、恢复名誉、消除影响、赔礼道歉、赔偿损失等多种责任形式，这些责任形式较契合名誉权作为社会评价的特点，可一定程度上减轻损害并恢复受损的名誉权。对于恢复名誉、消除影响、赔礼道歉的具体方式，民法不仅规定了传统媒体条件下的公告、登报等方式，还适应网络时代传媒手段的更迭，在2014年最高人民法院《关于审理利用信息网络侵害人身权益民事纠纷案件适用法律若干问题的规定》中，规定了在网络上发布公告或公布裁判文书的责任方式。

在责任范围上，针对名誉权作为人格权的特性，民法除了规定名誉权侵权人赔偿经济损失外，最高人民法院2001年《关于确定民事侵权精神损害赔偿责任若干问题的解释》中明确规定，自然人因名誉权遭受非法侵害，有权向人民法院起诉请求赔偿精神损害；因侵权致人精神损害，造成严重后果的，人民法院除判令侵权人承担停止侵害、恢复名誉、消除影响、赔礼道歉等民事责任外，可根据受害人一方的请求判令其赔偿相应的精神损害抚慰金。而依据刑法诽谤罪的规定，受害人只能提起附带民事诉讼要求赔偿因人身权利受到侵犯而遭受的经济损失，但却无权要求获得精神损害赔偿。

---

① 孙平：《诽谤罪与言论规制"调适期"》，《环球法律评论》2014年第3期。
② 王利明、杨立新主编：《人格权与新闻侵权》，中国方正出版社2010年版，第287页。

二 网络诽谤的新特点阻却诽谤的彻底除罪化

网络诽谤是指借助网络等现代信息传播技术，捏造、散布虚假事实，损害他人名誉权的行为。网络诽谤传播的快速性、广泛性、匿名性、参与性和传播媒介及模式的多元化，使得网络诽谤的危害性明显增加。这种显著增加的行为危害性，要求保留刑法手段，以便在民法规定尚不足以对情节极其恶劣的诽谤行为形成有效法律震慑时，引入诽谤法的刑法规制。

1. 网络诽谤传播的低门槛性、迅捷性、跨地域性，以及受众的广泛性，使得网络诽谤比传统的媒体诽谤具有更为严重的危害性。诽谤行为的危害性一定程度上取决于诽谤陈述对他人名誉权的毁损程度及诽谤性陈述被知晓的受众范围。传统媒体时代，诽谤性言论只能刊发在图书、报刊、广播电视等传统媒体，不仅因物质载体的地域性限制而传播范围和受众人群有限，而且因传统媒体的把关人制度，严重毁损他人名誉权的言论难以通过审查而获得刊发。借助高度发达的信息网络技术，诽谤性言论以极为低廉的成本，通过互联互通的全球互联网，快速传播至世界各地的受众。同时，任一网民既是"发声器"，又是"传声筒"，兼具出版与传播的双重功能，严重诋毁他人的诽谤言论很可能绕过内容审查而直接发布。

2. 网络信息的交互性，使得网络诽谤对他人名誉权的损害比传统诽谤更具有持久性。传统诽谤会随着物质载体的消亡而逐渐淡化，但以网站论坛、"两微一端"为代表的新兴媒体具有信息交互功能，诽谤性言论通过设置链接转发，可持续发布传播；通过网民评论、讨论，诽谤性言论不断被复述，甚至经过别有用心的人煽动，诱发更严重的毁誉言论，对他人名誉权造成更严重的损害。同时，网络诽谤性言论由于影响范围广、负面影响大，常常突破虚拟的网络空间，在现实生活中给被害人带来人身、经济和精神上的多重损害。

3. 网络诽谤被害人依靠自身难以追究加害人的法律责任，需要司法机关提供公权救济。传统媒体时代的诽谤加害人较易确定，但网络诽谤具有匿名性、虚拟性，加害人往往以昵称、化名或假名发布诽谤言论，具有很强隐蔽性，被害人很难确定加害人真实身份。同时，与传统诽谤证据相对固化、易于保留相比，网络诽谤的电子证据转瞬即逝，如果缺乏技术手段，难以固化保存具有法律效力的诉讼证据。在这种情况下，网络诽谤受害人寻求民事诉讼救济方式，将面临无法确定被告人、难以有效举证的困境，在名誉权民事诉讼中处于不利地位。因此，对于情节严重的网络诽谤行为，司法机关如果不运用刑事手段调整，会极大弱化刑法对网络犯罪的打击力度，造成网络言论自由滥用和"网络暴民"泛滥的"破窗效应"[①]。

第三节 公权力介入涉公职人员诽谤案偏好分析

网络提供的扁平化沟通表达平台，极大地便利了公民表达利益诉求，使其成为异常活跃的网络舆论监督主体，导致舆论监督与名誉权之间的法律冲突呈高发态势。面对来自人民的批评性言论，我国一些地方的公职人员不但不虚心接受人民的批评和监督，反而将自己的个人名誉和威信混同于政府形象和国家利益，滥用刑事诽谤罪及相关罪名打击报复批评者。纵然网络舆论监督言论中也不乏宣泄不满的非理性情绪和诽谤、谩骂、攻击等网络暴力，但以刑事公诉手段规制网络言论，尤其是网络舆论监督言论，会存在侵犯公民言论自由、侵蚀公民监督权的风险。为此，有必要对司法实践中出现的涉公职人员诽谤案进行实证分析，找出原因所在，为下一步刑法相关修改奠定实证基础。

一 公权力介入涉公职人员网络诽谤案的实证分析

在传统媒体时代，由于舆论监督主体主要是新闻媒体，自1979年《刑法》规定诽谤、侮辱罪以来，在大众传媒上发表批评公职人员的言论而被判处诽谤罪的刑法案例很少。而1997年《刑法》实施以来，刑事诽官案不断出现。特别是随着网络表达自由的蓬勃发展，"诽谤官员"案呈高发态势。有学者统计，2006年以前，涉嫌诽谤官员案件每年最多2起，而2006年至2010年，每年均有10起以上。在采取法律措施的案件中，仅有1起案例采取民事诉讼形式，高达60%的案件采取刑事诉讼手段，而其

---

① 徐娟：《网络诽谤罪认定的检视与重构——以"真实恶意"的影响为中心》，《预防青少年犯罪研究》2016年第2期。

中采取刑事公诉的占三分之二。① 还有学者于2016年收集了北大法宝、北大法意和中国裁判文书网三大裁判文书数据库，搜索出59份涉官刑事诽谤罪判决书，公诉率达27.1%。其中，因履行公务而被诽谤的因公涉官诽谤案件有36起，其公诉率高达38.9%。但是，这些提起公诉的涉官诽谤刑事案件中，最终被判决有罪的案件比例又较小。② 还有学者对2006年至2010年公权力介入"诽谤官员案"的重点案例，从案发时间、"被诽谤者"、事由、处罚、后续发展的角度进行了系统梳理。③ 本书通过搜索中国裁判文书网、北大法宝、北大法意三大法律文书数据库以及公开新闻媒体，进一步分析梳理2011—2020年公职人员因公涉诽谤案的发展趋势及其处理情况，并探究公权力介入诽谤官员案件的原因（见表7-1）。

表7-1　　　　　2011—2020年因公诽谤公职人员典型案例

序号	案例	时间	被诽谤者	诽谤方式	类型	判罚
1	中石化"非洲牛郎门"事件	2012年	中石化公司女处长	网站帖文	公诉	被告人犯诽谤罪，判处有期徒刑二年零九个月
2	王某某诽谤案	2012年	风华园社区居委会主任	张贴字报，网站帖文	自诉	被告人犯诽谤罪，判处有期徒刑一年六个月
3	沈某某诽谤案	2013年	河南沁阳社区居委会主任	微博	自诉	被告人犯诽谤罪，判处有期徒刑一年零六个月
4	王某诽谤案	2013年	山西吕梁政协副主席刘某某	网站帖文	自诉	被告人犯诽谤罪，判处有期徒刑二年，缓刑三年
5	韦某等诽谤案	2014年	广西来宾市兴宾区卫生局局长邱某某	网站帖文	自诉	被告人犯诽谤罪，判处有期徒刑一年三个月

---

① 宁文卓：《中国大陆诽官案实证考察》，硕士学位论文，湖南大学，2011年。

② 蔡曦蕾：《论毁誉犯罪的特殊对象——从死者和官员名誉保护视角的分析》，《环球法律评论》2016年第3期。

③ 雷丽莉：《从20起诽谤案看公权力追究公民言论责任的路径》，载《法治新闻传播》，中国检察出版社2010年版，第42—46页。

续表

序号	案例	时间	被诽谤者	诽谤方式	类型	判罚
6	杨某某诽谤案	2014年	贵州黔东南自治州台江县建设局周某局长	网站贴文	自诉	被告人犯诽谤罪，判处有期徒刑八个月
7	何某某反诉自诉人诽谤案	2014年	安徽省临泉县黄岭镇书记杨某	新闻媒体、微博、书信	自诉	被告人犯诽谤罪，判处有期徒刑八个月，
8	张某某诽谤案	2014年	甘肃省岷县岷阳镇东门村原村委会主任	微博	自诉	被告人犯诽谤罪，判处有期徒刑八个月
9	纪检干部诽谤副市长案	2015年	副市长和纪委副书记	网站帖文	公诉	涉嫌诽谤罪，羁押9个月
10	王某某等诽谤案	2015年	广西百色市乐业县部分国家工作人员	视频	公诉	被告人犯诽谤罪，分别判处有期徒刑一年零六个月
11	王某诽谤案	2015年	山西省晋中市灵石县纪检委书记张某某	网站帖文	自诉	被告人王某犯诽谤罪，判处管制一年
12	王某甲诽谤案	2015年	河南省新郑市和庄镇镇长和新郑市领导等	网站帖文	公诉	被告人王某甲犯诽谤罪，免予刑事处罚
13	邹某某等诽谤案	2015年	重庆市南川区大竹村支部书记李某某	印刷材料、网站帖文	自诉	一审不以诽谤罪论处；二审驳回上诉，维持原判
14	韦某某诽谤、寻衅滋事案	2015年	广西女子劳动教养管理所管教干部李某等	视频、网站贴文	公诉	被告人犯诽谤罪和寻衅滋事罪，执行有期徒刑四年
15	杨某才诽谤案	2015年	湖南邵阳城步苗族自治县检察院刘某源	网站帖文	自诉	被告人犯诽谤罪，判处有期徒刑二年
16	胡某甲诽谤案	2015年	河南商丘睢县潮庄镇胡寺村书记胡某某	网站帖文	自诉	被告人犯诽谤罪，判处有期徒刑六个月

续表

序号	案例	时间	被诽谤者	诽谤方式	类型	判罚
17	杨某诽谤案	2015年	江苏徐州铜山区棉布村支部书记杨某1	网站帖文、图片	自诉	被告人犯诽谤罪，免予刑事处罚
18	周某诽谤案	2015年	湖北省省委宣传部副部长文某某	网站帖文	自诉	被告人犯诽谤罪，判处有期徒刑一年，缓刑二年
19	石某某诉崔某某诽谤案	2015年	陕西府谷电石股份有限公司法人石某某	媒体文章、微博、微信	自诉	被告人犯诽谤罪，判处拘役一个月
20	司某某诽谤案	2015年	山西省忻州市公安局副局长张某某	网站帖文	自诉	一审免予刑罚。二审驳回上诉，维持原判
21	王某诽谤案	2015年	重庆农商行巫山支行副行长李某某、徐某某	网站帖文	自诉	被告人王某犯诽谤罪，判处有期徒刑六个月
22	李某某诽谤、渎职、玩忽职守案	2015年	黑龙江绥棱县克音河乡党委副书记韩某某	网站帖文	公诉	被告人犯诽谤罪，判处有期徒刑二年
23	黄某某诽谤案	2015年	广东省吴川市中山派出所郑某某	博客	自诉	被告人犯诽谤罪，判处拘役三个月
24	蔡某某诽谤案	2015年	河南省舞阳县电业局局长	网站帖文	自诉	被告人蔡某某犯诽谤罪，判处管制一年
25	蔡某诽谤案	2016年	广东省湛江市寸金桥派出所所长庞某某	网站帖文	自诉	被告人犯诽谤罪，免予刑事处罚
26	杨某诽谤案	2016年	四川省理县某派出所副所长朱某某	微博	自诉	被告人犯诽谤罪，判处管制一年；责令被告赔礼道歉
27	赵某甲等诽谤案	2016年	浙江乐清市巨星村支书赵某辛、村长赵某戊	微博	自诉	被告人无罪
28	陈某、张某等诽谤案	2016年	湖南省华容县公安局张某、物价局贾某某	网站帖文	自诉	被告人犯诽谤罪，二审改判刑期为拘役三个月

续表

序号	案例	时间	被诽谤者	诽谤方式	类型	判罚
29	孟某某、田某某等诽谤案	2016年	河南省项城市工商局田局长	微博	自诉	被告人犯诽谤罪，免于刑事处罚
30	李某某等诽谤案	2016年	内蒙古赤峰市松山区太平地镇村长丁某某	网站帖文	自诉	被告人犯诽谤罪，判处拘役六个月
31	许某某诽谤案	2016年	河南省驻马店市汝南县纪检副主任张某某	微博	自诉	被告人无罪
32	王某乙诽谤案	2016年	中国电子科技集团第22研究所书记王某甲	微博	自诉	被告人无罪
33	马某诽谤案	2016年	宁夏小动物保护协会赵某	网站帖文	自诉	被告人犯诽谤罪，免予刑事处罚
34	潘某某诽谤案	2016年	安徽省阜阳市公安局刑警支队丁某1等	网站帖文	自诉	被告人犯诽谤罪，判处有期徒刑一年零六个月
35	钟某某诽谤案	2016年	湖南省岳阳市分局八字门派出所长李某甲等	网站帖文	自诉	被告人无罪
36	杨某某诽谤案	2016年	黑龙江省哈尔滨市香坊区幸福镇民主村党支书徐某某	网站视频	自诉	被告人犯诽谤罪，判处有期徒刑六个月
37	赵崇元等诽谤案	2016年	浙江省温州市巨星村书记赵某某3	微博	自诉	被告人无罪
38	董某犯寻衅滋事罪案	2016年	山东省菏泽市曹县法院法官祁某等	网站帖文	公诉	被告人犯寻衅滋事罪，判处有期徒刑四年
39	刘某某1诽谤案	2016年	吉林省通化县公安局刑侦大队中队长刘某某	网站帖文	自诉	被告人犯诽谤罪，判处有期徒刑一年零六个月
40	罗某某诽谤案	2016年	陕西省宝鸡市眉县齐镇党委委员李某某	网站帖文	自诉	被告人犯诽谤罪，判处拘役四个月

续表

序号	案例	时间	被诽谤者	诽谤方式	类型	判罚
41	许某某诽谤案	2016年	新疆库尔勒铁路公安处处长张某某	网站帖文	自诉	被告人许某某犯诽谤罪，免予刑事处罚
42	董某某诽谤案	2016年	河北省唐山市路南区女织寨乡村委会主任范某某	微信公众号	自诉	被告人犯诽谤罪，判处有期徒刑六个月
43	袁某某诽谤案	2016年	安徽省阜阳市颍州区小年庄村干部李某某等	张贴公告、网站视频	自诉	被告人犯诽谤罪，判处拘役三个月
44	陈秀英等诽谤案	2016年	河南省新野县新甸铺镇元帅村支部书记	散发传单	自诉	被告人无罪
45	林某某1诽谤、故意伤害案	2016年	广东省惠东县铁涌镇好招楼村村委主任陈某某	网站帖文	自诉	被告人无罪
46	刘某甲诬告陷害案	2016年	山东省兰陵县公安机关人员、县医院法医等	张贴公告、网站帖文	公诉	被告人犯诬告陷害罪，判处有期徒刑十一个月
47	贾某甲等诽谤案	2016年	湖北省襄阳市襄城区檀溪湖居委会书记肖某	网站帖文	自诉	被告人犯诽谤罪，判处拘役四个月
48	许某某等诽谤案	2017年	浙江省宁波市鄞州区湾底村书记吴某某	网站帖文	自诉	被告人犯诽谤罪，判处有期徒刑一年
49	孙某某寻衅滋事、诽谤案	2017年	黑龙江省双鸭山市集贤县法院、检察院工作人员	网站帖文	公诉	被告人犯寻衅滋事罪，判处有期徒刑二年
50	郭某某诽谤罪案	2017年	黑龙江省方正县副县长林某某	散发传单	自诉	被告人犯诽谤罪，判处有期徒刑一年六个月
51	任某某诽谤案	2017年	山东省德州市平原县信访局副局长王某某	网站帖文	自诉	被告人拘役五个月

第七章　舆论监督与名誉权法律冲突的刑法调整

续表

序号	案例	时间	被诽谤者	诽谤方式	类型	判罚
52	王某某2诬告陷害、诽谤案	2017年	河北省廊坊市固安县委主要领导	张贴公告	公诉	被告人犯诽谤罪，免予刑事处罚
53	张某某寻衅滋事案	2017年	河北省三河市南城派出所出警民警	网站视频	公诉	被告人犯寻衅滋事罪，免予刑事处罚
54	潘某某等寻衅滋事案	2017年	新疆乌鲁木齐市领导和天山区党委、政府领导	网站帖文	公诉	被告人三人犯寻衅滋事罪，判处有期徒刑二年零数月
55	朱某某诽谤案	2017年	浙江义乌佛堂镇剡溪村党支书朱某某	网站帖文	自诉	被告人犯诽谤罪，判处管制一年
56	阿木某某诽谤案	2017年	四川省甘孜州九龙县县委书记、政法委主任	网站帖文	公诉	被告人犯诽谤罪，判处有期徒刑一年
57	杨某某诽谤案	2018年	湖南省城步苗族自治县公安局民警	网站帖文	自诉	被告人犯诽谤罪，判处有期徒刑二年六个月
58	冯某某诽谤案	201年	中共邯郸市永年区临洺关镇党委副书记	网站帖文	自诉	被告人犯诽谤罪，判处有期徒刑一年
59	马某诽谤案	2018年	河南省舞钢市八台镇干部	张贴大字报	自诉	被告人犯诽谤罪，判处有期徒刑十个月
60	郑某某诽谤案	2018年	广东省汕头市潮阳区金浦街道三堡居委会干部	网站帖文	公诉	被告人犯诽谤罪，判处有期徒刑二年
61	尚某某诽谤罪	2018年	甘肃省宁县某村村支书	自制材料	自诉	被告人犯诽谤罪，判处管制一年
62	简某某诬告陷害、诽谤、敲诈勒索	2018年	广东省汕尾市海丰县梅陇镇梅陇村委会	网站帖文	公诉	被告人犯诽谤罪，判处有期徒刑二年
63	李某某诽谤案	2018年	河南省周口市川汇区华耀城办事处党委书记	网站帖文	自诉	被告人犯诽谤罪，判处有期徒刑二年，缓刑三年

续表

序号	案例	时间	被诽谤者	诽谤方式	类型	判罚
64	杨某某诽谤案	2018年	湖南省吉首市湘西土家族苗族自治州国土资源局的财务人员	网站帖文	自诉	被告人犯诽谤罪，剥夺政治权利一年；赔偿自诉人经济损失人民币两万元
65	刘某某诽谤案	2018年	山东省临沂市多名公职人员	网站帖文	公诉	被告人犯诽谤罪，判处有期徒刑一年
66	侯某某诽谤案	2018年	河南省中牟县万滩镇毛庄村村长	网站帖文	自诉	被告人犯诽谤罪，判处有期徒刑六个月
67	郭某某、吕某某诽谤案	2018年	安徽省阜南县老观乡党委书记	网站帖文	自诉	被告人犯诽谤罪，判处有期徒刑八个月；被告人吕某某无罪
68	王某诽谤案	2018年	浙江省舟山市普陀区机关事务局局长	网站帖文	公诉	被告人犯诽谤罪，判处有期徒刑一年
69	陈某某诽谤案	2018年	浙江省宁波市奉化区莼湖镇栖凤村农业党支部委员	网站帖文	自诉	被告人无罪
70	白某某诽谤案	2018年	河北省沧州市运河区小王庄镇村委会主任	举报材料	自诉	被告人无罪
71	周某某诽谤案	2019年	陕西省白河县某镇镇长、党委书记	微信群信息	自诉	被告人犯诽谤罪，判处拘役三个月
72	张某某诽谤案	2019年	广西壮族自治区兴安县县委书记	网站帖文	公诉	被告人犯诽谤罪，判处有期徒刑七个月
73	王某某诽谤案	2019年	河北省邢台县冀家村乡郑家庄村村委会成员	网站帖文	公诉	被告人犯诽谤罪，判处有期徒刑一年二个月
74	周某某诽谤案	2019年	河北省滦南县林业局局长	网站帖文	自诉	被告人犯诽谤罪，判处有期徒刑一年
75	雷某某诽谤案	2019年	江西省弋阳县雷兰村村委会主任、村支书	网站帖文	公诉	被告人犯诽谤罪，判处有期徒刑一年

续表

序号	案例	时间	被诽谤者	诽谤方式	类型	判罚
76	江某某诽谤、敲诈勒索	2019年	山东省日照市东港区政府多名公职人员	网站帖文	公诉	被告人犯诽谤罪，判处有期徒刑二年，犯敲诈勒索罪，判处有期徒刑二年零六个月，并处罚金二万元。决定执行有期徒刑三年零六个月，并处罚金二万元
77	周某某诽谤案	2019年	安徽省砀山县薛楼板材工业园区书记	网站帖文	公诉	被告人犯诽谤罪，判处有期徒刑十个月
78	李某1、程某1诽谤案	2019年	四川省丹棱县人民法院法官	网站帖文	公诉	被告人李某1犯诽谤罪，判处有期徒刑一年，缓刑一年；被告人程某1犯诽谤罪，判处拘役六个月，缓刑一年
79	周某某诽谤案	2019年	湖北省委组织部干部	网站帖文	公诉	被告人犯诽谤罪，判处有期徒刑二年
80	张某某诽谤案	2019年	天津市滨海新区大港检察院公职人员	网站帖文	公诉	被告人张某某犯诽谤罪，判处有期徒刑一年八个月
81	关某某诽谤、合同诈骗案	2019年	天津市静海县农委	网站帖文	公诉	被告人犯诽谤罪，判处有期徒刑一年
82	徐某某诽谤案	2019年	江苏省金湖县公安局公职人员	网站帖文	公诉	犯诽谤罪，判处有期徒刑一年三个月
83	董某某、盘某某诽谤案	2020年	广东省茂名市茂港区政府工作人员	网站帖文	自诉	驳回自诉，被告人无罪
84	侯某某诽谤案	2020年	湖南省衡东县蓬源镇干部	网站帖文	公诉	被告人犯诽谤罪，判处有期徒刑一年
85	刘某1诽谤案	2020年	湖南省常宁市××塘派出所工作人员	网站帖文	公诉	被告人犯诽谤罪，判处有期徒刑九个月
86	赵某、范某某诽谤案	2020年	吉林省四平市梨树县霍家店村支部书记	网站帖文	自诉	被告人无罪

续表

序号	案例	时间	被诽谤者	诽谤方式	类型	判罚
87	陈某某诽谤案	2020年	江西省乐平市公安局干警	网站帖文	公诉	被告人犯诽谤罪，判处有期徒刑二年六个月

二 网络条件下刑事诽官案的主要特点

1. 刑事诽官案近年来呈快速增长态势。有学者统计，2016年可在中国裁判文书网、北大法宝、北大法意搜索到36件因公涉官诽谤案件，[①] 而2011年至2020年，因公涉官诽谤案件达到87起，其中2016年高达23起。

2. 诽官案的主要诽谤对象为基层公职人员。87起案例中，除个别案例的诽谤对象是国企干部、具有公益性的社会团体负责人外，绝大多数都是县乡村一级基层政权的公职人员。其主要原因是，普通公众是基层政府的直接工作对象，基层公职人员的履职行为直接对公民的权利和义务产生重要影响，因此极易因公务行为与公民产生直接冲突，在冲突无法得到有效引导和解决的情况下，公民很有可能诉之各类媒体表达不满，从而造成舆论监督与公职人员名誉权之间的冲突。

3. 高度发达的网络媒体是诽官言论最主要的媒介载体，也是诽官案高发的重要因素。从2011年至2020年的案例看，以网站帖文、网站视频、博客、微博、微信公众号等为主的网络媒体，是诽谤言论的主要传播介质，各类案例高达81起，占比约93%；而仅使用张贴字报、散发传单等传统媒体手段的案例仅有6起，占比约6%。由于网络媒体为公民公共言论表达、监督公权力行使提供了人人可及且快捷便利的渠道和平台，导致舆论监督与公职人员名誉权之间的法律冲突呈高发态势。

4. 提起公诉仍然是当前处理网络舆论监督与名誉权法律冲突的重要刑法手段。对于刑事诽谤案件，我国刑法区分了公诉和自诉两种起诉方式。以往研究表明，司法机关倾向于运用更具震慑力的公诉方式。[②] 从2011年

[①] 蔡曦蕾：《论毁誉犯罪的特殊对象——从死者和官员名誉保护视角的分析》，《环球法律评论》2016年第3期。

[②] 参见蔡曦蕾《论毁誉犯罪的特殊对象——从死者和官员名誉保护视角的分析》，《环球法律评论》2016年第3期；宁文卓《中国大陆诽官案实证考察》，硕士学位论文，湖南大学，2011年。

至2020年因公诽官案件看，87起案例中，以诽谤罪为定罪罪名的案例中，有24起提起公诉，占所有案例约28%，比例有所下降。这可能与2013年最高人民法院和最高人民检察院颁布司法解释有一定的因果关系，因为该司法解释对提起公诉条件的"严重危害社会秩序和国家利益"进行了更明确的解释。但是，从对案例的分析看，不少诽谤公职人员的刑事案件，不再以诽谤罪追责，而改用其他罪名，包括寻衅滋事罪、敲诈勒索罪、诬告陷害罪等罪名，提起公诉追究诽谤者的刑事责任，这样的公诉案例有6起。

5. 因公诽官案例定罪率高，量刑偏重。从定罪量刑上看，87起案例中，做出无罪判决的有11起（1起驳回自诉）；免予刑罚的有7起；共有68起案例中，诽谤公职人员的被告人被判处了管制、拘役或有期徒刑等刑罚；其中尤以判决有期徒刑的案例为最多，有50起，约占判刑的68起案例的74%。

三　诽谤公职人员刑事公诉的个案分析

1. 王某某等诽谤案

（1）基本案情。被告人王某某因对渡口村百寒屯于2011年12月15日召开群众大会讨论通过的《渡口村百寒屯一、二组个人各种园地、经济林地补偿资金分配到户实施方案决定书》不满，认为乐业县部分国家工作人员以个人开发名义，勾结本屯理财小组成员侵占了集体移民巨额补偿款，伙同被告人王某某1，制作标题为"广西百色市乐业县水库移民补偿款之谜"的完整视频，上传至优酷网。同月同日，被告人王某某1又以"反腐基地""14××× 183"网名先后转发至天涯社区、百度贴吧等多个网站。该视频主要内容是指控国家工作人员韦某1、王某2、杨某1等11人于2011年12月以个人开发名义，勾结理财小组成员王某1、黄某1、黎某2非法侵占百寒屯集体补偿款3718000元，已构成经济犯罪，要求纪检、检察部门依法查处。2014年7月7日，被告人王某某等人向乐业县人民检察院举报，反映岑某3、韦某2与国家干部杨某1等11人巧立项目非法侵占集体补偿款3718783元，要求查处。2014年9月7日，公安人员劝诫被告人王某某在没有充分证据证实岑某3、杨某1等人贪污集体补偿款的情况下，应当立即停止捏造行为并删除网上视频。2014年11月20日，乐业县人民检察院经调查核实，未发现王某1、岑某3、杨某1等人有涉嫌职务犯罪的行为，并向王某某等人出具《回复函》。截至2015年1月8日23时01分止，该视频在互联网上被浏览、点击次数达13257次。

（2）法院判决。原审法院认为，公民对于国家工作人员的违法失职行为，有向有关国家机关提出控告或者检举的权利，但是不得捏造或者歪曲事实而损害其他公民的合法权利。本案被告人王某某认为部分国家工作人员非法侵占其集体移民巨额补偿款，却没有依法采取正当途径向有关国家机关提出控告或者检举，而是随意听从被告人王某某1的提议，共同预谋，故意捏造事实并以视频形式在互联网上公然散布，贬损他人人格和名誉，情节严重，其行为均已触犯刑律，构成诽谤罪。公诉机关指控二被告人犯诽谤罪，事实清楚，证据确实、充分，指控的罪名成立。判决被告人王某某犯诽谤罪，判处有期徒刑一年六个月；被告人王某某1犯诽谤罪，判处有期徒刑一年六个月。二审法院认为，上诉人王某某、王某某1无视国家法律，利用信息网络捏造事实诽谤他人，情节严重，严重危害社会秩序，其行为已构成诽谤罪，裁定驳回上诉，维持原判。

（3）案例分析。诽谤是根据违法程度由民法和刑法相互衔接、共同调整的违法行为，区分民事诽谤和刑事诽谤的关键点是行为人是否捏造事实诽谤他人达到情节严重的情形。在刑事诽谤中，现行刑法分为自诉案件和公诉案件两种类型。从刑法典和2009年公安部《关于严格依法办理侮辱诽谤案件的通知》的规定看，诽谤案件应以被害人提起自诉为一般原则，只有在诽谤行为"严重危害社会秩序和国家利益"时，才由公安机关立案侦查，由检察机关提起公诉。而对诽谤行为入刑的"情节严重"标准和提起诽谤罪刑事公诉的"严重危害社会秩序和国家利益"标准，相关司法解释和部门规章都做了进一步细化规定。对于诽谤入刑的"情节严重"标准，2013年最高人民法院和最高人民检察院司法解释规定列举了四项具体标准：一是同一诽谤信息被实际点击、被浏览和被转发的数量标准；二是"造成被害人或者其近亲属精神失常、自残、自杀等严重后果"的后果标准；三是"二年内曾因诽谤受过行政处罚，又诽谤他人的"主观恶性标准；四是兜底条款。对提起诽谤罪刑事公诉的"严重危害社会秩序和国家利益"标准，2009年公安部《关于严格依法办理侮辱诽谤案件的通知》规定了三种具体情形，2013年最高人民法院和最高人民检察院司法解释又列举了七种情形。

结合上述法律规定对这一案例进行分析可以发现，对于被告人诽谤行为应予以刑罚追诉的"情节严重"标准，法院判决书强调的是诽谤行为情节严重的客观要件，即同一诽谤信息被实际点击、被浏览和被转发的数量，对诽谤行为承担刑事责任的主观要件则说理分析得不够。而多位刑法学专家和最高人民法院参与制定2013年司法解释的法官均撰文认为，诽谤行为是否承担刑事责任应兼具主观和客观要件，不仅要根据统计数字进行形式判断，更要根据主观恶意程度进行实质判断。从本案看，在乐业县人民检察院调查核实诽谤内容失实并告知被告人之前，被告人基于利害关系人所了解的情况，在互联网上发表并传播其认为真实的举报信息，是行使舆论监督权，对国家公职人员的履职行为提出批评建议的正当行为。但在乐业县人民检察院调查核实举报信息失实后，被告人未撤回删除诽谤信息，即构成散布明知是虚假的诽谤信息而具有诽谤犯罪的主观恶意。而构成诽谤罪的客观要件，即信息的被实际点击、被浏览和被转发的数量，也应从被告知晓诽谤信息为虚假开始计算。而本案合议庭对被告人诽谤主观恶意从无到有的变化未做充分说明，导致被告定罪客观要件计算不准确，出现定罪量刑过重的问题。

本案中，检察机关对被告人适用诽谤罪的刑事公诉程序。根据刑法和其他相关法律规定，诽谤罪以自诉案件为原则，公诉案件为例外，同时对公安机关立案侦查、检察机关提起公诉设定了"严重危害社会秩序和国家利益"的但书条款，并对其具体情形做了列举规定。基于此，检察机关在公诉书中、法院在判决书中应对适用刑事公诉程序办理案件提供法律规定上的依据，即诽谤行为是否因具备法律列举的"严重危害社会秩序和国家利益"的具体情形之一而符合启动公诉程序的法定条件。但法院判决书并未提供充足的法律依据和解释，而仅以一句"严重危害社会秩序"一笔带过。而从判决书中案件事实的陈述看，原告并不存在因诽谤造成群体性事件，引发公共秩序混乱，引发民族、宗教冲突，损害国家形象、造成恶劣国际影响等法定情形。唯一可能符合的法定情形是，被告人诽谤对象涉及国家工作人员 11 人，符合"诽谤他人，造成恶劣社会影响"的情形。但从立法者的解读看，此类诽谤是"有组织地、不间断地、大量地"进行诽谤，① 又与本案的案情不符。对是否符合诽谤罪公诉程序的法定要求语焉不详，一定程度上反映出公权力介入刑事诽谤案存在一定偏好。

2. 吴某甲等诽谤案

（1）基本案情。2008 年以来，被告人吴某红、吴某亮、吴某忠等人以道县白马渡镇白马渡村财务不清、村干部违法违纪为由多次到县、市、省、国务院有关部门信访，要求清查村财务开支。2010 年 3 月，以道县白马渡镇政府为主，其他有关部门参与，对白马渡村村民反映的"吴佑某、吴云某、吴某义违反土地管理法规问题"信访件提到的有关问题进行了调查核实，并于 2010 年 5 月 1 日以道县白马渡镇政府的名义作出了"关于反映《吴佑某、吴云某、吴某义违反土地管理法规问题》信访件的回复材料"，认为白马渡村村干部存在个别违纪行为，但没认定构成贪污。根据国务院纠正行业不正之风办公室的批示，2010 年 6 月至 10 月，经道县纪委牵头，由县经管局和白马渡镇政府组成联合工作组，对白马渡村 1996 年到 2010 年 4 月的村级财务和信访村民反映的问题再次进行清理调查。联合工作组于 2010 年 11 月 2 日出具了"白马渡镇白马渡村集体财务清理与信访问题的调查结论"的书面调查结论，认为历届村干部存在个别违纪行为，但不构成贪污。被告人明知联合工作组已作出了自诉人不构成贪污结论的情况下，于 2010 年 11 月 28 日将落款为"白马渡村清查小组"的"关于白马渡村清查村三大柱头的财务情况向全村各组村民的汇报"的 A3 版面的"告示"在道县白马渡镇白马渡村各自然村四处张贴，"告示"的内容明确写出三自诉人贪污并存在其他违法违纪的行为。

（2）法院判决。一审法院判处三被告人有期徒刑一年六个月。二审改判三被告人各有期徒刑一年。三被告人不服，提出申诉。省高级人民法院作出再审决定，指令市中级人民法院对本案进行再审。市中级人民法院发回原审法院再审。再审程序中，一审法院分别判处三被告人有期徒刑一年。二审法院最终判决原审被告人（上诉人）无罪。

---

① 杜曦明：《利用信息网络实施的诽谤犯罪实务问题研究》，《法律适用》2013 年第 11 期。

(3) 案例分析。这起案例经过一审、二审后，经申诉进行再审，再审又经历了一审、二审，历时4年，是一起较为典型的舆论监督与公职人员名誉权冲突案例。本案的争议焦点是三被告人在有关部门已经清账核实作出结论，认为三自诉人没有贪污这一事实的情况下，仍以张贴大幅"告示"等方式多次散布自诉人吴佑某、吴云某、吴某义贪污150多万元的事实，是否构成诽谤罪的主观要件，即故意捏造虚假事实诽谤他人。原审的一审、二审法院和再审的一审法院均认为，三被告人等人在明知有关部门已作出自诉人不构成贪污结论的情况下，仍然散布自诉人贪污150多万元的信息，具备了诽谤罪故意捏造事实诽谤他人的主观恶意，其诽谤罪名成立。但从本案看，三被告人作为村民，对由其民主选举产生的村民委员会的履职行为，享有批评建议的民主监督权。三自诉人作为村党支部书记、村主任、村委会秘书，应依法及时公布涉及本村村民利益的集体财务收支情况等事项，并接受村民的监督。从有关部门的调查结论看，三自诉人虽未有贪污行为，但确存在村级财务管理混乱，未按规定公开财务的违规失职行为。这说明被告人反映的问题是部分属实的，其散布的有关信息具有一定的事实依据。虽然有的问题反映不属实，与事实有出入，还有一些问题还无法查清，但不能据此得出被告人具有捏造、虚构错误消息对自诉人进行诽谤的主观故意。从构成诽谤罪的情节严重标准来看，原审被告人实施的张贴"汇报"行为次数不多，范围限于白马渡村，其行为对原审自诉人的人格、名誉造成了一定影响，但未造成恶劣影响或者造成原审自诉人精神失常甚至自杀等其他严重后果。基于被告人的行为不符合诽谤罪的犯罪构成要件，法院最终判决三被告人无罪。

四　公权力介入公职人员网络诽谤案的原因分析

1. 一些被诽谤公职人员滥用公器维护个人名誉权

政府官员既是普通民事主体又是国家公职人员的双重身份，决定了其名誉权具有双重属性。如果官员以国家公职人员身份行使国家权力、履行公共职责，公民就其履职行为发表的评论具有民主监督性质，官员无权就其具有公益性的名誉权诉诸司法救济。官员只有在以纯粹的私法主体身份参与的民事交往活动中，才享有其品德、才能、操行和声望的综合社会评价不被不当贬损的名誉权。如果故意或不顾真相捏造、散播虚假言论侵犯公职人员基于私人身份的名誉权，根据私法自治原则，其有权通过民事诉讼的方式寻求私法救济。如果诽谤行为情节严重，可能构成刑法上的诽谤罪。诽谤罪属于自诉案件，只有其行为已严重危害社会秩序和国家利益，才可提起公诉。但是公职人员的名誉权具有复杂性，其基于私人身份具有的个人名誉权和具有公益性的公共名誉权之间往往相互渗透，互相交织，很难做出泾渭分明的区分。公职人员的私德品行往往具有公共意义，可能影响其公职的适任性和公共权力的行使；而如果被错误地指责为贪污受贿、滥用公权者，其政治前途也必然受到影响，进而损害其私人利益。

公职人员名誉权的复杂性决定了，无论在公法上还是私法上，公职人员与行使公权力相关的公名誉权和涉及公共事务的私名誉权都应该进行适当的克减，其克减的程度取决于其掌握的权力大小和私人投入公共生活的程度。但是，受几千年封建专制传统的影响，我国一些地方公职人员具有根深蒂固的官本位和权力至上观念，不但不虚心接受人民的批评和监督，反而将自己的个人名誉和威信混同于政府形象和国家利益，滥用公权力为私益服务。刑罚作为对违法犯罪行为最严厉的惩罚手段，往往成为其打击报复批评者的最强有力工具。而《刑法》第二百四十六条第二款"严重危害社会秩序和国家利益"的但书条款，因其外延和适用范围均未厘清，给一部分公职人员公器私用，抵制报复舆论监督者提供了法律空间。虽然2013年最高人民法院和最高人民检察院司法解释就"严重危害社会秩序和国家利益"从正面列举了七种情形，但只要未从反面将诽谤公职人员的行为排除在诽谤罪公诉之外，被诽谤官员仍然可能利用"严重危害社会秩序和国家利益"的兜底条款，对行使舆论监督权的公民和媒体施以刑罚。

2. 司法地方主义为公权力介入涉公职人员诽谤案提供了制度空间

司法地方主义是长期困扰我国司法体制的主要弊害，也是当前司法体制改革的重要目标。司法地方主义主要体现为地方权力控制并干预司法，破坏司法公正以维护地方利益甚至地方干部利益。① 地方权力主要通过控

---

① 张建伟：《超越地方主义和去行政化——司法体制改革的两大目标和实现途径》，《法学杂志》2014年第3期。

制司法系统的人、财、物，达到干预司法权公正行使、为地方利益服务的目的。

首先，在人事上，根据我国宪法的规定，地方人民法院和人民检察院的负责人由本级人大或人大常委会选举产生和任免，而人大主席团主席往往由地方党政负责人担任，人大常委会委员也基本受当地党政"一把手"的领导，同级人民法院院长、副院长和检察院检察长、副检察长的任免不可避免地受制于地方党政领导。可以说，按照当前的司法体制，地方政权实质性地掌控着辖内司法系统的人事权。其次，在财政上，地方司法系统对地方政府具有高度依赖性，在经济欠发达地区，这种依附关系因地方财政短缺被进一步强化。最后，司法机关的高度行政化也便于地方政府在司法系统推行行政命令。[①] 人、财、物高度依赖地方政府的地方司法系统，在出现涉及地方公职人员的诽谤案件时，不仅难以独立、公正地行使司法权，公安机关的侦查权、检察机关的公诉权和法院的审判权有时甚至沦为涉诽谤公职人员维护私利的公器。

为化解司法机关因人、财、物依赖地方政府而造成的司法地方主义难题，党的十八届三中全会通过的《中共中央关于全面深化改革若干重大问题的决定》，要求全面深化司法体制改革，其中一项重要改革措施是推动省级以下地方法院、检察院人财物统一管理，以保证司法机关依法独立行使职权。虽然司法体制改革已经在6个省市先行试点，但由于改革本身争议很大，各试点地方均迟迟难以启动省级以下司法机关人财物统一管理的改革。

3. 制度化的官民对接和公众参与机制不够全面有效

随着我国改革进入深水区，经济体制深刻变革、社会结构深刻变动、利益格局深刻调整、思想观念深刻变化，加上公民民主法治意识的觉醒，催生大量的利益矛盾和诉求。但制度化诉求表达和矛盾解决机制，如行政复议、行政申诉、信访等，仍在行政系统内部运行且由政府部门主导，独立性和公正性不足，甚至还出现截访、跨省追捕等打击报复利益诉求者的强权行为。行政系统外部，如人大、政协和司法系统的诉求表达和矛盾解

[①] 党东升：《司法如何去地方化：一个行动主义的治理路径》，《学术交流》2016年第4期。

决机制，也因与行政权力的千丝万缕关系而相对阻塞和滞后。

另外，信息技术的不断创新和网络的不断普及，刺激了网络空间表达的空前繁荣，在制度化表达机制中被压抑的利益诉求，在网络虚拟空间得到了井喷式的释放。网络提供的扁平化沟通表达平台，极大地便利了公民表达利益诉求，使其可直接发布和传播有关公权力行使的观点和建议。面对公众对公权力的"拷问"，部分地方政府和公职人员不主动回应、沟通，要不"死扛"，要不息事宁人。而对网络舆论监督舆情的不当处置，更加深了民众对政府的怀疑和"逆反"心理，激发了民众的非理性参与；加上社会转型期造成一定的社会心理失衡，仇富、仇官、仇警等不良社会心态经由互联网被进一步放大。这导致网络舆论监督言论既有对公权力不当行使的问责，也不乏宣泄不满的非理性情绪和诽谤、谩骂、攻击等网络暴力。公权力的不当行使与民间暴力相互催生，又互相排斥，一定程度上促使涉事公职人员产生"救急"的策略偏好，[①] 力图"以暴制暴"，而最便利的工具就是其掌握的公权力。

第四节　新时代涉公益网络诽谤的刑法调整方向

为了防止公职人员利用刑事诽谤公诉制度打压批评监督言论，应严格限定网络诽谤刑事公诉制度的使用范围和使用条件，尽量压缩公权力在解决网络舆论监督与名誉权冲突中的运作空间，将是否启动诽谤罪公诉程序的主动权交由被害人自主选择。

一　取消"严重危害社会秩序和国家利益"的公诉理由

我国《刑法》第二百四十六条将侮辱诽谤罪分为涉公益诽谤和涉私益诽谤，涉私益诽谤实行不告不理原则，涉公益诽谤应由公安机关立案侦查、检察机关提起公诉。由于"严重危害社会秩序和国家利益"表述的抽象性和范围的不确定性，在司法实践中，部分公职人员，尤其是地方公职人员，将自己的个人形象和名誉同视为所在国家机关的形象和威信，认为

[①] 马长山：《网络反腐的"体制外"运行及其风险控制》，《法商研究》2014年第6期。

针对其履职行为的批评监督言论严重危害国家利益，将这一但书条款用于打击报复监督者。以重庆"彭水诗"案、河南灵宝"王帅帖案"、陕西"志丹短信案"、浙江丽水"仇子明案"等典型案例为代表，我国多个省市都发生了随意扩大诽谤罪的公诉范围的网络诽谤案件。在这些案例中，公权力滥用这一但书条款，动用司法力量打压批评监督言论，阻塞民意诉求表达和沟通渠道，不但未达到其维护所谓"国家利益和社会秩序"的目的，反而激化社会矛盾，加深民众对政府和官员的误解，损害政府的威信和公信力。①

针对这一条款在立法上的模糊性和在司法实践中的滥用现象，公安部于2009年出台了《关于严格依法办理侮辱诽谤案件的通知》，对可作为公诉案件办理的"严重危害国家利益和社会秩序"的情形进行了列举式规定；2013年最高人民法院和最高人民检察院《关于办理利用信息网络实施诽谤等刑事案件适用法律若干问题的解释》，列举了网络诽谤犯罪中"严重危害国家利益和社会秩序"的具体情形。但是，列举式规定不能穷尽所有情形，往往都设有兜底条款，因此，只要未设置公职人员就诽谤行为提起公诉的"除外"规定，公职人员仍然可利用兜底条款对批评言论诉之公诉手段。参与制定最高人民法院和最高人民检察院刑事诽谤案件司法解释的最高人民法院刑三庭法官杜曦明在《利用信息网络实施的诽谤犯罪实务问题研究》一文中专门指出，诽谤公职人员，一般应以自诉为主，不应轻易适用公诉程序，但诽谤公职人员的行为达到"严重危害国家利益和社会秩序"的危害程度，一样可以适用公诉程序。②但司法解释的文本并没有体现涉公职人员诽谤案以自诉为一般规定、以公诉为例外的原则。为了从根本上杜绝司法权被滥用，应取消刑事诽谤罪的公诉程序，对于严重危害国家利益和社会秩序的侮辱诽谤行为，可根据其不同犯罪目的和犯罪方式，归入其他相应言论型犯罪进行刑事制裁。

---

① 赵秉志、彭新林：《"严重危害社会秩序和国家利益"的范围如何确定——对刑法典第246条第2款但书规定的理解》，《法学评论》2009年第5期。

② 杜曦明：《利用信息网络实施的诽谤犯罪实务问题研究》，《法律适用》2013年第11期。

二 将是否启动诽谤罪公诉程序的主动权交由被害人自主选择

由于近年来诽官案中司法权频频被滥用，公民的言论自由和舆论监督权受不当限制，取消刑事诽谤罪的公诉程序在一些学者中已形成一定共识。不少学者建议，刑事诽谤案件都适用自诉程序，可从根本上阻却公职人员"公器私用"。根据刑事诉讼法和适用刑事诉讼法的司法解释，人民法院受理的刑事自诉案件，必须要有明确的被告人、具体的诉讼请求和证明被告人犯罪事实的证据。在举证规则上，自诉案件实行"谁主张、谁举证"，司法机关不承担举证责任，由自诉人提供罪证，司法机关仅负责对证据进行审查，如果自诉人无法提供足够罪证，人民法院将说服自诉人撤回自诉，或者裁定驳回自诉。①

在传统媒体时代，实现刑事诽谤案"去公诉化"，实行全面的刑事诽谤"自诉化"，具有合理性和可行性。但是，在网络媒体时代，网络诽谤受害人很难查实加害人的真实身份，也缺乏收集具有法律效力的电子证据的技术手段，自诉人在网络诽谤举证能力不足的情况下，还是需要司法权力来弥补这一不足。立法者也关注到这一点，并在 2015 年《刑法修正案九》中，在《刑法》第二百四十六条中增加一款，规定网络诽谤自诉人提供证据有困难的，人民法院可以要求公安机关协助。

这一规定有助于提高自诉人的举证能力，但也存在两个问题：一是在刑事诉讼程序法上并无配套法律规定，可能导致这一规定难以在司法实践中得到有效执行；二是仅请求公安机关提供协助而不是由公安机关启动侦查程序，对诽谤被害人的保护力度犹显不足。为此，建议不仅将"告诉才理"制度限定为自诉案件，而且允许诽谤案件被害人主动申请启动司法机关的公诉程序。司法机关必须以被害人的"告诉"作为启动侦查程序的前提条件，不允许其依职权主动启动侦查程序，被害人撤回告诉的，司法机关不能强制提起公诉。

为减轻司法机关的办案压力，也为防止被害人滥用司法资源，可要求诽谤案件被害人在申请启动公诉程序时，按照 2013 年最高人民法院和最

---

① 张海梅：《中国大陆与台湾地区诽谤罪比较研究》，《河北法学》2016 年第 4 期。

高人民检察院发布的《关于办理利用信息网络实施诽谤等刑事案件适用法律若干问题的解释》，对诽谤案件达到入刑标准的"情节严重"进行举证。同时，公安机关启动侦查程序后，在侦查终结前告诉权人可随时申请终结侦查程序，但在侦查程序终结后，告诉权人不可撤销公诉申请，公安机关有权将案件移送检察机关提起公诉。通过司法机关依被害人申请介入刑事诽谤案件的制度设计，既可解决网络诽谤被害人之举证困难，又可防止某些地方公职人员以诽谤罪打击报复舆论监督人，可在网络舆论监督兴盛的背景下，在刑法领域内较好地实现舆论监督权与名誉权的平衡。

尾论　化解舆论监督与名誉权法律冲突的新条件

一　完善党和国家监督体系有助于舆论监督的制度化

习近平总书记指出:"党的执政地位,决定了党内监督在党和国家各种监督形式中是最基本的、第一位的。"① 他强调:"对我们党来说,外部监督是必要的,但从根本上讲,还在于强化自身监督。"② 党的十八大以来,党内监督体系建设深入推进,进而推动国家监察体制改革,随后进行党和国家监督体系有机整合和一体建设,推动"构建党统一指挥、全面覆盖、权威高效的监督体系,把党内监督同国家机关监督、民主监督、司法监督、群众监督、舆论监督贯通起来,增强监督合力"。

(一)反腐败斗争取得压倒性胜利,党内监督开创新局面

党的十八大以来,面对严峻复杂的反腐败形势,以习近平同志为核心的党中央以刮骨疗伤、猛药去疴的决心,正风肃纪,坚决惩治查处腐败分子,坚持有案必查、有腐必惩,对腐败行为和腐败分子形成无禁区、零容忍、全覆盖的高压态势,一体推进不敢腐、不能腐、不想腐战略目标。

一是正风肃纪,贯彻落实中央八项规定精神,持之以恒反"四风"。2012年,中央政治局会议通过了《十八届中央政治局关于改进工作作风、密切联系群众的八项规定》。以习近平同志为核心的党中央以八项规定率先垂范,以身作则,各地各部门陆续制定贯彻落实中央八项规定实施细

---

① 中共中央文献研究室编:《习近平关于全面从严治党论述摘编》,中央文献出版社2016年版,第213页。
② 中共中央文献研究室编:《习近平关于全面从严治党论述摘编》,中央文献出版社2016年版,第207页。

则,上率下行、上行下效,严查享乐主义、奢靡之风,对形式主义、官僚主义精准施治,通过执行八项规定、开展思想教育、强化巡视巡察、加大整肃力度等一系列举措,党风政风有了明显好转。① 据中央纪委国家监委公布的全国查处违反中央八项规定精神问题统计表显示,2020年1—11月,全国共查处违反中央八项规定精神问题117698起,批评教育帮助和处理党员干部170839人,其中党纪政务处分100323人。②

二是"打虎""拍蝇""猎狐"多管齐下,反腐败斗争取得压倒性胜利。首先,党的十八大以来,党和国家纪检监察部门严厉查处了周本顺、李春城、刘铁男等一系列大案要案,一批省部级贪腐分子纷纷落马,"打虎"战略取得明显成效。党的十八大以来五年间,经党中央批准立案审查的省军级以上党员干部及其他中管干部440人,其中十八届中央委员、候补委员43人,中央纪委委员9人。党的十九大后,中央纪委国家监委立案审查调查中管干部45人。其次,持续惩治群众身边腐败和作风问题,让群众在反腐"拍蝇"中增强获得感。2014年以来,对乱作为、不作为的3.2万名基层党员干部严肃追责。党的十八大以来五年间,全国纪检监察机关共处分村党支部书记、村委会主任27.8万人。最后,开展职务犯罪国际追逃追赃专项行动,一批外逃多年的职务犯罪嫌疑人相继归案。紧盯国有企业和金融机构对外投资合作、设立海外分支机构等领域,推动有关部门加强监管、健全制度。"天网2019"行动追回外逃人员2041人,其中"百名红通人员"4人、"红通人员"40人、党员和国家工作人员860人,追回赃款54.2亿元。③

三是巡视工作在反腐败斗争中利剑作用彰显,对深化反腐败斗争、震慑腐败分子发挥了重要作用。以习近平同志为核心的党中央将巡视工作重要性提高到前所未有的新高度,使得巡视工作成为党风廉政建设和反腐败斗争中的重要抓手。④ 据统计,中央纪委执纪审查的因腐败问题落马的中

---

① 王寿林:《坚定不移推进反腐败斗争——新时期我国反腐败斗争发展的历程》,《新视野》2020年第2期。
② 常霏:《坚持不懈推进正风肃纪——解读2020年全国查处违反中央八项规定精神问题月报数据》,《中国纪检监察》2021年第2期。
③ 《十八届中央纪委向党的十九大的工作报告》,《人民日报》2017年10月30日第1版。
④ 王妍:《新时代深化反腐败斗争的策略》,《人民论坛》2021年第4期。

管干部案件中,超过六成的问题线索来自巡视。党的十八大以来五年间,中央巡视工作领导小组召开115次会议,组织开展12轮巡视,共巡视277个党组织,完成对省区市、中央和国家机关、中管企事业单位和金融机构、中管高校等的巡视,在党的历史上首次实现一届任期内巡视全覆盖。①

(二) 党内监督体系不断制度化、法治化

党内监督在党和国家监督体系中具有基础性地位,是全面从严治党的主要抓手,是党风廉政和反腐败战略的重要组成部分。党的十八大以来,以习近平同志为核心的党中央高度重视党内监督工作,从理论、制度和实践层面创新发展党内监督,开创了党内监督的新局面。在理论上,党的十八大以来,以习近平同志为核心的党中央继承发展了马列思想、邓小平理论、"三个代表"重要思想、科学发展观的党内监督思想,并不断加以深化,创造性、系统性地提出了一系列关于党内监督的新思想和新观点,形成了适应新时期和新发展阶段的党内监督思想理论,并构成习近平新时代中国特色社会主义思想的重要组成部分,对党内监督工作发挥了重要的理论指引作用。这些新思想和新观点主要包括:"构建涉及不同主体的党内监督体系,包括党中央、各级党组织、各级纪委、党的工作部门、党的基层组织和党员等,明确各自职责;要重点监督领导干部特别是高级领导干部,以及各部门、各单位的'一把手',集中精力做好监督工作,避免掌握重要公权力的领导干部违规用权;要整合不同的监督力量,实现不同监督力量的协同发展,避免监督力量过于分散,切实形成强有力的监督合力;等等。"②

在党内监督制度化和法治化方面,党的十八大以来,党中央制定了包括"八项规定"、《中国共产党廉洁自律准则》《中国共产党纪律处分条例》《中国共产党问责条例》《中国共产党党内监督条例》《中国共产党纪律检查机关监督执纪工作规则》在内的、有效覆盖全党、系统严密的党内

---

① 《十八届中央纪委向党的十九大的工作报告》,《人民日报》2017年10月30日第1版。
② 潘春玲:《十八大以来党内监督创新发展的依据、路径及成效分析》,《河南社会科学》2019年第6期。

监督法规制度体系。① 其中，八项规定的制定颁布标志着全党正风肃纪和党风廉政建设进入新阶段，其也成为党的十八大以来党内监督法规制度体系建设的开篇之作。2015年10月中共中央颁发的《中国共产党廉洁自律准则》，是中国共产党执政以来第一部以正面倡导为基调，规范党员干部廉洁自律工作的重要基础性法规。该法规只有8条规范，通过"四个坚持"，分别就处理公与私、廉与腐、俭与奢、苦与乐关系，给全体党员提出标准；通过"四个自觉"，从"从政""用权""修身""齐家"四个方面，针对党员领导干部提出要求。

党的十八届六中全会审议通过的《中国共产党党内监督条例》强调党内监督无禁区、无例外，要把信任激励同严格监督结合起来，要求强化自上而下的组织监督，改进自下而上的民主监督，发挥同级相互监督作用。为此，该条例从党的中央组织的监督、党委（党组）的监督、党的纪律检查委员会的监督、党的基层组织和党员的监督等方面完善了党内监督制度体系，为充分发挥党内监督的制度效能提供了法治保障。2018年10月1日起施行的《中国共产党纪律处分条例》则以问题为导向，以负面清单的形式集中明确了六大纪律的实体规则。2019年1月1日起施行的《中国共产党纪律检查机关监督执纪工作规则》，按照"打铁必须自身硬"的要求，从领导体制、监督检查、线索处置、谈话函询、初步核实、审查调查、案件审理、监督管理等方面对纪律检查机关监督执纪设计了系统的程序规则，是党中央给纪检监察机关定制度、立规矩的重要体现，也体现了纪检监察机关坚持刀刃向内，把自身权力关进制度笼子的高度自觉。②

（三）国家监察体制改革为舆论监督提供制度保障

1. 国家监察体制改革：从政策反腐到法治反腐

前一阶段的"零容忍"反腐已经取得让腐败分子"不敢腐"的阶段性目标。但政策反腐具有较强的阶段性，反腐效能持续性弱，且在全面依法治国战略布局下，许多反腐手段合法律性备受质疑。另外，在高压反腐政策下，腐败分子为了抵制反腐，开始采取新的腐败方式和手段：一是消极

---

① 刘靖北：《"十四五"时期如何完善党和国家监督体系》，《中国党政干部论坛》2021年第1期。
② 贺洪波：《十八大以来健全党和国家监督体系的制度逻辑》，《探索》2019年第3期。

抵制反腐，不愿行使职权、怕担责、相互推诿，滋生不作为、懒政和惰政的不良心态；二是腐败利益链被拉长，腐败方式更为隐蔽。①为此，要建立"不能腐、不愿腐"的反腐长效机制，必须有效整合反腐资源和力量，推动国家监察体制改革，从而将政策反腐进阶到法治反腐，发挥法治在规范公权力运行、预防腐败犯罪方面所具有的长期性和稳定性优势，建立集中、统一、高效的腐败治理长效机制。

为推动国家监察体制改革试点，2016年11月，中央决定在北京市、山西省、浙江省开展国家监察体制改革试点。为在国家基本制度上保障和推进这一重大改革，2018年3月十三届全国人大一次会议审议通过宪法修正案，在宪法专设一节规定国家监察委员会，确立监察委员会作为国家机构的宪法地位。为了将国家监察体制改革的成果以法律的方式确定下来，十三届全国人大一次会议还表决通过了《中华人民共和国监察法》，实现对所有行使公权力的国家机关和公职人员监察全覆盖。自此，中国特色国家监察体制得以形成，这是网络舆论监督蓬勃发展的重要时代背景。

2. 国家监察体制改革助推制度反腐与民间反腐耦合

一方面，权威高效的国家监察体制所代表的制度反腐力量，需要以舆论监督为主要表现形式的民间反腐力量的积极配合和有力补充。反腐败斗争进入新阶段后，腐败现象也呈现新特征，主要表现为公职人员往往从积极腐败走向极端，不愿或怠于履行职责，产生不作为的消极腐败现象。这种消极腐败在制度反腐层面不易察觉，但是作为公职人员履职和服务对象的广大公民，却因行政不作为可能影响其切身利益而能及时发现。通过公民舆论监督反映消极腐败问题和线索，能有力配合国家监察机构的常态化反腐机制，推动制度反腐与民间反腐的有机结合，增强反腐监督合力，构建党委统一领导、机关监督、民主监督、司法监督和舆论监督有机统一的中国特色社会主义监督体系。

另一方面，深化国家监察体制改革的重要内容之一就是，拓宽群众监督渠道，在发挥舆论监督反腐效能的同时，引导广大人民群众理性、有序

---

① 刘艳红、夏伟：《法治反腐视域下国家监察体制改革的新路径》，《武汉大学学报》（哲学社会科学版）2018年第1期。

开展舆论监督，同时为舆论监督提供有效的前提条件和制度保障。随着我国社会主要矛盾的转化，网络利益诉求表达空前高涨，但在自媒体时代，网络空间信息传播具有的匿名性、交互性和意见聚合功能，使得网络舆论监督在发现、举报腐败问题线索的同时，也存在非理性、失真和无序的负面效应。而监察工作具有抓早抓小、防微杜渐的反腐功能，有利于推进各种形式的政务公开，保障政务行为信息公开透明，为公民开展有效监督提供先决条件，同时也主动掌握网络舆论导向，引导网络舆论监督朝着理性、有序的方向发展，让网络谣言不攻自破。根据《国家监察法》的规定，国家监察机关对腐败分子除具有调查、处置权外，还负有对公职人员开展廉政教育，对其依法履职、秉公用权、廉洁从政从业以及道德操守情况进行监督检查、问责的职权。另外，监察委员会作为反腐败专门机关，可利用其权威高效统一的反腐机制，对网络舆论监督反映的腐败问题和线索，建立快速受理、审查、反馈和落实机制，及时处理和回应舆论监督需求，维护并激发公民开展舆论监督的热情和积极性。

（四）健全和完善党和国家监督体系，加强对权力的制约和监督

在党内监督和国家监察体制实现突破性改革后，党的十九届四中全会指出，党和国家监督体系是党在长期执政条件下实现自我净化、自我完善、自我革新、自我提高的重要制度保障。必须健全党统一领导、全面覆盖、权威高效的监督体系，增强监督严肃性、协同性、有效性，形成决策科学、执行坚决、监督有力的权力运行机制，构建推进不敢腐、不能腐、不想腐体制机制，确保党和人民赋予的权力始终用来为人民谋幸福。

"健全党和国家监督体系"的提出，为构建具有中国特色的社会主义国家权力运行和监督机制提供了整体制度框架，是我们党对社会主义国家权力运行规律认识持续深化、理论逐渐丰富、不断推进制度创新的结果。党的十八大以来，党内监督体系深入推进，党内监督不断制度化和法治化，进而推动监察体制改革，将党和国家监督融会贯通，随之又带来国家监督体系的深度整合。"健全党和国家监督体系"的根本目的是同时推进、同步优化党的监督体系与国家监督体系，既全面正确地发挥党的监督体系的从严治党功能，又规范科学地发挥国家监督体系的国家治理功能，同时实现两者的高度协调、充分结合、相互贯通，在由"分散"到"统一"的

权力监督变革中形成整体合力。①

　　党和国家监督体系贯穿党内监督、国家机关监督、民主监督、司法监督、群众监督和舆论监督，旨在建设全方位、多层次的权力监督网络，形成自律与他律的监督合力。作为职能清晰、结构分明的中国特色监督体系，党和国家监督体系各个组成部分既各有侧重，又相互贯通、协调配合，形成配置科学、权责协同、运行高效的监督网。从党和国家监督体系的内在机构看，我国的监督体系可以划分为党内监督、国家监督、民主监督和社会监督四大类型。其中，党内监督在党和国家监督体系中具有统领地位和主导作用，这是由党的执政地位决定的。党内监督有力有效，其他监督才能发挥作用。②党内监督如果疲软，党外监督也会力不从心。③因此，党内监督是其他各类监督发挥作用的前提基础。民主监督以政协监督为代表，是人民作为国家权力的主人，对其委托授权的国家权力行使者进行的权力主体监督，是党和国家监督体系的基础，也是构成其他监督形式的共同基础。国家监督包括国家机关监督和司法监督，是以国家强制力对行使国家权力的组织和个人实行的、防止公权力被滥用的自体监督，其主要功能是保证公权力的规范运行和国家法律的有效实施。以群众监督、舆论监督为代表的社会监督在党和国家监督体系运行中同样发挥着不可替代的作用，并且与各类监督相互渗透、相互制约。④在党和国家监督体系中，舆论监督的主要功能是为其他监督形式披露、提供滥用公权力行为的信息和线索，是其他监督形式的有力补充。

二　新闻出版广电机构改革助力网络舆论监督

（一）社会主要矛盾发生转化，网络空间表达需求持续增加

　　党的十九大报告指出，中国特色社会主义进入新时代，我国社会主要矛盾已经转化为人民日益增长的美好生活需要和不平衡不充分的发展之间

---

①　张梁:《健全党和国家监督体系论纲》,《求实》2019年第3期。
②　杨晓渡:《坚持和完善党和国家监督体系》,《党建研究》2019年第11期。
③　张梁:《健全党和国家监督体系论纲》,《求实》2019年第3期。
④　宋伟、过勇:《新时代党和国家监督体系：建构逻辑、运行机理与创新进路》,《东南学术》2020年第1期。

的矛盾。人民不仅对物质文化生活提出了更高要求,而且在民主、法治、公平、正义、安全、环境等方面的需求和关注日益增长。一旦出现贪污腐败、司法不公、道德滑坡、食品安全危机和环境污染等不平衡不充分发展的具体事件,这种社会主要矛盾就会进一步显化,对新时代社会治理提出更多挑战,并相应激发出更高的政治参与和政治表达的需求,现阶段这种需求在网络领域的表现更加明显和更加强烈。

在当今大数据时代,互联网不仅在经济上推动数字贸易和数字经济成为我国经济的内生动力和新增长点,在政治上也凭借其开放性、互动性、便捷性成为政治参与、政治互动和政治表达的重要场域和媒介。通过互联网,民众可以及时了解全球政治动态、国家大政方针、政府政策走向,加深其政治认知。通过社交媒体平台,网民可以畅所欲言,对政府部门及其工作人员的职权行为进行监督,与政府部门互动表达自身利益诉求;政府部门也可通过网站论坛、"三微一端"、视频直播网站等社交媒介,广泛收集社情民意,及时应对网络公共舆情,有效回应网络公民诉求。

尤其值得关注的是,随着我国橄榄形社会的逐步形成,中等收入群体规模不断扩大。这部分人群的网络舆论参与度更高,网络监督诉求进一步上升,网络影响力和传播力更强。根据我国学者测算结果,我国中等收入群体占总人口的比例,大体在20%至22%浮动。[①] 这部分人群是我国最大的社会群体和社会中坚力量,具有高收入和高教育水平,对民主、法治、公平、正义、食品安全、环保等的美好生活需要更为强烈,当这些需要因不平衡不充分的发展而无法得到满足时,他们就会通过各大网络平台和社交媒体相互交流探讨,成为社会舆论参与的活跃主体。中国信息通信研究院产业与规划研究院发布的《2015年微信经济社会影响力研究报告》和《2016年微信用户数据报告》显示,中等收入群体是微信的主要使用人群。新浪微博数据中心发布的2015年度和2016年度《微博用户发展报告》数据显示,高学历的青年白领群体是微博的主力用户群。[②] 上海大学社会学院关于"中等收入群体社会参与状况"问卷调查显示,44.70%的

[①] 李强、徐玲:《怎样界定中等收入群体?》,《北京社会科学》2017年第7期。
[②] 郑雯、李良荣:《中等收入群体在中国网络社会的角色与地位研究》,《现代传播》2018年第1期。

中等收入群体表示曾"与周围人讨论政治问题",16.03%曾参与网络政治讨论。

现阶段我国中等收入群体在收入水平、受教育程度、社会地位方面具有"三高"的特点,其舆论参与平台主要是以微博、微信、微视频和客户端为代表的"三微一端"和"知乎""果壳"等专业化的大型网络社群。中等收入群体的网络舆论参与具有不同于普通网民的鲜明特征,其具有很高的网络媒介素养,精通网络技能,深谙网络传播规律,不仅能在国内舆论场具备主动设置议程能力,还能凭借其广阔的国际视野在不同国家、地区间实现网络跨境互动。虽然中等收入群体的网络舆论参与以该群体的人格尊严、人身及财产安全、法治保障等低政治关注度议题为主,且以理性的线上表达为主,甚少延伸至线下。但在国内经济下行压力增大、国际局势动荡等因素叠加下,中等收入群体往往对社会问题更为敏感,容易对各类经济民生问题贴上政治标签,激发其更强烈的政治参与意愿,尤其关注公权力部门及其工作人员的滥用权力行为,以及具有垄断性权力的企业和个人的滥用垄断地位行为。

综上,社会主要矛盾正在转化,是网络舆论监督不断发展的深层次原因。同时,中等收入人群的形成和扩大,是网络舆论监督不断发展的主要推动力量。

(二)媒体融合发展提升网络舆论监督功能

媒体融合发展是指,传统媒体和新媒体在信息生产和传播上互融互通,这种融合不仅指跨媒体的平台融合、技术升级,而且指共享传播内容,互通各自受众。[①] 2014年8月18日,中央全面深化改革领导小组第四次会议审议通过了《关于推动传统媒体和新兴媒体融合发展的指导意见》,这是中央在宣传思想舆论领域的重要战略部署,表明中央已经将媒体融合发展提升到全面深化改革的战略层面,通过布局传统媒体与新兴媒体融合发展战略,占领舆论制高点,在媒体新格局中掌握新闻宣传舆论主动权。

由于媒体融合有利于传统媒体和新媒体在"议程设置"上相互配合,共同应对热点舆情,信息的传播力和覆盖面得到极大扩展,实现了信息的

---

① 刘新业:《媒体融合:构建良性的舆论传播环境》,《当代电视》2014年第8期。

"全媒体"传播。我国传统媒体积极寻求与新兴媒体融合发展,使得网民在新的信息传播模式中的主体地位进一步得到提升。网民作为信息的生产者和传播者,可以借助新媒体多渠道采集、动态整合、多平台发布信息,实现信息资源跨平台共享和实时互动,实现了其原创信息的跨媒体传播。及时互动的新媒体舆论监督,能在短期内形成很高的舆论热度,能够充分地调动公民网络政治表达的积极性。

据学者研究,融媒体条件下,网络舆论监督具有两种传播机理:"一是,新闻事件发生→微博爆料→形成第一轮舆论高潮→传统媒体跟进→引发第二轮高潮→利害相关单位作出回应;二是,新闻事件发生→传统媒体调查报道→微博、微信整合观点、疑点→引发舆论高潮→相关单位快速处理。"[1] 在这两种舆论监督传播机理中,传播媒介既有进行深度报道的传统媒体,也有引发舆论热度的新媒体,通过媒体融合,实现了官方舆论场和民间舆论场的互通互融。

但也必须看到,在媒体融合的新形势和新条件下,广大网民的话语权和自主权进一步扩大,网络信息进一步多元化和复杂化,网络上存在海量的未经筛选的碎片化信息,其中很多信息缺乏权威性、准确性和可信度,而且也不乏极端化、情绪化、煽动性的言论表达乃至虚假、暴力等恶意信息。这些信息借助媒体融合的新渠道,也在争取获得更多媒体形式和更大范围内的传播,从而造成网络表达自由赋权与限权的张力进一步凸显。

(三)新闻出版广电机构改革利于打造清朗网络空间

1. 新闻出版广电机构改革内容。2018 年 3 月,党的十九届三中全会审议通过了《深化党和国家机构改革方案》(以下简称《方案》),规定中央宣传部统一管理新闻出版工作,中央宣传部对外加挂国家新闻出版署(国家版权局)牌子。改革的目的是加强党对新闻舆论工作的集中统一领导,加强对出版活动的管理,发展和繁荣中国特色社会主义出版事业。中央宣传部关于新闻出版管理方面的主要职责是,贯彻落实党的宣传工作方针,拟订新闻出版业的管理政策并督促落实,管理新闻出版行政事务,统

---

[1] 李东霞、戴瑞凯:《全媒体舆论监督的现状及其负效应规避》,《河北大学学报》(哲学社会科学版) 2015 年第 3 期。

筹规划和指导协调新闻出版事业、产业发展，监督管理出版物内容和质量，监督管理印刷业，管理著作权，管理出版物进口等。

该《方案》还规定，组建国家广播电视总局，加强对重要宣传阵地的管理，牢牢掌握意识形态工作领导权，充分发挥广播电视媒体作为党的喉舌作用。改革后的国家广播电视总局的主要职责是，贯彻党的宣传方针政策，拟订广播电视管理的政策措施并督促落实，统筹规划和指导协调广播电视事业、产业发展，推进广播电视领域的体制机制改革，监督管理、审查广播电视与网络视听节目内容和质量，负责广播电视节目的进口、收录和管理，协调推动广播电视领域走出去工作等。

2. 机构改革强化党对新闻舆论工作的统一领导，利于净化网络空间。在新闻和宣传领域，党掌握意识形态主导权是新时代中国特色社会主义的重要特征。习近平总书记指出，意识形态工作是党的一项极其重要的工作，事关国家长治久安，事关民族凝聚力和向心力。新闻出版部门是党和国家重要的宣传思想文化阵地，加强党对新闻出版工作的统一领导，有利于强化出版的文化和意识形态属性，加强新闻出版行业主流意识形态建设，发挥新闻出版在传承中华民族优秀文化、弘扬社会主义核心价值观方面的重要作用，巩固马克思主义在意识形态领域的主导地位。新闻出版物以习近平新时代中国特色社会主义思想为指导的内容建设，通过传统媒体和新兴媒体的深度融合发展，必将延伸辐射至互联网、移动互联网，引导网络舆论向上向好的发展态势。

同时，针对近年来互联网内容野蛮生长而监管缺位的实际，机构改革方案赋予新组建的国家广播电视总局的一项重要职责是监督管理和审查网络视听节目内容质量。最近几年，微电影、网络直播、网络剧充斥网络空间，部分短视频平台无序发展，这些网络文化新形态存在许多低俗、低趣味和暴力色情内容，但一直未得到及时清理和有效监管。国家广播电视总局一经成立，便密集出台一系列监管措施，通过约谈视频公司负责人、下架违规内容、关停违规客户端和公众号，及时清理网络文化垃圾，极大地净化了生态恶化的网络空间。

三　在法治轨道上实现舆论监督与名誉权保护的对立统一

随着中国特色社会主义进入新时代以及信息通信5G时代的到来，舆论监督特别是网上舆论监督将愈发活跃,这是难以阻挡的客观趋势,同时也是社会进步的必然反映。舆论监督的趋强以及网上言论碎片化、非理性、传播迅速、监管难度大的特点必然导致舆论监督与名誉权冲突的频发与加剧,相关案件将时有发生,并形成社会关注热点。在法治轨道之外,寻求舆论监督与公职人员名誉、荣誉、隐私保护之间相互冲突的解决之道,实践证明是无解的,很难实现保障舆论监督权与保护公职人员名誉权之间的"双赢",冲突的结果往往是"此消彼长"甚至是"双输"。

在进入新时代之前,我国舆论监督与名誉权冲突的法治治理机制不健全、治理水平不高是舆论监督与名誉权保护面临的最为突出的问题,因而坚定不移地引入并持续强化两者的法治治理是解决问题的关键所在,也是本书研究的主题。最新一轮党和国家机构改革进一步加强了党对传媒的集中统一领导,从"四个全面"协调推进的战略布局看,这不仅与加强舆论监督与名誉权保护的法治治理不相矛盾,反而是在法治轨道上推进舆论监督与名誉权保护相统一的重要契机。

强化舆论监督与名誉权冲突的法治治理,首先,需要大力加强舆论监督以及公职人员名誉权保护法律规范体系的建设,进一步健全舆论监督立法与公职人员名誉权保护立法,解决相关立法缺位,已有立法规定存在科学性、可操作性不强,不务实不管用的问题。其次,进一步提高行政监管和行政保护的法治化水平。在舆论监督的保障和公职人员名誉权保护方面,当事人不敢行使权力与滥用权力,执法主体执法不当、执法不公开不透明、滥用权力以及不行为不担当的问题同时存在,因此必须加强该领域法律实施程序与监督机制立法,将法律实施过程纳入法治轨道。此外,进一步强化舆论监督与公职人员名誉权的司法保护。司法保障是现代法治的基本要素与基本路径,在舆论监督领域,我国司法介入传统上一直是弱项,司法保护水平不高,成为该领域引入和加强法治治理机制的瓶颈问题。在新时代,解决舆论监督与公职人员名誉保护的冲突问题,必须摒弃传统人治思维影响,大力引入现代法治思维,努力拓宽司法保护的广度和深度。

强化舆论监督与公职人员名誉权冲突的法治治理,还需要坚持从中国国情、中国实际出发的原则,把坚持中国特色社会主义政治和法治发展道路与遵循民主与法治发展一般规律有机结合起来，处理好坚持"四个自信"与借鉴参考域外有益经验之间的关系，充分发挥我国在加强舆论监督与公职人员名誉权保护法治治理方面的后发优势，不简单、盲目照搬照抄西方国家的做法和经验，在此基础上逐步摸索和建立起一套在我国新时代国情条件下既务实管用又具有前瞻性的现代法治治理理论、治理体系和治理机制。

参考文献

一 中文

（一）专著

艾四林、王贵贤、马超：《民主、正义与全球化——哈贝马斯政治哲学研究》，北京大学出版社2010年版。

蔡定剑：《公众参与与风险社会的制度建设》，法律出版社2009年版。

陈新民：《德国公法学基础理论》（上卷），法律出版社2010年版。

陈志武：《媒体、法律与市场》，中国政法大学出版社2005年版。

邓晔：《论网络言论自由与政府规制》，国家行政学院出版社2015年版。

董和平主编：《宪法》，中国人民大学出版社2004年版。

杜万华主编：《中华人民共和国民法总则实务指南》，中国法制出版社2017年版。

丰纯高：《社会主义新闻自由》，中国传媒大学出版社2014年版。

顾理平：《新闻法学》，中国广播电视出版社1999年版。

郭卫华：《新闻侵权热点问题研究》，人民法院出版社2000年版。

郭镇之、展江：《守望社会——电视暗访的边界线》，中国广播电视出版社2006年版。

侯健：《舆论监督与政府机构的"名誉权"》，北京大学出版社2002年版。

胡锦光、韩大元：《中国宪法》，法律出版社2004年版。

黄惟勤：《互联网上的表达自由》，法律出版社2011年版。

雷丽莉：《从20起诽谤案看公权力追究公民言论责任的路径》，载《法治新闻传播》，中国检察出版社2010年版。

李良荣：《新闻学概论》，复旦大学出版社2013年版。

林爱珺：《舆论监督与法律保障》，暨南大学出版社 2008 年版。
刘家琛主编：《新刑法条文释义》，人民法院出版社 1997 年版。
刘建明：《当代新闻学原理》，清华大学出版社 2003 年版。
卢少华、徐万珉：《权力社会学》，黑龙江人民出版社 1989 年版。
陆德山：《认识权力》，中国经济出版社 2000 年版。
齐爱民、刘颖主编：《网络法研究》，法律出版社 2008 年版。
强世功：《立法者的法理学》，生活·读书·新知三联书店 2007 年版。
秦奥蕾：《基本权利体系研究》，山东人民出版社 2009 年版。
邱小平：《表达自由——美国宪法第一修正案研究》，北京大学出版社 2005 年版。
孙旭培：《中国传媒的活动空间》，人民出版社 2004 年版。
汤唯、孙季萍：《法律监督论纲》，北京大学出版社 2001 年版。
田大宪：《新闻舆论监督研究》，中国社会科学出版社 2002 年版。
王利明等：《人格权法》，法律出版社 1997 年版。
王利明：《人格权法研究》，中国人民大学出版社 2012 年版。
王利明、杨立新：《人格权与新闻侵权》，中国方正出版社 2010 年版。
王眉：《网络传播中的名誉侵权问题研究》，中国广播电视出版社 2008 年版。
王强华、魏永征：《舆论监督与新闻纠纷》，复旦大学出版社 2000 年版。
王人博、程燎原：《权利及其救济》，山东人民出版社 2004 年版。
王四新：《网络空间的表达自由》，社会科学文献出版社 2007 年版。
王锡锌：《行政过程中公众参与的制度实践》，中国法制出版社 2008 年版。
魏宏：《权力论：权力制约与监督法律制度研究》，上海三联书店 2011 年版。
夏勇：《人权概念起源》，中国社会科学出版社 2007 年版。
谢金文：《新闻学导论》，清华大学出版社 2014 年版。
许崇德、胡锦光、李元起、任进、韩大元编：《宪法》，中国人民大学出版社 2007 年版。
许崇德：《中国宪法学》，中国人民大学出版社 1996 年版。
余家宏等编：《新闻学词典》，浙江人民出版社 1988 年版。
余勇：《道德权利研究》，中央编译出版社 2001 年版。
喻中：《权力制约的中国语境》，法律出版社 2013 年版。

张明楷：《刑法学》，法律出版社2007年版。
张千帆：《比较宪法——案例与评析》（下册），中国人民大学出版社2011年版。
张穹主编：《修订刑法条文实用概说》，中国检察出版社1997年版。
张文显：《法哲学范畴研究》，中国政法大学出版社2001年版。
张新宝：《名誉权的法律保护》，中国政法大学出版社1997年版。
张燕：《Web2.0时代的网络民意：表达与限制》，复旦大学出版社2014年版
赵秉志主编：《新刑法教程》，中国人民大学出版社1997年版。
赵双阁：《政治文明视阈下舆论监督法治建设研究》，中国社会科学出版社2012年版。
郑文明：《诽谤的法律规制——兼论媒体诽谤》，法律出版社2011年版。
中共中央文献研究室编：《习近平关于全面从严治党论述摘编》，中央文献出版社2016年版。
中国社科院语言研究所编：《现代汉语词典》（第5版），商务印书馆2010年版。
周甲禄：《舆论监督权论》，山东人民出版社2006年版。
周云涛：《论宪法人格权与民法人格权：以德国法为中心的考察》，中国人民大学出版社2010年版。

（二）论文

蔡定剑：《中国宪法实施的私法化之路》，《中国社会科学》2004年第2期。
蔡浩明：《英国诽谤法改革对我国的启示》，《当代传播》2014年第3期。
蔡宏伟：《作为限制公权力滥用的比例原则》，《法制与社会发展》2019年第6期。
常霏：《坚持不懈推进正风肃纪——解读2020年全国查处违反中央八项规定精神问题月报数据》，《中国纪检监察》2021年第2期。
陈党：《监督权、请求权及其相互关系——〈中华人民共和国宪法〉第41条解读》，《理论与改革》2009年第2期。
陈道英：《ICP对用户言论的法律责任——以表达自由为视角》，《交大法学》2015年第1期。
陈道英：《互联网条件下对我国〈宪法〉第35条的解释》，《中国宪法年刊》

2015 年第 13 卷。

陈景辉：《比例原则的普遍化与基本权利的性质》，《中国法学》2017 年第 5 期。

陈力丹：《论我国舆论监督的性质和存在的问题》），《郑州大学学报》（哲学社会科学版）2003 年第 4 期。

陈帅：《试论德国宪政中的"间接影响"理论及其对我国的借鉴意义》，《法制与社会》2012 年 2 月。

陈新民：《论宪法人民基本权利的限制》（下），台湾《律师通讯》1992 年第 158 期。

陈兴良：《案例指导制度的法理考察》，《法制与社会发展》2012 年第 3 期。

东升：《司法如何去地方化：一个行动主义的治理路径》，《学术交流》2016 年第 4 期。

杜强强：《基本权利的规范领域和保护程度——对我国宪法第 35 条和第 41 条的规范比较》，《法学研究》2011 年第 1 期。

杜曦明：《利用信息网络实施的诽谤犯罪实务问题研究》，《法律适用》2013 年第 11 期。

杜治洲、李鑫：《我国网络反腐的主要特征——基于 217 个案例的实证分析》，《中国行政管理》2014 年第 4 期。

范进学：《论宪法比例原则》，《比较法研究》2018 年第 5 期。

高荣林：《网络诽谤与网络匿名之间的平衡》，《重庆邮电大学学报》（社会科学版）2017 年 9 月。

郭春镇：《公共人物理论视角下网络谣言的规制》，《法学研究》2014 年第 4 期。

郭道晖：《论法的本质内容与本质形式》，《法律科学》（西北政法学院学报）2007 年第 3 期。

郭渐强、陈荣昌：《网络平台权力治理：法治困境与现实出路》，《理论探索》2019 年第 4 期。

郭莉：《权力制约视野下的网络舆论监督法理分析》，《江西社会科学》2011 年第 10 期。

郭彦森：《网络公共领域研究中的"哈贝马斯依赖"现象评析》，《郑州大学学报》（哲学社会科学版）2012 年第 4 期。

何生根：《论我国现行宪法第 41 条的两个基本问题》，《西部法学评论》2013 年第 3 期。

何显明：《中国网络公共领域的成长：功能与前景》，《江苏行政学院学报》2012 年第 1 期。

何志鹏：《权利冲突：一个基于"资源—需求"模型的解释》，《环球法律评论》2011 年第 1 期。

贺洪波：《十八大以来健全党和国家监督体系的制度逻辑》，《探索》2019 年第 3 期。

贺卫方：《传媒与司法三题》，《法学研究》1998 年第 6 期。

胡斌：《私人规制的行政法治逻辑：理念与路径》，《法制与社会发展》2017 年第 1 期。

黄宇骁：《论宪法基本权利对第三人无效力》，《清华法学》2018 年第 3 期。

黄自强：《刑法中"国家机关"外延之实然与应然》，《广东行政学院学报》2010 年第 6 期。

菅从进：《权利四要素论》，《甘肃政法学院学报》2009 年 3 月。

江必新：《法治精神的属性、内涵与弘扬》，《法学家》2013 年第 4 期。

姜明安：《正当法律程序：扼制腐败的屏障》，《中国法学》2008 年第 3 期。

蒋德海：《基本权利与法律权利关系之探讨——以基本权利的性质为切入点》，《政法论坛》2009 年第 2 期。

蒋毅、梁经顺：《试论诽谤罪的立法完善》，《西南政法大学学报》2010 年第 6 期。

焦洪昌、贾志刚：《基本权利对第三人效力之理论与实践——兼论该理论对我国宪法司法化的指导意义》，《厦门大学法律评论》2002 年第 4 辑。

解志勇、修青华：《互联网治理视域中的平台责任研究》，《国家行政学院学报》2017 年第 5 期。

靳羽：《"公众人物"理论实证考察与名誉侵权过错判断路径检讨》，《政治与法律》2013 年第 8 期。

靳羽：《名誉侵权"过错"要件的比较研究——基于我国大陆和台湾地区典型判例的分析》，《比较法研究》2015 年第 6 期。

孔祥稳：《网络平台信息内容规制结构的公法反思》，《环球法律评论》2020年第2期。

赖文俊、王振民：《比例原则在香港法中的发展及演化》，《河北师范大学学报》（哲学社会科学版）2020年第5期。

李东霞、戴瑞凯：《全媒体舆论监督的现状及其负效应规避》，《河北大学学报》（哲学社会科学版）2015年第3期。

李海平：《基本权利间接效力理论批判》，《当代法学》2016年第4期。

李会彬：《网络言论的刑法规制范围——兼评两高〈关于办理利用信息网络实施诽谤等刑事案件适用法律若干问题的解释〉》，《法治研究》2014年第4期。

李强、徐玲：《怎样界定中等收入群体？》，《北京社会科学》2017年第7期。

李斯颐：《言论和出版的自由与界限》，《新闻与传播研究》2002年第1期。

李晓明：《诽谤行为是否构罪不应由他人的行为来决定》，《政法论坛》2014年第1期。

林来梵：《论权利冲突中的权利位阶——规范法学视角下的透析》，《浙江大学学报》（人文社会科学版）2003年第6期。

刘长安、李建凤：《新闻自由的法律"呼吸空间"——谈新闻自由与名誉权保护的冲突与平衡》，《法制与社会》2013年第7期。

刘恩东：《美国网络内容监管与治理的政策体系》，《治理研究》2019年第3期。

刘建明：《新闻自由的七种权利》，《新闻爱好者》2001年第3期。

刘靖北：《"十四五"时期如何完善党和国家监督体系》，《中国党政干部论坛》2021年第1期。

刘权、应亮亮：《比例原则适用的跨学科审视与反思》，《财经法学》2017年第5期。

刘少华、陈荣昌：《互联网信息内容监管执法的难题及其破解》，《中国行政管理》2018年第12期。

刘嗣元、杨丽娟：《也谈基本权利的私法效力》，《江汉大学学报》（社会科学版）2013年第5期。

刘新业：《媒体融合：构建良性的舆论传播环境》，《当代电视》2014年第

8 期。

刘艳红、夏伟:《法治反腐视域下国家监察体制改革的新路径》,《武汉大学学报》(哲学社会科学版) 2018 年第 1 期。

刘迎霜:《名誉权中"公众人物理论"省思——以司法裁判实证分析为视角》,《社会科学》2014 年第 6 期。

罗楚湘:《网络空间的表达自由及其限制——兼论政府对互联网内容的管理》,《法学评论》2012 年第 4 期。

马长山:《公共议题下的权力"抵抗"逻辑——"彭水诗案"中舆论监督与公权力之间的博弈分析》,《法律科学》(西北政法大学学报) 2014 年第 1 期。

马长山:《网络反腐的"体制外"运行及其风险控制》,《法商研究》2014 年第 6 期。

马岭:《言论自由、出版自由、新闻自由的主体及其法律保护》,《当代法学》2004 年第 1 期。

梅夏英、杨晓娜:《自媒体平台网络权力的形成及规范路径——基于对网络言论自由影响的分析》,《河北法学》2017 年第 1 期。

潘春玲:《十八大以来党内监督创新发展的依据、路径及成效分析》,《河南社会科学》2019 年第 6 期。

冉崇高:《新闻自由的法律限度——谈新闻自由与名誉权的冲突及其平衡》,《新闻研究导刊》2012 年第 1 期。

邵春霞、杨蕊:《局部性公共领域的扩展:Web2.0 时代我国网络公共领域浅析》,《社会科学》2013 年第 4 期。

石毕凡:《诽谤、舆论监督权与宪法第 41 条的规范意旨》,《浙江社会科学》2013 年第 4 期。

时飞:《网络过滤技术的正当性批判——对美国网络法学界一个理论论证的观察》,《环球法律评论》2011 年第 1 期。

宋伟、过勇:《新时代党和国家监督体系:建构逻辑、运行机理与创新进路》,《东南学术》2020 年第 1 期。

苏力:《〈秋菊打官司案〉、邱氏鼠药案和言论自由》,《法学研究》1996 年第 5 期。

孙平：《诽谤罪与言论规制"调适期"》，《环球法律评论》2014年第3期。

唐清利：《公权与私权共治的法律机制》，《中国社会科学》2016年第11期。

王利明：《公众人物人格权的限制和保护》，《中州学刊》2005年第2期。

王寿林：《坚定不移推进反腐败斗争——新时期我国反腐败斗争发展的历程》，《新视野》2020年第2期。

王妍：《新时代深化反腐败斗争的策略》，《人民论坛》2021年第4期。

魏露露：《互联网创新视角下社交平台内容规制责任》，《东方法学》2020年第1期。

魏婷：《权利"要素说"及其困境》，《湘潭大学学报》（哲学社会科学版）2014年第4期。

魏永征：《公众人物权益"克减"论可以休矣》，《新闻记者》2015年第3期。

夏正林：《从基本权利到宪法权利》，《法学研究》2007年第6期。

邢璐：《德国网络言论自由保护与立法规制及其对我国的启示》，《德国研究》2006年第3期。

徐娟：《网络诽谤罪认定的检视与重构——以"真实恶意"的影响为中心》，《预防青少年犯罪研究》2016年第2期。

许春晖：《行政诉讼法修改草案应增设正当程序规则》，《东方法学》2014年第3期。

许中缘：《论商誉权的人格权法保护模式——以我国人格权法的制定为视角》，《现代法学》2013年第4期。

许中缘、颜克云：《论法人名誉权、法人人格权与我国民法典》，《法学杂志》2016年第4期。

薛国林：《微博时代谣言"传染"路线图》，《人民论坛》2011年第4期。

杨士林：《"公众人物"的名誉权与言论自由的冲突及解决机制》，《法学论坛》2003年第4期。

杨晓渡：《坚持和完善党和国家监督体系》，《党建研究》2019年第11期。

姚志伟：《公法阴影下的避风港——以网络服务提供者的审查义务为中心》，《环球法律评论》2018年第1期。

姚志伟：《技术性审查：网络服务提供者公法审查义务困境之破解》，《法商研究》2019 年第 1 期。

叶名怡：《侵权法上故意与过失的区分及其意义》，《法律科学》2010 年第 4 期。

易前良：《平台中心化：网络传播形态变迁中的权力聚集——兼论互联网赋权研究的平台视角》，《现代传播》2019 年第 9 期。

于飞：《基本权利与民事权利的区分及宪法对民法的影响》，《法学研究》2008 年第 5 期。

虞崇胜、罗亮：《从民主实验室到民主新平台：网络公共领域的民主价值》，《理论探讨》2017 年第 1 期。

岳业鹏：《英国诽谤法的抗辩体系：传统构造与最新发展——以〈2013 年诽谤法案〉为中心》，《求是学刊》2015 年第 5 期。

张海梅：《中国大陆与台湾地区诽谤罪比较研究》，《河北法学》2016 年第 4 期。

张鸿霞：《涉及公共利益的名誉权诉讼研究》，《学术探索》2016 年 1 月。

张建伟：《超越地方主义和去行政化——司法体制改革的两大目标和实现途径》，《法学杂志》2014 年第 3 期。

张金玺：《论美国诽谤法中的公共官员原则》，《四川理工学院学报》（社会科学版）2007 年第 6 期。

张梁：《健全党和国家监督体系论纲》，《求实》2019 年第 3 期。

张明楷：《网络诽谤的争议问题探究》，《中国法学》2015 年第 3 期。

张翔：《基本权利冲突的规范结构与解决模式》，《法商研究》2006 年第 4 期。

张翔：《基本权利的双重性质》，《法学研究》2005 年第 3 期。

张新宇：《网络谣言的行政规制及其完善》，《法商研究》2016 年第 3 期。

赵秉志、彭新林：《"严重危害社会秩序和国家利益"的范围如何确定——对刑法典第 246 条第 2 款但书规定的理解》，《法学评论》2009 年第 5 期。

赵秉志、于志刚、孙勤：《论国家工作人员范围的界定》，《法律科学》1999 年第 5 期。

赵双阁、南茜：《舆论监督与名誉权——中美比较研究》，《河北经贸大学学报》（综合版）2010 年第 1 期。

郑刚：《论公职人员人权克减之理据》，《云南行政学院学报》2012 年第 3 期。

郑雯、李良荣：《中等收入群体在中国网络社会的角色与地位研究》，《现代传播》2018 年第 1 期。

郑晓剑：《公众人物理论与真实恶意规则之检讨》，《比较法研究》2015 年第 5 期。

周汉华：《论互联网法》，《中国法学》2015 年第 3 期。

周辉：《技术、平台与信息：网络空间中私权力的崛起》，《网络信息法学研究》2017 年第 2 期。

周志平：《近年网络公共领域研究述评》，《广东行政学院学报》2010 年第 6 期。

朱冬：《网络服务提供者间接侵权责任的移植与变异》，《中外法学》2019 年第 5 期。

［德］克劳斯－威尔海姆·卡纳里斯：《基本权利与私法》，曾韬、曹昱晨译，《比较法研究》2015 年第 1 期。

［日］加藤雅信：《日本人格权论的展开与最近的立法提案》，杨东译，《华东政法大学学报》2011 年第 1 期。

二　英文资料

（一）中译著作

［德］哈贝马斯：《公共领域的结构转型》，曹卫东、王晓珏、刘北城、宋魏杰译，学林出版社 1999 年版。

［德］哈贝马斯：《公共领域》，汪晖译，汪晖、陈燕谷主编：《文化与公共性》，生活·读书·新知三联书店 2005 年版。

［德］哈贝马斯：《在事实与规范之间：关于法律和民主法治国的商谈理论》，童世骏译，生活·读书·新知三联书店 2004 年版。

［德］康德：《历史理性批判文集》，何兆武译，商务印书馆 1990 年版。

［德］马克斯·韦伯：《经济与社会》（下卷），林荣远译，商务印书馆 1997 年版。

［德］尤尔根·哈贝马斯：《哈贝马斯精粹》，曹卫东选译，南京大学出版社

2009 年版。

［荷］何塞·范·戴克：《互联文化：社交媒体批判史》，赵文丹译，中国传媒大学出版社 2018 年版。

［美］卡斯珀·约斯特：《新闻学原理》，王海译，中国传媒大学出版社 2015 年版。

［美］劳伦斯·莱斯格：《代码 2.0：网络空间中的法律》，李旭、沈伟伟译，清华大学出版社 2009 年版。

［美］理查德·斯皮内洛：《铁笼，还是乌托邦：网络空间的道德与法律》，李伦等译，北京大学出版社 2007 年版。

［美］罗斯科·庞德：《普通法的精神》，唐前宏译，法律出版社 2001 年版。

［美］泽莱兹尼（Zelezny, J. D.）：《传播法：自由、限制与现代媒介》，张金玺、赵刚译，清华大学出版社 2007 年版。

［日］松井茂记：《媒体法》，肖淑芬译，（台北）元照出版有限公司 2004 年版。

［英］弥尔顿：《论出版自由》，商务印书馆 2010 年版。

（二）英文著作

Amponsah, Peter N, *Libel Law, Political Criticism and Defamation of Public Figures*, New York: LFB Scholarly Publishing LLC, 2004.

Athina Karatzogianni, Dennis Nguyen, Elisa Serafinelli, *The Digital Transformation of the Public Sphere: Conflict, Migration, Crisis and Culture in Digital Networks*, London: Macmillan Publishers Ltd., 2016.

Bloy, Duncan. *Media Law*, London: Sage Publications Ltd., 2006.

David Rolph, *Reputation, Celebrity and Defamation Law*, Aldershot: Ashgate Publishing Limited, 2010.

Hanson, Arthur B, *Libel and Related Torts*, New York: American Newspaper Publishers Association Foundation, 1969.

John D. Zelezny, *Cases in Communications Law: Liberties, Restraints, and the Modern Media*, Sixth Edition, Boston: Wadsworth, 2011.

Maule, Douglas, Zhongdong Niu, *Law Essentials – media Law*, Dundee: Dundee University Press, 2010.

Paul Mitchell, *the Making of the Modern Law of Defamation*, Oregon: Hart Publishing, 2005.

Ronald Dworkin, *the Moral Reading of the American Constitution*, Oxford: Oxford University Press, 1996.

Spilsbury, Sallie, *Media Law*, London: Cavendish Publishing Limited, 2000.

Rolph, David, *Reputation, Celebrity and Defamation Law*, Aldershot: Ashgate Publishing Limited, 2008.

Parkes R, Mullis A, Busuttil G, et al., *Gatley on Libel and Slander*, London: Sweet & Maxwell Ltd., 2013.

M Taggart, *the Province of Administrative Law*, London: Hart Publishing, 1997.

Ian Loveland, *Political Libels: A Comparative Study*, London: Hart Publishing, 2000.

Genelle Belmas, Wayne Overbeck, *Major Principles of Media Law: 2014 Edition*, Stamford: Cengage Learning, 2014.

Charles Taylor, *Modern Social Imaginaries*, Durham: Duke University press, 2004.

Belmas, Genelle, Wayne Ovebeck, *Major principles of Media Law*, California: Harcourt Brace College Publishers, 2014.

Ashley Packard, *Digital Media Law*, Chichester: John Wiley & Sons Ltd., 2010.

Adibe, Jideofor, *Freedom of Speech v. Protection of Reputation – Public Interest Defence in American and English Law of Defamation*, London: Adonis & Abbey Publishers Ltd., 2010.

Aaron Barlow, *Blogging America: The New Public Sphere*, Westport: Greenwood Publishing Group, Inc, 2008.

（三）英文论文

Amanda Bennis, "Realism about Remedies and the Need for a CDA Takedown: A Comparative Analysis of 230 of the CDA and the U.K. Defamation Act 2013", *Florida Journal of International Law*, Vol. 27, 2015.

Ann E. O' Connor, "Access to Media All A – Twitter: Revisiting Gertz and the

Access to Media Test in the Age of Social Networking", *Federal Communications Law Journal*, Vol. 63, 2011.

Catherine Hancock, "Origins of the Public Figure Doctrine in First Amendment Defamation Law", *New York Law School Law Review*, Vol. 50, No. 1, 2005.

David Allen Green, "Should Public Authorities be Able to Sue for Libel?", *New Statesman*, 10 January 2013.

Douglas B. McKechnie, "the Death of the Public Figure Doctrine: How the Internet and the Westboro Baptist Church Spawned a Killer", *Hastings Law Journal*, Vol. 64, No. 2, 2012.

George Katrougalos, "It and the Tension Between Privacy and Security: the case of surveillance of the public sphere". *US – China Law Review*, Vol. 46, No. 6, 2011.

Hannah B. Wehba, "Global Platform Governance: Private Power in the Shadow of the State", *SMU Law Review*, Vol. 72, 2019.

Jack M. Balkin, "Free Speech in the Algorithmic Society: Big Data, Private Governance, and New School Speech Regulation", *U. C. Davis Law Review*, Vol. 51, February2018.

Jack. M. Balkin, "Free Speech and Hostile Environments", *Columbia Law Review*, Vol. 99, 1999.

Jacquelyn E. Fradette, "Online Terms of Service: A Shield for First Amendment Scrutiny of Government Action", *Notre Dame Law Review*, Vol. 89, February 2014.

John Bruce Lewis, B. L. Ottley, "New York Times v. Sullivan at 50: Despite Criticism, the Actual Malice Standard Still Provides 'Breathing Space' for Communications in the Public Interest", *Depaul Law Review*, Vol. 64, Issue 1, 2014.

Jürgen Gerhards, Mike S. Schäfer, "Is the Internet A Better Public Sphere? Comparing Old and New Media in the USA and Germany", *New Media & Society*, Vol. 12, 2010.

Katherine D. Gotelaere, "Defamation or Discourse: Rethinking the Public Figure

Doctrine on the Internet", *Journal of Law, Technology & the Internet*, Vol. 2, No. 1, 2011.

Lincoln Dahlberg, "Computer – Mediated Communication and the Public Sphere: A Critical Analysis", *Journal of Computer – Mediated Communication*, Vol. 7, No. 1, 2001.

Matthew Lafferman, "Do Facebook and Twitter Make You a Public Figure? How to Apply the Gertz Public Figure Doctrine to Social Media", *Santa Clara High Technology Law Journal*, Vol. 29, 2012.

Niva E. Koren and Eldar Haber, "Governance by Proxy: Cyber Challenges to Civil Libeties", *Brooklyn Law Review*, Vol. 82, 2016.

Ronald A. Cass, "Weighing Constitutional Anchors: New York Times Co. v. Sullivan and the Misdirection of First Amendment Doctrine", *First Amendment Law Review*, Vol. 12, 2014.

Scott. J. Shackelford, "Fragile Merchandise: A Comparative Analysis of the Privacy Rights for Public Figures", *American Business Law Journal*, Vol. 49, 2012.

Tanner Eliza, "Chilean Conversations: Internet Forum Participants Debate Augusto Pinochet's Detention", *Journal of Communication*, Vol. 51, No. 2, 2001.

Z. Papacharissi, "the Virtual Sphere: the Internet as a Public Sphere", *New Media & Society*, Vol. 4, No. 1, 2002.

Yeslam Al – Saggaf, "the Online Public Sphere in the Arab World: the War in Iraq on the Al Aarbiya Website", *Journal of Computer – Mediated Communication*, Vol2, No. 1, 2006.

Stone, Adrienne, "Defamation of Public Figures: North American Contrasts", *Social Science Electronic Publishing*, Vol. 50, 2006.

Sanders, Amy Kristin, "Fast Forward Fifty Years: Protecting Uninhibited, Robust, and Wide – Open Debate After New York Times Co. V. Sullivan", *Georgia Law Review*, Vol. 48, 2014.

Niva E. Koren, Eldar Haber, "Governance by Proxy: Cyber Challenges to Civil Liberties", *Brooklyn Law Review*, Vol. 82, No. 1, 2016.

Melissa A. Troiano, "the New Journalism? Why Traditional Defamation Laws should Apply to Internet Blogs", *American University Law Review*, Vol. 55, 2006.

Low Kee Yang, "UK Defamation Act 2013: Key Changes", *Singapore Academy of Law Journal*, Vol. 26, 2014.

Kyu Ho Youm, "Actual Malice in U. S. Defamation Law: the Minority of One Doctrine in the World?", *Journal of International Media & Entertainment Law*, Vol. 4. No. 1, 2012.

Kate Klonick, "the New Governors: the People, Rules, and Processes Governing Online Speech", *Harvard Law Review*, Vol. 131, 2018.

Jonathan Peters, Brett Johnson, "Conceptualizing Private Governance in a Networked Society", *North Carolina Journal of Law & Technology*, Vol. 18, October 2016.

Jeff Kosseff, "Private or Public – Eliminating the Gertz Defamation Test", *Journal of Law, Technology & Policy*, Vol. 2011, No. 2, 2011.

Jacob Rowbottom, "Media Freedom and Political Debate in the Digital Era", *the Modern Law Review*, Vol. 69, No. 4, 2006.

Jack M. Balkin, "Virtual Liberty: Freedom to Design and Freedom to Play in Virtual Worlds", *Virginia Law Review*, Vol. 90, 2004.

J. Kang, D. Cuff, "Pervasive Computing: Embedding the Public Sphere", *Social Science Electronic Publishing*, Vol. 62. 2004.

Hannah B. Wehba, "Global Platform Governance: Private Power in the Shadow of the State", *SMU Law Review*, Vol. 72, 2019.

Gillespie Tarleton, "the Politics of Platforms", *New Media & Society*, Vol. 12, No. 3, 2010.

Felix T. Wu, "Collateral Censorship and the Limits of Intermediary Immunity", *Notre Dame Law Review*, Vol. 87, 2013.

David Lat, Zach Shemtob, "Public Figurehood in the Digital Age", *Journal of Telecomm. & High Technology*, 2011.

Chris Williams, "the Communications Decency Act and New York Times v. Sullivan: Providing Public Figure Defamation a Home on the Internet", *the John*

Marshall Law Review, Vol. 43, 2010.

Antje Gimmler, "Deliberative Democracy, the Public Sphere and the Internet", *Philosophy & Social Criticism*, Vol. 27, No. 4, 2001.

Andrew T. Kenyon, "Lange and Reynolds Qualified privilege: Australian and English Defamation Law and Practice", *Melbourne University Law Review*, Vol. 28, 2004.

Adrian Rauchfleisch, Marko Kovic, "the Internet and Generalized Functions of the Public Sphere: Transformative Potentials from a Comparative Perspective", *Social Media + Society*, Vol. 2, No. 2, 2016.

Adrian Rauchfleisch, "the Public Sphere as an Essentially Contested Concept: a Co-citation Analysis of the Last 20 Years of Public Sphere Research", *Communication and the Public*, Vol. 2, No. 1, 2017.

三 互联网资料

《波兰刑法典》, http://legaldb.freemedia.at/legal-database/poland/。

《德国民法典》, http://legaldb.freemedia.at/legal-database/germany/。

《德国刑法典》, http://legaldb.freemedia.at/legal-database/germany/。

《法国出版自由法》, http://legaldb.freemedia.at/legal-database/france/。

《乱编肯尼迪遇刺史美国男子登报道歉》, http://news.sina.com.cn/w/2005-12-14/04007700318s.shtml。

《网络"实名举报"背后是闹剧》, http://newspaper.jcrb.com/html/2014-10/15/content_170111.htm。

《意大利民法典》, http://legaldb.freemedia.at/legal-database/italy/。

Scott Griffen, "Out of Balance: Defamation Law in the European Union", International Press Institute, http://www.freemedia.at/fileadmin/user_upload/OOB_Final_Jan2015.pdf。

U.S. Census Bureau, Historical National Population Estimates: July 1, 1900 to July 1, 1999, http://www.census.gov/popest/archives/1990s/popclockest.txt。

Defamation Act 2013, http://www.bailii.org/uk/legis/num_act/2013/ukpga_

201326_ en_ 1. html.

四 司法判例

Associated Press v. Walker/Associated Press v. Walker, 388 U. S. 130 (1967).

Australian Capital Television Pty. v. Commonwealth of Australia, 77 CLR 106 (1992).

Brown v. Entertainment Merchants Association, 564 U. S. 786 (2011).

Caroline von Hannover v. Germany (App. No. 59320/00), ECHR24 June 2004.

Columbia Ins. Co. v. Seescandy. com, 185 F. R. D. 573 (N. D. Cal. 1999).

Dendrite Int'l. Inc. v. Doe, No. 3, 775 A. 2d 756 (N. J. Super. Ct. App. Div. 2001).

Derbyshire County Council v. Times Newspapers Ltd., [1993] AC 534 607.

Flood v. Times Newspapers Ltd., UKSC 11. (2012).

Garrison v. Louisiana 379 U. S. 64, 75 (1964).

Gertz v. Robert Welch Inc., 418 U. S. 323 (1974).

Gitlow v. New York, 268 U. S. 652 (1925).

Jameel and another v. Wall Street Journal Europe SPRL (2005) EWCA Civ 74.

Lange v. Atkinson (1998) 3N. Z. L. R. 424 (C. A.).

Lange v. Australian Broadcasting Corporation (1997) 189 CLR 520.

Masson v. New Yorker Magazine, Inc., 501 U. S. 496 (1991).

New York Times Co. v. Sullivan, 376 U. S. 254 (1964).

Reno v. ACLU, 521 U. S. 844, 885 (1997).

Rosenblatt v. Baer, 383 U. S. 75 (1966).

Rosenbloom v. Metromedia, 403 U. S. 29 (1971).

Snyder v. Phelps, 562 U. S. 443 (2011).

Stephens v. West Australian Newspapers Ltd., (1994) 182 CLR 21.

Theophanous v. the Herald and Weekly Times Limited, (1994) 182 CLR 104.

United States v. Stevens, 559 U. S. 460 (2010).

五 学位论文

靳羽：《英国诽谤法归责原则的二元化变革》，博士学位论文，西南政法大学，

2016年。

李晨：《新闻自由与司法独立关系研究》，博士学位论文，吉林大学，2011年。

李冠华：《德国法上的言论自由》，硕士学位论文，山东大学，2015年。

刘青杨：《公众人物名誉权研究》，博士学位论文，黑龙江大学，2016年。

宁文卓：《中国大陆诽官案实证考察》，硕士学位论文，湖南大学，2011年。

姚泽金：《公共批评与名誉保护》，博士学位论文，中国政法大学，2014年。

章敬平：《论新闻自由》，博士学位论文，苏州大学，2007年。

章瑞：《舆论监督问题与对策研究》，博士学位论文，中共中央党校研究生院，2010年。

郑刚：《公职人员人权克减问题研究》，博士学位论文，兰州大学，2013年。

后　　记

对于舆论监督的研究，常常被认为是老生常谈，因为传统媒体条件下的舆论监督以新闻媒体为监督主体，基于我国特殊国情，其相关理论研究常常面临诸多掣肘。但信息技术更迭导致传播手段人人可及，公民的舆论监督主体地位得以回归。网络舆论监督作为一种新的舆论监督方式，以即时性、匿名性、交互性和传播速度快、范围广的特点，成为私权与公权在舆论生成和传播领域直接对话的新平台。这种直接对话导致传统媒体时代就具有的舆论监督与名誉权的法律冲突更加多样化和复杂化，涉及民法、行政法和刑法多个部门法。

本书紧紧围绕媒体变革背景下，舆论监督与名誉权的法律冲突在多个部门法中面临的概念辨析、理论流变和实务挑战，试图进行跨部门的全景式研究。这种研究思路以问题为中心，突破部门法间的传统界限，是数字化、智能化社会研究法律关系如何调控社会模式的前沿研究方法。但是就本书来说，这一研究思路如硬币之两面，虽有全面系统研究之优势，但就单个部门法而言又失之研究的纵深性。例如，在民法领域，由于本书成文在《民法典》颁布之前，对于《民法典》第一千〇二十五条基于公共利益对舆论监督行为人给予的倾斜性法律保护，还缺乏深入的理论研究，这一规定的司法适用还有待持续观察；在行政法领域，在提出引入基本权利第三人效力理论对网络平台的内容治理进行公法规制时，未对这一理论进行规范层面的应用；在刑法领域，对刑事网络诽谤罪的合宪性还缺乏深入研究，未能为取消网络监督舆论的刑事诽谤公诉提供宪法层面的法理支撑。这些基于作者研究水平有限无法开展延伸研究，期待未来通过进一步深化研究填补这一缺憾。

本书在我的博士论文基础上修改而成，主体部分完成于 2018 年。我的博士生导师冯军教授，基于其深厚的学术积累和丰富的司法实务经验，从题目选取、提纲拟定到全文修改，都给予了我极富建设性和精心的指导。本书的出版得到了中国社会科学院创新工程出版资助，并得益于中国社会科学出版社资深编辑许琳老师的大力支持和专业、高效的学术编辑工作。

李延枫

2022 年 5 月 4 日